全国乡镇长培训教材
规 划 篇

彭震伟 陆 嘉 潘 斌 编著

中国建筑工业出版社

图书在版编目（CIP）数据

全国乡镇长培训教材 规划篇/彭震伟，陆嘉，潘斌编著.
北京：中国建筑工业出版社，2009
ISBN 978-7-112-10842-8

Ⅰ.全… Ⅱ.①彭…②陆…③潘… Ⅲ.乡村规划-中国-教材 Ⅳ.D638 TU982.29

中国版本图书馆 CIP 数据核字（2009）第 040228 号

全国乡镇长培训教材
规 划 篇

彭震伟 陆嘉 潘斌 编著

*

中国建筑工业出版社出版、发行（北京西郊百万庄）
各地新华书店、建筑书店经销
北京千辰公司制版
北京市燕鑫印刷有限公司印刷

*

开本：850×1168 毫米 1/32 印张：12$^3/_8$ 字数：356 千字
2010 年 5 月第一版 2012 年 4 月第二次印刷
定价：35.00 元
ISBN 978-7-112-10842-8
（18087）

版权所有 翻印必究
如有印装质量问题，可寄本社退换
（邮政编码 100037）

本书的主要内容为乡镇发展建设中的规划知识，全书共分9章，其内容主要涉及乡镇规划的相关概念和宏观背景、城镇化和城乡统筹发展战略、乡镇域规划、镇区总体规划、镇区详细规划、小城镇城市设计与镇区改造规划、乡镇基础设施和社会设施规划、乡镇生态规划、环境保护和环境卫生规划以及乡镇历史文化资源保护规划等，并就社会主义新农村建设中各层次规划的编制进行了详细的论述。

本书可供乡镇领导干部及农村管理工作者作为业务培训教材使用，也可供大专院校城乡规划专业学生作为教学参考书使用，还为城乡规划编制和管理工作者提供参考和借鉴。

* * *

责任编辑：胡明安　姚荣华
责任设计：赵明霞
责任校对：兰曼利　赵　颖

《全国乡镇长培训教材》编审委员会

主　任：王士兰

副主任：单德启　王明浩　汤铭潭

委　员：晏　群　游宏滔　陈小卉　郭大忠　齐　虹
　　　　陈　懿　耿　虹　杨振文

主　编：彭震伟

副主编：张小林　赵俊齐

编写组成员（按姓氏笔画排序）：

　　　　方　遥　王林容　王海卉　王爱华　叶小群
　　　　叶冬青　宁　波　吴骥良　李正仑　杨　山
　　　　汪晓春　汪　涛　陆　嘉　陈小卉　陈闽齐
　　　　单　虎　夏有才　曹国华　梅耀林　蔚芝炳
　　　　潘　斌

序　一

  2006年，中国城市规划学会小城镇规划学术委员会提出组织编写面向广大乡镇领导干部的《全国乡镇长培训教材》，这在当时是一件非常务实而又急迫的事情。四年来，政府部门、高校、规划设计研究单位的领导、专家、教授和设计人员纷纷为此撰稿，从乡镇的规划、建设、管理三个层面、分三个篇幅，比较系统地做了理论介绍和深入浅出实证分析。

  我国正处在城镇化快速发展时期，在城乡统筹下农村地区发展建设正经历着巨大的变化，投资主体多元化、建设类型多样化、建设活动广域化是其突出的特征。我国城镇化发展历程艰巨，城市和乡村所承担的责任是不一样的，必须坚持城乡有差异的发展建设指导；我国农村地域广阔，各地自然禀赋发展条件差异明显，乡土特色、地方特色、民族特色鲜明，必须编制符合地方实际的村镇规划；我国农村基层村庄实施的村集体和村民自治管理，必须坚持反映农村建设活动特点的建设管理模式。

  作为乡镇管理者，具备指导农村地区现代化建设所必须的城乡规划知识，管理农村地区建设活动的现代化管理能力，显然是不可或缺的。这套知识读本可供从事乡镇规划、建设、管理的领导、村官和技术人员学习参考，也可供高校和规划设计研究机构的同仁参考。

  坚持反映当代农村改革发展和建设活动的实际，让城乡规划为农民服务、为农村发展服务，本书的作者为此做了不懈努力，但是还有差距，我期望着中国城市规划学会小城镇规划学术委员会的学者们继续做出改进和努力。

住房和城乡建设部村镇建设司

司长 *(签名)*

2010 年 3 月 29 日

序　二

　　中国城市规划学会学会小城镇规划学术委员会要我为他们组织编写的《全国乡镇长培训教材》写序，我相信很大程度上是因为我始终是这本书坚定的支持者。我坚持认为，解决好包括乡镇在内的小城镇规划建设管理问题，不仅是一个关系到国民经济健康持续发展、人居环境普遍全面改善的重大政治使命，也是一个极具中国特色的国际学术话题，实现这个目标，既需要专家学者潜心研究，也需要在乡镇第一线工作的有志之士勇于探索，更需要全社会的理解、关心与支持。因此，委员会的同行们一提出编写这样一册读本，我便立即为他们的历史使命感和职业敏感所折服，从学会工作的角度给予他们必要的支持。

　　乡镇是一个行政概念。按照我国有关法律的规定，乡和镇是我国行政区划的最小单元，在国家行政体系中，乡镇人民政府是最基层的行政权力机构，乡镇管辖的村实行村民自治管理。因此，贯彻落实党和国家各项政策，特别是发挥政府规划职能，加强产业发展、基础设施建设、资源环境保护等方面的综合协调，乡镇政府是一个十分关键的环节，处于统筹城乡发展的枢纽地位。这一点往往是在很多时候被忽视的，各类政策资源、人才资源、公共财政资源以及信息资源往往富集在乡镇上面的各级政府层级，对于乡镇政府的扶持和关注远远不够。而这种资源配置垂直体系上的相对弱化，直接制约了我国乡镇规划建设管理水平。近年来，中央政府加大了对于农业生产和农村公共服务的投入力度，对于进一步完善乡镇管理体系，促进乡镇规划建设管理的水平的提高，无疑是一个难得的契机。

另一方面，乡和镇是城乡两类居民点体系的分野。建制镇一般意义上属于城市的范畴，非农产业较为集中，生活方式上也与城市生活方式基本一致或相近，人口规模和密度、各类设施水平、甚至建筑风貌等各方面都处于城市体系的末端。而乡所在地的集镇通常划作农村，虽然人口与设施的密集程度高于一般的村庄，但是依然达不到城市或镇的水平，功能上突出表现为周边乡村的服务中心，主要为农业生产和农民提供行政管理、生产服务、教育卫生文化等公共服务。只有那些人口规模达到一定程度、非农产业占主导地位的集镇才有可能按照一定的行政程序被认定为建制镇。因此，虽然镇和乡在行政区划上同属于基层政权所在地，但是由于其主要职能的不同，工作的重心也有所差异。尽管如此，两者作为城之末、乡之首的特殊地位，决定了它们在我国城镇化进程中不可替代的特殊作用。我国现行的行政管理体制中有不少地方不利于乡镇在城镇化过程中充分发挥积极作用，特别表现在乡镇功能不够完善，对于农村富余劳动力的吸引力不足、吸纳能力十分有限；乡镇服务水平不高，不利于农业产业化、现代化，在城乡市场体系中的纽带作用没有得到发挥；管理方式粗放，资源利用效率低，环境质量有恶化和扩散的趋势；政策上人为造成城市与乡村的不平等，那些在规模、生产生活形态上已经具备进一步升格条件的建制镇或集镇不能得到行政主管部门的及时认可，制约了它们的进一步发展。中央最近出台了一系列政策，旨在突出强化农业农村的基础设施，建立健全农业社会化服务的基层体系，夯实打牢农业农村发展基础，协调推进工业化、城镇化和农业现代化，努力形成城乡经济社会发展一体化新格局。并且明确提出把小城镇作为当前工作的重点，加快落实放宽中小城市、小城镇特别是县城和中心镇落户条件的政策，促进符合条件的农业转移人口在城镇落户，相信会成为推动乡镇发展的重要动力。

同时，乡镇不仅是城镇化过程中城乡人口转移的蓄水池，本身就是中国城镇化的基本路径之一。从学术角度分析，就其规模和空间特征上而言，乡镇属于人类居民点体系（human settlements）里重要的一环，是乡村居民点向城市居民点乃至城市化地区过渡的链条，因此，无论是居民点形态、还是居住人口都具有不稳定的特征。一方面，它兼具城市型居民点的生活便利和农村型居民点的环境宜人；另一方面，它又不具备城市所能够支撑的各类市政和公共服务设施，并且失去了乡村生活的天然和宁静，"城不城、乡不乡"在不少时候被当做包括乡镇在内的小城镇的负面形象，但在某种程度上，恰恰是这一类居民点所共有的特性。认识到乡镇在城、乡居民点体系中的这种特殊地位很重要，我们可以致力于改进它们的人居环境质量，同时又可以让它们避免各种城市病，特别是大中城市普遍存在的空间拥挤、环境污染、社会分异等问题。这里关键是要提高乡镇在资源利用和公共管理上的效率，改善投资和就业环境，遵循生态、低碳的可持续发展路径。事实上在欧洲不少发达国家，最具吸引力的往往不仅仅是那些占据城镇体系顶端的世界城市，还包括那些小城市和小城镇，他们往往具有便利的交通条件，稳定的就业和收入水平，配套齐全的公共服务与商业设施，宜人的居住条件和宁静的城镇生活。要做到这一点，必须在理论上认清这一类人类聚居地的特定地位和特殊性，确认它们在整个人居环境建设领域的重要性，改变目前普遍存在的简单模仿大中城市进行小城镇规划建设的倾向，修正那种简单地以城或乡的标准对它们进行判断的思维模式，在建设规模、速度和标准选择上，切合乡镇的特点，避免盲目抄袭和攀比。

虽然乡镇规划建设的重要性极其重大，乡镇规划建设中的问题也是显而易见的。其中不少问题源于我们对于乡镇规划建设不够重视，或者采取简单化的思维对待乡镇规划建设问题，我们在学术领域显然还有很多有待深入研究的方面，在知识的传播和普及方面远没有达到应有的高度。所以，要提高乡镇规划建设的水平，城市规划界的专家学者有着义不容辞的责任，不仅仅要极大地加强对于乡镇规划建设问题的研究，而且要通过规划师的职业实践贡献自己的专业才智，更重要的是要把乡镇规划建设管理的知识传播给所有从事乡镇工作的人员和关心乡镇发展的社会大众。从这个角度来说。这本书的问世填补了空白。乡镇工作是锻炼人、培养人才的摇篮，乡镇规划事关我国城镇化健康发展，也是国际城镇化研究的中国特色命题，是培养规划大师和国际一流学者的土壤。希望这本书能够对广大乡镇干部的工作有所帮助，并且能够激励和吸引一批有志之士投身于乡镇规划建设管理事业。

当然，我也深知编写一本好的普及性读物是非常困难的，感谢本书的作者和编者所做出的艰辛努力，书中可能还有一些值得进一步斟酌的地方，但我坚信，几十位专家和管理工作者两年时间的心血一定会赢得读者的青睐，享受阅读的乐趣并且从中有所裨益，是所有作者的期望，也是我个人的期望。

是为序。

中国城市规划学会副理事长兼秘书长　石楠
2010年3月于北京

序 三

乡镇在我国尚属小城镇范畴，量大面广，是我国城镇体系中的基层。据不完全统计，我国有镇和乡37000余个，其中县城镇近2000个，建制镇19000余个，乡集镇16000余个。其介于城市与农村之间，上接城市，下连农村，具有促进区域经济社会全面进步的综合功能。乡镇是我国城市与农村之间的中间发展带，既能引进城市的技术、资金和人才，又是广大农村地区的增长极，承担着促进农村经济结构转型的地域载体作用，是城乡生产要素流动和组合的中介，也是加速推进农业和农村现代化的重要突破口。

20世纪70年代末我国改革从农村先行，20世纪80年代中后期，乡镇随着改革开放形势的发展，其职能已从历史上农村剩余产品的流通中心发展成为农村政治、经济、文化中心。尤其是中央关于小城镇发展的一系列文件精神后，各地政府把小城镇建设作为大事来抓，"小城镇、大战略"对当时发展乡镇企业，开拓专业市场，吸纳农村剩余劳动力起到了重要作用。乡镇已成为推进社会主义新农村建设的主阵地，对于促进传统县域经济向现代县域经济转变有着极其重要的意义。

2009年12月7日闭幕的中央经济工作会议指出，要加快城镇发展，要把符合条件的农业转移人口逐步在城镇就业和落户作为推进城镇化的重要任务，放宽中小城市和城镇户籍限制。要以扩大内需特别是增加居民消费需求为重点，以稳步推进城镇化为依托，优化产业结构，努力使经济结构调整取得明显进展。可以预见："城镇化"将在今后进一步拓展中国经济发展新空间中起着举足轻重的作用，乡镇建设也必将在中国的城镇化进程中起着重要的作用。

全面贯彻落实科学发展观，实现经济社会可持续发展，引导城镇化健康发展，妥善处理城乡关系，改变城乡二元结构，是时代赋予乡镇的要求。城乡规划法的颁布也已使我国乡镇进入了城乡产业协调发展、城乡空间合理布局、城乡经济社会全面协调的关键阶段。

为此，我们组织编撰了全国乡镇长培训教材——规划篇、建设篇、管理篇。历时两年有余正式出版了，希望能对乡镇的规划、建设、管理有所启益。

规划篇从宏观、中观、微观三个层面及专项规划的深度予以较为全面的阐述。宏观层面重点论述了乡镇总体规划中的社会经济发展规划、镇村体系规划、空间管制规划、村庄建设与人居环境整治规划；中观层面重点论述了镇区总体规划编制的前期准备、镇区空间发展、布局结构、用地布局及近期建设规划；微观层面对镇区的控制性详细规划和修建性详细规划的主要内容及实证进行了研究分析。在专项规划中主要对城市设计与镇区改造、乡镇基础设施与社会设施、乡镇生态与环境保护、乡镇历史文化资源保护等规划作了较为详尽的阐述。

建设篇简要回顾了新中国成立至今我国乡镇建设四个阶段的概况，借鉴国外乡镇建设的理论和模式，结合我国实际提出了乡镇建设的总体思路和框架，重点在乡镇建设的目标、内容、任务作了论述。在此基础上分别对乡镇建筑、乡镇市政工程设施、乡镇景观与生态，以及村庄建设作了分章节阐述。最后对乡镇领导最为关心的建设资金来源和使用管理、监督进行了有效分析。

管理篇对乡镇的规划建设管理基本特点、任务、目标、内容与方法进行了较为系统的阐述，并对乡镇的建设管理、乡镇的土地与环境管理、社会主义新农村规划建设管理进行了切合实际的分析研究，最后对乡镇规划建设管理的机制、体制、职能、政策、决策的创新给予了探索性研究。

这套书由中国城市规划学会小城镇规划学术委员会组织编

写，由我国政府部门和高校、城乡规划设计研究机构的领导、专家、教授撰稿。在借鉴国内外乡镇规划、建设、管理理论和实践的基础上，针对我国不同类型乡镇的实际应用，论述了我国乡镇规划、建设、管理的理论、方法和实践，内容比较丰富。虽然这套知识读本中有个别概念和提法尚不够严谨，有待进一步商榷、研究与完善，但总的来说，仍不失为一套可供乡镇领导和技术人员参考的业务指导书籍，也可供从事乡镇规划、建设、管理研究和设计的同仁们参考，这套知识读本的出版无疑将对我国乡镇健康有序发展起到很好的作用。

中国城市规划学会小城镇规划学术委员会主任
王士兰　教授　书于　2009年夏

前　言

中国的城镇化发展与西方的城市化有着最大的不同之处，在于大量规模小、分布广的小城镇深入地参与到城镇化的过程中，在非农产业发展和吸纳农村富余劳动力转移等方面起到了重要的作用。因此，从西方引入的"Urbanization"在中国更多地被译为"城镇化"而非"城市化"。同时，由于我国在乡镇层面具有相同的行政体制，城镇化不仅涉及建制镇，也与未设建制的乡有着密切的联系。

由于我国长期以来城乡分隔的发展状况，重视城市的发展而忽视乡村发展，或以农业支持工业，从乡村获取各种发展资源作为工业的积累和促进城市的发展，导致整个经济社会发展体系出现各种矛盾，甚至阻碍了经济社会的发展。而小城镇作为城市之尾、农村之首，更多是归入乡村的发展体系中，因而同样受到忽视。在指导经济社会发展的规划层面上，1990年颁布实施了我国第一部《城市规划法》，对城市的各类规划作了详尽的界定和阐述，却忽略了乡村的规划。

进入21世纪以来，国家不断重视对科学发展观的培育，提出了"统筹城乡发展、统筹区域发展、统筹经济社会发展、统筹人和自然和谐发展、统筹国内发展和对外开放"等五大统筹，并以统筹城乡经济社会发展作为五大统筹之首。在2008年颁布实施的我国《城乡规划法》中强调了城乡统筹，提出要加强城乡规划管理，协调城乡空间布局，改善人居环境，促进城乡经济社会全面协调可持续发展，并首次完整地构建了城乡规划体系，即城镇体系规划、城市规划、镇规划、乡规划和村庄规划。

由于我国乡镇数量多、分布广，乡镇的发展和规划主要依靠自下而上的途径开展，而我国绝大多数乡镇的技术力量薄弱，难以满足保障乡镇经济社会和空间健康持续发展的要求。2006年，中国城市规划学会小城镇规划学术委员会提出编写主要面向广大乡镇领导干部的《全国乡镇长培训教材》的计划并启动实施，本《规划篇》即为其中的内容之一。在《规划篇》的编写过程中，历经国家大力推进社会主义新农村建设和《城乡规划法》的出台以及相关规划技术标准的修改完善，编写的内容在广泛吸纳各方面意见和建议的基础上几易其稿而成。考虑到以乡镇领导干部作为主要的读者群，在《规划篇》的编写上，除了尽可能全面地涉及乡镇规划的各个层次和内容介绍外，还结合每一类规划的知识介绍，对应地分析了相关的规划案例。

由于本书为乡镇长培训教材，在编写过程中力求能够反映全国不同地区乡镇规划的地域特征，并介绍和评析不同地域的乡镇规划案例，但我国地域辽阔，各地区的自然和社会经济特征差异较大，对应地乡镇规划的要求也差异极大。显然，本《规划篇》在反映我国不同地区乡镇规划的独特性方面距离编写的目标还有一定的差距，尚有待今后不断加以完善。

彭震伟

目 录

序一
序二
序三
前言

第1章 导言 …………………………………………………… 1

  1.1 我国乡镇发展的基本概况 ……………………………… 1

    1.1.1 乡镇的界定、层次、类型和特点 ………………… 1

    1.1.2 乡镇形成与发展的基本概况 ……………………… 9

    1.1.3 乡镇的人居环境体系 ……………………………… 11

  1.2 乡镇规划体系及本书中乡镇规划的基本内容 ………… 15

    1.2.1 乡镇规划体系 ……………………………………… 15

    1.2.2 本书中乡镇规划的主要内容导读 ………………… 17

  1.3 乡镇规划与构建和谐社会、社会主义新农村

       建设的关系和作用 …………………………………… 18

    1.3.1 构建和谐社会与社会主义新农村建设的基本内容 …… 18

    1.3.2 乡镇规划与构建和谐社会的关系和作用 ………… 22

    1.3.3 乡镇规划与建设社会主义新农村的关系和作用 …… 25

第2章 城镇化与城乡统筹发展战略 …………………………… 26

  2.1 城镇化战略 ……………………………………………… 26

    2.1.1 城镇化的基本概念 ………………………………… 26

    2.1.2 中国城镇化发展的特征 …………………………… 28

    2.1.3 中国城镇化发展战略与策略 ……………………… 31

    2.1.4 中国乡镇在城镇化发展中的地位与作用 ………… 36

2.2 城乡统筹发展战略 ································· 39
2.2.1 城乡统筹的基本概念 ························· 39
2.2.2 中国城乡统筹发展的特征和任务 ············ 40
2.2.3 中国城乡统筹发展战略 ······················ 41
2.2.4 中国乡镇在城乡统筹发展中的地位与作用 ··· 43

第3章 镇（乡）域总体规划 ························· 46

3.1 镇（乡）域总体规划编制概况 ··················· 46
3.1.1 镇（乡）域总体规划的地位与作用 ········ 46
3.1.2 镇（乡）域总体规划编制的前期准备、主要内容与编制审批程序 ················· 47

3.2 乡镇发展条件分析 ································· 50
3.2.1 区位条件 ······································· 50
3.2.2 自然环境与自然资源条件 ···················· 52
3.2.3 人文资源条件 ································· 52

3.3 镇（乡）域社会经济发展规划 ··················· 53
3.3.1 镇（乡）域社会经济发展规划的主要内容 ··· 53
3.3.2 镇（乡）域产业发展规划 ···················· 54
3.3.3 镇（乡）域社会事业发展规划 ··············· 54

3.4 镇村体系规划 ·· 56
3.4.1 镇村体系层次和规模结构规划 ··············· 57
3.4.2 镇村体系职能规划 ··························· 58
3.4.3 镇村体系空间布局规划 ······················ 62

3.5 镇（乡）域空间管制规划 ·························· 67
3.5.1 镇（乡）域空间管制要素 ···················· 67
3.5.2 镇（乡）域空间管制规划 ···················· 69

3.6 村庄建设与人居环境整治规划 ··················· 71
3.6.1 村庄建设规划 ································· 71
3.6.2 村庄人居环境整治规划 ······················ 73

3.7 相关案例 ··· 75
3.7.1 镇（乡）域总体规划案例——江苏省启东市吕四港镇总体规划 ···················· 75

3.7.2 县域镇村体系规划案例——沈阳市法库县域村庄
        布点规划 ·· 84
   3.7.3 村庄建设规划案例——沈阳市新城子区尹家乡曙
        光村建设规划 ·· 98
   3.7.4 村庄环境整治规划案例——沈阳市法库县丁家房镇
        帮牛堡村人居环境整治规划 ····························· 116

第4章 镇区总体规划 ·· 133

4.1 镇区总体规划编制概况 ·· 133
   4.1.1 镇区总体规划的作用 ·· 133
   4.1.2 镇区总体规划编制的前期准备、主要内容及
        编制审批程序 ·· 133
4.2 镇区职能、性质与规模 ·· 137
   4.2.1 镇区职能与性质 ·· 137
   4.2.2 镇区规模预测 ·· 142
4.3 镇区空间发展方向和空间布局结构 ······················· 150
   4.3.1 镇区用地条件分析 ··· 150
   4.3.2 镇区空间发展方向分析 ····································· 154
   4.3.3 镇区空间布局结构 ··· 155
4.4 镇区功能用地布局规划 ·· 161
   4.4.1 居住用地 ·· 162
   4.4.2 公共设施用地 ·· 162
   4.4.3 生产设施用地 ·· 165
   4.4.4 绿地 ··· 166
4.5 镇区近期建设规划 ··· 167
   4.5.1 镇区近期建设规划的作用 ··································· 167
   4.5.2 镇区近期建设规划的主要内容 ····························· 168
4.6 镇区总体规划案例——广东省惠州市
    陈江镇区总体规划 ·· 169
   4.6.1 概况 ··· 169
   4.6.2 城镇性质和城镇规模 ·· 169
   4.6.3 空间拓展选择 ·· 170

4.6.4 镇区用地布局规划 ····· 171
4.6.5 规划控制体系 ····· 176
4.6.6 规划评析 ····· 178

第5章 镇区详细规划 ····· 180

5.1 镇区控制性详细规划 ····· 180
5.1.1 镇区控制性详细规划的作用 ····· 180
5.1.2 镇区控制性详细规划编制的前期准备
与编制审批程序 ····· 180
5.1.3 镇区控制性详细规划的主要内容 ····· 180
5.1.4 镇区控制性详细规划案例——山东省东营市
广饶县大王镇镇区C地块控制性详细规划 ····· 181

5.2 镇区修建性详细规划 ····· 194
5.2.1 镇区修建性详细规划的作用 ····· 194
5.2.2 镇区修建性详细规划编制的前期准备
与编制审批程序 ····· 194
5.2.3 镇区修建性详细规划的主要内容 ····· 194
5.2.4 镇区修建性详细规划案例——上海市
南汇区周浦镇镇区分地块详细规划 ····· 195

第6章 小城镇城市设计与镇区改造规划 ····· 207

6.1 小城镇特色风貌与小城镇城市设计 ····· 207
6.1.1 小城镇特色风貌 ····· 207
6.1.2 小城镇城市设计 ····· 208
6.1.3 小城镇城市设计案例——上海市青浦区
朱家角镇城市设计 ····· 212

6.2 镇区改造规划 ····· 223
6.2.1 镇区改造规划内容 ····· 223
6.2.2 镇区改造规划案例——上海市青浦区
朱家角镇区旧城更新规划 ····· 224
6.2.3 小城镇城中村改造规划 ····· 237

第7章 乡镇基础设施和社会设施规划 ·············· 241

7.1 乡镇综合交通规划 ························ 241
7.1.1 乡镇道路交通的特点 ················ 241
7.1.2 乡镇对外交通系统规划 ·············· 242
7.1.3 乡镇道路系统规划 ·················· 252
7.1.4 镇区道路交通规划 ·················· 256

7.2 乡镇给水排水规划 ······················ 259
7.2.1 乡镇给水规划 ······················ 260
7.2.2 乡镇排水规划 ······················ 269

7.3 乡镇供电与通信规划 ···················· 274
7.3.1 乡镇供电规划 ······················ 274
7.3.2 乡镇电信工程规划 ·················· 283

7.4 乡镇燃气与供热工程规划 ················ 290
7.4.1 乡镇燃气工程规划 ·················· 290
7.4.2 乡镇供热工程规划 ·················· 296

7.5 乡镇工程管线综合规划 ·················· 302
7.5.1 工程管线综合规划的一般技术规定 ···· 303
7.5.2 工程管线综合的专业技术规定 ········ 305

7.6 乡镇竖向规划设计 ······················ 313
7.6.1 竖向规划的主要任务及其基本要求 ···· 313
7.6.2 竖向规划设计的方法 ················ 314

7.7 乡镇防灾规划 ·························· 318
7.7.1 乡镇洪涝灾害防治规划 ·············· 318
7.7.2 乡镇消防规划 ······················ 321
7.7.3 乡镇抗震防灾规划 ·················· 323
7.7.4 乡镇地质灾害防治规划 ·············· 328
7.7.5 乡镇防风减灾规划 ·················· 329

7.8 社会设施发展规划 ······················ 329
7.8.1 科技教育设施发展规划 ·············· 329
7.8.2 文化体育设施发展规划 ·············· 330

7.8.3 医疗卫生设施发展规划 ·· 330

第8章 乡镇生态与环境保护规划 ·· 331

8.1 乡镇生态规划 ·· 331
8.1.1 乡镇生态环境特征 ·· 331
8.1.2 乡镇生态规划 ·· 332
8.2 乡镇环境保护规划与环境卫生规划 ·· 337
8.2.1 乡镇环境保护规划 ·· 337
8.2.2 乡镇环境卫生设施规划 ·· 340

第9章 乡镇历史文化资源保护规划 ·· 345

9.1 乡镇历史文化资源 ·· 345
9.1.1 乡镇历史文化资源的内容 ·· 345
9.1.2 乡镇历史文化资源的基本特征 ·· 346
9.1.3 乡镇历史文化资源的传统特色要素与构成 ·· 346
9.1.4 历史文化名镇、名村具备的条件 ·· 347
9.2 乡镇历史文化资源保护规划 ·· 347
9.2.1 乡镇历史文化资源综合利用 ·· 347
9.2.2 乡镇历史文化资源保护规划内容 ·· 348
9.2.3 乡镇历史文化资源保护规划案例——威信县"扎西会议"历史街区保护规划 ·· 351

参考文献 ·· 372

第1章 导　言

1.1　我国乡镇发展的基本概况

1.1.1　乡镇的界定、层次、类型和特点

1.1.1.1　乡镇的界定和层次

　　国家为了政治和行政管理的需要，将全国的地域划分为若干层次大小不同的行政区域，并实行分级的行政管理。如全国分为省、自治区、直辖市；省、自治区分为市、自治州、县、自治县；县、自治县分为乡、民族乡、镇；直辖市和较大的市分为区和县。可以看出，作为行政区划概念的乡和镇，是我国宪法规定的最低行政区划，是乡和镇人民政府行政管辖的地域。根据行政区划管理的需要，我国的镇必须在达到一定的标准后才能由省（自治区、直辖市）人民政府批准设置，因此，镇一般也称为建制镇。通常，建制镇具有一定的人口规模，人口结构（主要是劳动力结构）和产业结构达到一定要求，基础设施达到一定水平。

　　同时，政府为了便于管理，实行镇（乡）管村的行政体制，在乡和镇以下划定更下一层次的管理区域，即行政村，并在行政村设立村民委员会。根据我国的《村委会组织法》，村民委员会是由行政村的村民选举产生的村民自我管理、自我教育、自我服务的基层群众性自治组织。

　　人居环境一般是指人类从事有组织活动的地域，是与人类生存活动密切相关的多层次的地表空间系统。乡和镇的人居环境一般可以分为镇区、集镇和村庄。其中，镇区是指镇人民政府驻地

的建成区和规划建设发展区;集镇是指乡人民政府所在地和经县级人民政府确认由集市发展而成的作为农村一定区域经济、文化和生活服务中心的居民点。在行政村区域范围内可能存在一个或多个村落,其中村委会所在地的村落可称为中心村,非村委会所在地的村落可称为基层村。

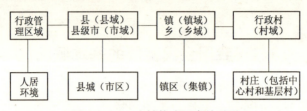

图 1.1.1-1　乡镇构成要素关系图

由于乡镇通常涉及两个不同的但联系密切的概念,一是地域的概念,二是居民点(聚落)的概念。为了避免混淆,本书中一般将地域概念的镇、乡和村称为镇(镇域、建制镇)、乡(乡域)和行政村,将镇和乡级的居民点统称为小城镇(镇区、集镇),将村落称为村庄(中心村、基层村)。同时,考虑到乡镇是介于城市与农村之间的、兼有城与乡特征的过渡性区域和居民点,从乡镇规划及其研究角度,本书中的镇不包括已设置为县级人民政府驻地的建制镇(即县城关镇)。

1.1.1.2　乡镇的类型

通常认为,乡镇的类型划分应以它们在区域发展及城镇化过程中的功能为基础,这种功能的发挥主要体现在乡镇区域的中心即小城镇(镇区或集镇)上。然而,由于我国的小城镇在区域发展中承担着多种功能,对这些功能的不同方面的侧重,便产生了不同的分类结果。

(1) 从等级层次上分类

除县城关镇外,小城镇的现状等级层次一般分为建制镇镇区、集镇。乡镇的规划等级层次一般分为中心镇、一般镇。

中心镇:指居于县(市)域内一片地区相对中心位置且对

周边农村具有一定社会经济带动作用的小城镇,为带动一片地区发展的增长极核,分布相对均衡。

一般镇:指县(市)域内中心镇以外的一般建制镇镇区及乡政府所在地的集镇,这类小城镇的经济和社会影响范围限于本乡镇行政区域内,多是农村的行政中心和集贸中心,小城镇规模普遍较小,基础设施水平也相对较低,第三产业规模和层次较低。

(2)从职能类型上分类

按照小城镇的职能类型特征,可将小城镇划分为商贸型、工业主导型、交通枢纽型、旅游服务型、"三农"服务型、其他专业型和综合型等7种类型。

商贸型:以商业贸易为主,商业服务业较发达的小城镇。这类小城镇的市场吸引辐射范围较大,设有贸易市场或专业市场、转运站、仓库等,有些甚至发展成为区域内综合性和专业性的生产资料和生产成品市场。

工业主导型:工业发展已达到一定水平并在乡镇域经济中占主导地位,或依附于大中型工业厂矿,并作为其生产生活基地为其服务的小城镇。

交通枢纽型:凡具有航空、铁路、公路、水运等一种或几种交通运输方式,以其便利的交通条件和特殊的区位优势而成为客货流集散中心的小城镇。

旅游服务型:凡依附于某类具有开发价值的自然景观或人文景观,通过旅游资源的开发及其配套设施的建设和为旅游提供服务,形成旅游服务型的小城镇。

"三农"服务型:主要为本地农民、农村、农业服务为主的小城镇。

其他专业型:以某种特殊专业职能存在且难以按上述类型归类的可称为其他专业型小城镇,如边境口岸小城镇、军事要塞小城镇等。

综合型:凡具备上述全部或某几种职能的可称之为综合型

小城镇，其规模比单一型的小城镇大，中心镇一般多为综合型小城镇。

实际中，每一个小城镇往往是兼有数种职能，共同支撑着乡镇域经济的发展。综合职能的发挥不仅适应小城镇作为城乡联系纽带的客观要求，也体现了小城镇作为城乡体系中独立的环节所具有的强大活力。同时，随着乡镇域和县域经济的发展，其小城镇职能也会相应变化，但总的趋势是单一职能型小城镇向综合型的小城镇转化。

(3) 从发展模式上分类❶

根据发展动力模式的不同，可将小城镇分为以下几类：

地方驱动型：指在没有外来动力的推动下，地方政府组织和依靠农民自己出钱出力，共同建设城镇各项基础设施，共同经营和管理的小城镇。

城市辐射型：指城市的密集性、经济性和社会性向城市郊外或更远的农村地区扩散，城市的经济活动或城市的职能向外延伸，逐渐形成城市周边地区以中心城市为核心而发展的小城镇。

外贸推动型：这是沿海对外开放程度较高地区较为普遍的方式，这类小城镇抓住国家鼓励扩大外贸的机遇，发展特色产业，促进经济发展。

外资促进型：指通过利用良好的区位优势，创造有利条件吸引外商投资兴办企业发展起来的小城镇。

科技带动型：指依靠科技创新带动起来的小城镇，科技创新与产业发展结合紧密，对经济发展推动力强大，城镇发展速度也较快。

交通推动型：依托铁路、公路、航道、航空中枢，依靠交通运输业来发展的小城镇。

产业聚集型：这类小城镇的发展模式反映出"自下而上"

---

❶ 汤铭潭，宋劲松，刘仁根等．小城镇发展与规划概论 [M]．北京：中国建筑工业出版社，2004．

以集聚为主体的城镇化发展模式。

（4）从空间形态上分类❶

从形态上划分，可将我国小城镇从整体上分为两大类：一类为城乡一体，以连片发展的"城镇连绵带"形态存在，一类为城乡界线分明，以完整、独立的形态存在。

以"城镇连绵带"形态存在的小城镇中，城镇与城镇之间已经没有明确界线，城镇首尾相接、密集连片。这类小城镇多具有明显的交通与区位优势，以公路为轴沿路发展。这类小城镇目前主要存在于我国沿海经济发达省份的局部地区。

以完整、独立的形态存在的小城镇在我国广泛分布，按其所处空间位置又可大致分为以下三种类型：

1）"城市周边地区"的小城镇

这类小城镇包括大中城市周边的小城镇和小城市及县城周边的小城镇，这类小城镇的发展与中心城紧密相关，互为影响。

2）"经济发达、城镇具有带状发展趋势地区"的小城镇

这类小城镇主要沿交通轴线分布，具有明显的交通与区位优势，最具有经济发展的潜能，极有可能发展形成城镇带。

3）远离城市独立发展的小城镇

这类小城镇远离城市，目前和将来都相对比较独立。这类小城镇除少数实力相对较强、有一定发展潜力外，大部分小城镇的经济实力较弱，以为本地区农村服务为主。

1.1.1.3 乡镇的特点

乡镇的特点主要体现在作为乡镇中心的小城镇上。

（1）衔接城乡

小城镇是城乡结合部的社会综合体，是乡镇域经济、政治、文化中心。它具有上接城市、下引农村、促进区域经济和社会全面进步的综合功能。

---

❶ 汤铭谭，宋劲松，刘仁根等．小城镇发展与规划概论［M］．北京：中国建筑工业出版社，2004．

我国的小城镇介于大中城市和广大农村之间，是我国的中间发展带，其接触面最大，容易引进大中城市的技术、资金和人才等。同时，作为广大农村地区的增长极，小城镇是促进农村工业化和农村经济结构转型的地域载体，城乡生产要素流动和组合的中介，也是加速推进农业和农村现代化的重要突破口。

（2）数量多、分布广

我国小城镇数量多，分布广，增长快。截止2006年底，全国共有小城镇19369个，乡集镇16395个❶，小城镇比1978年的2176个❷增长了近9倍。

促使我国小城镇快速发展的原因，一是我国农业生产力水平提高，工业化进程加快，服务业增长迅速，小城镇经济实力增强，基础设施初具规模，使城镇化的物质基础基本具备。二是小城镇人口比例不断增大，目前小城镇人口占全国总人口的13.5%左右❸。三是乡镇企业从分散布局逐渐走向集中于小城镇，促进了小城镇的发展。

（3）规模偏小、企业集中度低

尽管小城镇发展的方式已从数量增长向规模扩大转化，但就目前的情况看，我国小城镇的规模仍然普遍较小。据2006年底17645个建制镇（其中市辖镇6852个）、14580个乡的人口汇总统计，建制镇镇区人口共1.4亿人，乡集镇人口共0.35亿人❹，则建制镇镇区的平均人口为7934人，乡集镇的平均人口就更小了，只有2400人。

一方面存在着大量的、规模偏小的小城镇，另一方面乡镇企业大量分散在广大农村而在小城镇的集中度低，这是目前我国小城镇的两个突出特点。目前我国乡镇域范围内的乡镇企业一般多

---

❶ 数据来源：2006年城市、县城和村镇建设统计公报
❷ 汤铭谭，宋劲松，刘仁根等.小城镇发展与规划概论［M］.北京：中国建筑工业出版社，2004.
❸ 数据来源：2006年城市、县城和村镇建设统计公报
❹ 数据来源：2006年城市、县城和村镇建设统计公报

沿对外交通线路布局,在公路及河道两侧发展,同时还有大量工业企业分布在村庄内。引导乡镇企业向小城镇相对集中连片发展,使农村地区非农产业的发展与小城镇建设结合起来,将有利于企业获得规模经济、外部经济,提高小城镇的集聚经济效益。

近年来,乡镇企业向小城镇集中的过程已经开始。虽然大部分乡镇企业分布在村庄中的基本格局未变,但比1992年(1992年全国乡镇企业总数中聚集在县城的仅占1%,聚集在其他小城镇和集镇的占7%,其余92%分散在村庄中❶)乡镇企业在小城镇集中分布的比例已有明显的上升。以江苏无锡市惠山区为例,2004年该区的工业用地总量为4111hm^2,其中,集中在小城镇的工业园区用地总量达到全区工业用地总量的58.8%❷。乡镇企业向小城镇集中以及由此带动的第三产业的发展,将会促进农村工业化、非农产业与城镇化的协调共进和有机结合,推动小城镇建设进入新的发展阶段。

(4) 区域差异性明显

长期以来,由于我国经济发展水平东高西低,农村产业化和农村市场经济发展东快西慢,使我国小城镇的发展存在明显的空间差异:从东到西小城镇建设水平和经济实力逐步递减。主要表现在以下三个方面:

1) 小城镇数量增长差异

根据第三次全国人口普查资料,1982年全国有建制镇2660个。其中,东部地区有916个,中部地区有998个,西部地区有746个❸。到了2005年,全国建制镇增长到19522个。其中,东部地区有7497个,中部地区有6334个,西部地区有5691个❹,

---

❶ 国务院研究室课题组. 小城镇发展政策与实践 [M]. 北京:中国统计出版社,1994.

❷ 同济大学建筑与城市规划学院. 无锡市惠山区农村发展研究报告,2005.

❸ 符礼建,罗宏翔. 论我国小城镇发展的特点和趋势 [J]. 中国农村经济,2002 (11):65-70.

❹ 国家统计局. 中国统计年鉴2006. http://www.stats.gov.cn/

分别是 1982 年的 8.2 倍、6.3 倍和 7.6 倍。东部地区建制镇数量的增长速度高于中部、西部地区。❶

由于东部地区建制镇的数量增长比中部、西部快，从 1982 年到 2005 年，东部地区建制镇数量占全国建制镇总数的比重从 34.44%上升到 38.4%，上升了约 4 个百分点；中部地区所占比重则从 37.52%下降到 32.4%，西部地区所占比重从 28.05%上升到 29.2%。小城镇布局的重心总体上东移，但也可以看到西部地区的小城镇比重有所增长，这说明国家的西部大开发政策对西部地区小城镇的发展起到了一定的带动作用。

2）小城镇密度差异

新中国成立以来，小城镇的分布密度总是东部地区高于中部地区，中部地区又高于西部地区；东部、中部地区小城镇的分布密度比全国平均分布密度高，而西部地区小城镇的分布密度又比全国平均分布密度低。1953 年全国小城镇的平均分布密度为 5.6 个/万 km^2，其中，东部地区为 16.2 个/万 km^2，中部地区为 7.1 个/万 km^2，西部地区为 2.3 个/万 km^2。❷ 从 1953 年到 2005 年，虽然全国三大地带的建制镇数量几经变化，但东密西疏的总体格局一直未变。改革开放以来，东部地区小城镇数量增长最快，分布密度提高也最快。2005 年全国小城镇的平均分布密度为 20.3 个/万 km^2，其中，东部地区为 56.8 个/万 km^2，中部地区为 22.5 个/万 km^2，西部地区为 10.6 个/万 km^2。❸ 东部、中部、西部地区的土地面积占全国面积的比重分别为 13.8%、29.6%、

---

❶ 东部地区包括北京、天津、上海 3 个直辖市和辽宁、河北、山东、江苏、浙江、福建、广东、广西、海南 9 个省（区）；中部地区包括黑龙江、吉林、内蒙古、山西、河南、湖北、湖南、安徽、江西 9 个省（区）；西部地区包括四川、贵州、云南、陕西、甘肃、宁夏、新疆、西藏、青海 9 个省（区）和重庆直辖市。

❷ 符礼建，罗宏翔. 论我国小城镇发展的特点和趋势［J］. 中国农村经济，2002（11）：65-70.

❸ 根据国家统计局《中国统计年鉴2006》计算

56.6%❶。这些数据表明,土地面积越小的地带小城镇的分布密度越高,而土地面积越大的地带小城镇的分布密度越低。

3)经济实力差异

在全国小城镇经济实力整体增强的同时,各地区小城镇经济实力的差异也在逐渐拉大。2002年全国财政收入最高的建制镇其每年的财政收入高达19.4亿元,是西部边远地区的数百倍。

1.1.2 乡镇形成与发展的基本概况

历史上,我国乡镇区域中心——小城镇的形成和演变过程大多是按照"草市—集镇—小城镇"的轨迹发展起来的,这是与我国手工业和产品交换的发展相适应的。小城镇的初期形式是草市,随着集市贸易的扩大,出现了镇一级的建制和镇域的中心。小城镇是比集市更高一级的经济中心,其居民明显多于集市。小城镇介于城市和乡村之间,自古以来就是乡村手工业、农副产品生产加工的集中地,商品交换的集散地,小城镇是沟通城市与乡村的桥梁。

尽管小城镇的发展在我国具有上千年的历史,但是作为现代行政区划建制意义上的镇,即小城镇服务和辐射的区域,则是在20世纪初才出现。当时镇的规模都较小,且带有地方自治的性质,不是完全意义上的行政区划组织。因此,真正意义上的镇的建制设置是从建国后开始的,设置标准经历了三个阶段的演变:

1955年,国务院发布的《关于设置市、镇建制的决定》中规定,镇是属于县、自治县领导的行政单位。县级或县级以上地方国家机关所在地可以设置镇的建制;不是县级或县级以上地方国家机关所在地,必须是聚居人口在2000人以上,有相当数量的工商业居民,并确有必要时方可设置镇的建制;少数民族地区如有相当数量的工商业居民,聚居人口虽不及2000人,但确有

---

❶ 符礼建,罗宏翔.论我国小城镇发展的特点和趋势[J].中国农村经济,2002(11):65-70.

必要，亦可设置镇的建制。镇以下不再设乡。工矿基地、规模较小、聚居人口不多，由县领导的，可设置镇的建制。

1963年，根据当时我国的国民经济状况，中共中央、国务院发布了《关于调整市镇建制、缩小城市郊区的指示》，将镇建制标准调整为：工商业和手工业相当集中、聚居人口在3000人以上，其中非农业人口占80%以上或者聚居人口在2500人以上但不足3000人，其中非农业人口占85%以上，确有必要由县级国家机关领导的地方，可以设置镇的建制。少数民族地区的工商业和手工业集中地，聚居人口虽然不足3000人，或者非农业人口不足70%，但是确有必要由县级国家机关领导的，也可以设置镇的建制。这样，全国镇的数量大大减少，1963年底镇只有4429个，1980年又减少为2874个，1982年全国第三次人口普查时只剩下2664个。

我国现行的设镇标准，是1984年11月国务院批转的民政部《关于调整建制镇标准的报告》中规定的。十一届三中全会以后，随着农村商品经济和乡镇工业的蓬勃发展，小城镇建设得到进一步恢复和发展。为了适应城乡经济发展的需要，该标准适当放宽了建镇标准。该标准明确：（1）县级国家机关所在地，可以设置镇的建制；（2）总人口在2万人以下的乡，乡政府驻地非农业人口超过2000人的，可以设置镇的建制。总人口在2万人以上的乡，乡政府驻地非农业人口占全乡人口10%以上的，也可以设置镇的建制；（3）少数民族地区、人口稀少的边远地区、山区和小型工矿区、小港口、风景旅游地、边境口岸等地，非农业人口虽不足2000人，如确有必要，也可设置镇的建制。这样，到1984年底止，全国2366个县有6211个县辖建制镇，每个建制镇平均总人口为2.165万人，其中非农业人口为8417人。此外还有8万多个乡。

到2006年底止，全国共有建制镇19369个，乡16395个，全国乡镇合计达35764个。据17645个建制镇（其中市辖镇6852个）、14580个乡、2710688个村庄（其中村民委员会所在地 550970 个)汇总,总人口为 8.89 亿人,其中建制镇镇区人口 1.4 亿人,占乡镇总人口的 15.7%;乡集镇人口 0.35 亿人,占乡镇总人口的 3.9%;村庄人口 7.14 亿人,占乡镇总人口的 80.4%。❶

1.1.3 乡镇的人居环境体系

人居环境不仅仅是一个居民住宅区或社区的概念,它是由社会环境、自然环境和人工环境共同组成的,是对人类聚居地的生态、环境、社会等各方面的综合反映,一个良好的人居环境是各种人居环境因素协调发展的综合环境体系。❷

乡镇人居环境体系的第一个层次分为聚居条件和聚居建设两个方面,再逐层向下分为体现该要素的次一级要素,直至为最底层的分项要素。

(1)聚居条件

聚居条件是指与人类聚居活动息息相关的基本生存条件,包括资源、人工构筑和人口等,良好的人居环境既要有良好的资源配置、合理的人口密度,还要有完善的人工构筑和舒适的居住条件。聚居条件主要包括土地和居住两个要素❸。

土地是一种重要的不可再生资源,是人类聚居必不可少的资源条件。乡镇土地涉及乡镇人口分布、资源利用、空间布局和居民生活质量等多方面的问题。根据《镇规划标准》(GB 50188—2007)中的镇用地分类,镇用地应包括乡镇域范围内的居住用地、公共设施用地、生产设施用地、仓储用地、对外交通用地、道路广场用地、工程设施用地、绿地、水域和其他用地等 9 大类。乡镇各类用地布局与比重可以反映出乡镇的土地利用模式与乡镇建设模式。人均建设用地面积是指按常住人口计算的平均每

---

❶ 国家统计局. 中国统计年鉴 2006. http://www.stats.gov.cn/
❷ 莫霞. 农村可持续发展的人居环境建设研究[D]. 上海:同济大学,2006.
❸ 莫霞. 农村可持续发展的人居环境建设研究[D]. 上海:同济大学,2006.

人拥有的乡镇建设用地面积，这一要素可以有效地反映出乡镇土地利用强度。

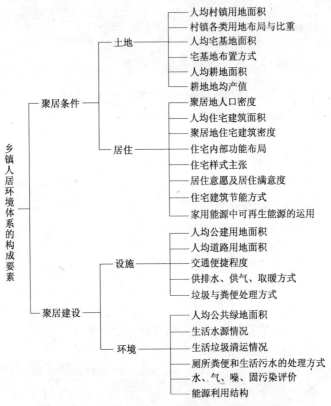

图 1.1.3-1 乡镇人居环境体系构成要素框架图
注：根据莫霞《农村可持续发展的人居环境建设研究》内图表改绘

农村宅基地是指农村居民用于建设住宅和厨房、厕所等设施的土地及庭院用地。农村宅基地属于乡镇居住建筑用地的组成部分，承载着农村居民的生活和生产，关系到农村居民的切实需要。农村人均宅基地面积和宅基地布置方式不仅能够反映出农村土地利用的集约程度，也影响村庄其他用地的布局和利用方式，是体现农村土地是否可持续利用的重要方面。

人居环境是社会经济发展结构体系的重要基础，其中，居住是完整的人居环境体系的必要组成部分。在农村地域，居住涉及占农村主体的农民住宅建设、农村资源和能源利用、农民生活特征等，是综合体现农村聚居条件的要素，可以比较全面地说明农民的居住条件和水平。随着农村经济飞速发展，农民居住水平和生活质量得到了明显改善。但是，我国农村普遍存在着住宅建设缺乏规划、用地不够紧凑、建筑通达性差的现象，农村住宅布局显得杂乱无章。农民住宅往往结构简单、功能单一、平面布局不尽合理，且常常出现施工质量和施工安全问题。而且，农民住宅还往往存在重复建设的现象，农民为了赶建"与时俱进"的住宅，往往拆了又建、建了又拆，造成资源的极大浪费。总体而言，由于农村建设水平低、设施配备差，我国农民的生活条件与城镇居民相比存在着较大的差距，农民的住宅建设水平与居住环境质量等还有待进一步提高。

聚居地人口密度是指在一定时期一定单位面积土地上的平均人口数。聚居地住宅建筑密度是指一定时期一定单位面积土地上的住宅建筑用地面积所占百分比。乡镇聚居地适度的人口密度和住宅建筑密度，是反映居民的生活条件、资源利用和环境压力关系的重要变量，应使其与乡镇发展规模和环境容量一致。乡镇人均住宅建筑面积是指按居住人口计算的平均每人拥有的住宅建筑面积，是反映住宅舒适度和乡镇居民居住水平的重要指标。

在农村住宅建筑材料的选用方面，我国各地农村各有不同，但很大一部分农村地区的农民住宅仍为普通黏土砖房，其建筑材料节能性差、生命周期短。木材在我国农村住宅建设中也普遍使用，而我国森林资源有限，木材的节约是当前一大问题。合理的农村住宅建筑节能方式，可以促进农村居住与资源、环境的协调发展，对可持续发展有深远意义。另外，长期以来，我国广大农村，特别是寒冷地区，家用能源结构不合理、能源供应不足且浪费严重，农民普遍存在缺乏资源保护和节约利用能源意识的现象。我国农村生活用能源结构，往往是直接燃烧柴草、秸秆甚至成才木料等，不仅利用率低，还浪费资源，严重污染环境。煤的使用在我国农村也占有相当比重，尤其北方农民生活中往往以煤作为主要燃料，并用于火炕取暖。煤作为资源不可再生，其燃烧后产生的煤烟又会污染空气。同时，由于农村住宅分布分散，农村能源消费往往规模小、地点分散，形成低效率、高排放，浪费严重。近年来，随着我国国民经济的迅速发展，国家对环保、节能等问题越来越重视，加强了新技术、新能源的开发和使用，在农村也开始推广可再生能源的使用。可再生能源（清洁能源）一般指可以再生、污染很小、可持续利用的能源，如太阳能、沼气、风能等。农村家用能源中可再生能源的运用，可以为农村居民提供高品质的能源，提高农民居住的环境质量。❶

（2）聚居建设

聚居建设主要包括设施和环境两个方面，设施水平和环境质量是人居环境发展的重要影响因素。

设施建设对乡镇而言非常重要，是高水平生活的标志，也是乡镇人居环境发展的重要影响因素。良好的设施建设可以促进乡镇居民就业和收入的提高。乡镇人均公建用地面积是指按居住人口计算的平均每人拥有的公共建筑用地面积，可以反映出乡镇公共服务设施建设的规模和水平。我国乡镇现状的设施建设往往十分简陋，有的甚至短缺。一些农村地域的村落尚未从单纯的居民点中脱离出来，公共建筑仅仅是与农宅相似的村委会办公室、简易的代销店和小学、简陋的村卫生所，一般没有文化娱乐等设施，缺少统筹建设的市政基础设施。

乡镇人均道路用地面积是指按居住人口计算的平均每人拥有的道路用地面积，可以反映出乡镇道路设施的建设水平和乡镇居民日常生活的便捷度。乡镇的交通便捷程度则是指乡镇居民对外交通出行的方便程度，主要反映在乡镇是否有便捷的公路或其他对外交通设施以及对外交通的出行方式与出行时间上。因村庄布

---

❶ 莫霞. 农村可持续发展的人居环境建设研究 [D]. 上海：同济大学，2006.

局结构较分散,且有些村庄远离交通主干道,乡级、村级道路窄,并且路面损坏较多,这些都极大地影响了村庄内部及村庄与外部的联系,村庄交通便利度低,影响了农民的生活和村庄的发展。此外,乡镇供排水、供气、取暖方式、垃圾与粪便处理方式,则综合反映了乡镇基础设施建设水平、乡镇居民生活质量与社会福利水平。

就乡镇环境质量而言,人均公共绿地面积是指按居住人口计算的平均每人拥有的公共绿地面积,这里的公共绿地是指有一定游憩设施的绿地,如公园、街巷中的绿地、临水绿地等。乡镇聚居地人均公共绿地面积是反映乡镇绿化环境发展水平的重要指标。

乡镇生活水源情况反映了乡镇用水的安全性和人们健康能否得到保障,保护乡镇生活水源环境可以促进水资源的有效利用,促进可持续发展战略的实施。另外,乡镇生活垃圾清运情况,厕所粪便和生活污水的处理方式,水体、大气、噪声、垃圾污染评价,能源利用结构等要素,则分别从水、大气、噪声、垃圾、能源等不同角度着手,综合体现了乡镇污染防治、居民生活安全保障情况以及乡镇与资源和环境承载力的协调性。❶

1.2 乡镇规划体系及本书中乡镇规划的基本内容

1.2.1 乡镇规划体系

乡镇规划是乡镇在一定时期内的发展规划,是乡镇政府为实现乡镇的经济和社会发展目标,协调镇村布局和乡镇域范围内的各项建设而制定的综合部署和具体安排,是乡镇建设与管理的依据。

---

❶ 莫霞. 农村可持续发展的人居环境建设研究 [D]. 上海:同济大学,2006.

根据我国的《城乡规划法》，乡镇的一切建设活动都应该在乡镇的规划区内进行，并应在相应的乡镇规划中划定规划区。乡镇规划体系可以根据乡镇地域对象特征的不同分为镇规划、乡规划和村庄规划等，其中，镇规划分为总体规划和详细规划。乡镇的规划区是指镇、乡和村庄的建成区以及因乡镇建设和发展需要，必须实行规划控制的区域。规划区的具体范围由有关人民政府在组织编制的镇总体规划、乡规划和村庄规划中，根据乡镇经济社会发展水平和统筹城乡发展的需要划定。

镇总体规划是对镇域范围内镇村体系及重要建设项目的整体部署，具体可以包括镇域总体规划和镇区总体规划两个层次。镇域总体规划是在镇域范围内，综合评价镇的发展条件，制定镇域、镇村发展战略；预测镇域人口增长和城镇化水平，拟定各相关镇村的发展方向与规模，协调镇村发展与产业配置的时空关系，保护镇域范围内的历史文化遗产资源，统筹安排镇域基础设施和社会设施；引导和控制镇域内镇村体系的合理发展与布局，指导镇区总体规划。镇区总体规划应包括城镇的性质、发展目标和发展规模，镇区主要建设标准和定额指标，建设用地布局、功能分区和各项建设的总体部署，镇区综合交通体系和河湖、绿地系统规划，各项专业规划，近期建设规划等。

镇详细规划是在镇总体规划的指导下对规划区范围内划定区域的建设进行的具体安排，分为控制性详细规划和修建性详细规划。

由于我国的镇与乡同为我国基层政权机构，且都实行以镇（乡）管村的行政体制，随着我国乡村城镇化的推进，将会出现撤乡建镇的行政区划调整。为了避免因行政建制的变化而重新编制规划，保证规划的延续性，乡规划的编制可以参照镇规划的层次和内容执行，即分为总体规划和详细规划。其中乡总体规划可包括乡域总体规划和乡集镇总体规划两个层次，前者的编制内容可参照镇域总体规划内容执行，后者的编制内容可以参照镇区总体规划执行。

我国的《城乡规划法》规定了乡规划和村庄规划的内容应包括划定规划区范围，住宅、道路、供水、排水、供电、垃圾收集、畜禽养殖场所等农村生产、生活服务设施、公益事业等各项建设的用地布局、建设要求，以及对耕地等自然资源和历史文化遗产保护、防灾减灾等的具体安排。在乡域行政区域层面还应考虑乡域内的村庄发展布局规划。

1.2.2 本书中乡镇规划的主要内容导读

本书中对于乡镇规划的介绍主要分三部分展开：第一部分为第一、二章，主要介绍乡镇规划相关的概念界定，以及当前编制乡镇规划的一些宏观背景；第二部分为第三、四、五章，主要按照乡镇规划体系从总体规划到详细规划系统地介绍各层次规划的主要内容；第三部分为第六、七、八、九章，主要介绍乡镇规划体系中一些专项规划的主要内容，包括小城镇城市设计、乡镇基础设施和社会设施规划、乡镇生态与环境保护规划和乡镇历史文化资源保护规划。

第一章主要介绍了我国乡镇发展的基本情况、乡镇规划体系的层次以及乡镇规划与构建和谐社会、建设社会主义新农村的关系。第二章主要介绍了我国的城镇化战略和城乡统筹发展战略，以及乡镇发展在这两大战略中的地位与作用。第三章主要介绍了乡镇域总体规划编制的主要内容，具体包括乡镇发展条件分析、乡镇域社会经济发展规划、镇村体系布局规划、乡镇空间管制规划，以及村庄层面的村庄建设与人居环境整治规划的主要内容。第四章主要介绍了镇区总体规划的主要内容，具体包括镇区的职能、性质与规模的确定，镇区空间布局结构和用地功能组织，以及镇区近期建设规划的内容。第五章主要介绍了镇区详细规划，具体包括镇区控制性详细规划和镇区修建性详细规划的内容，以及相关的案例。第六章主要介绍了小城镇特色风貌、小城镇城市设计，以及镇区改造规划的主要内容，还特别介绍了小城镇城中村的改造规划。第七章主要介绍了乡镇基础设施和社会设施规划的主要内容，具体包括乡镇给水排水、供电通信、燃气供热工程系统的规划，上述各种工程管线的综合规划，乡镇的竖向设计以及防灾规划。第八章主要介绍了乡镇生态规划、环境保护规划和环境卫生设施规划的主要内容。第九章主要介绍了乡镇历史文化资源及其综合利用与保护规划的主要内容。本书各章中的规划案例均来自于上海同济城市规划设计研究院承担的规划项目。

1.3 乡镇规划与构建和谐社会、社会主义新农村建设的关系和作用

1.3.1 构建和谐社会与社会主义新农村建设的基本内容

1.3.1.1 构建和谐社会的基本内容

构建和谐社会可以体现在人与自然和谐以及人与人和谐等两个方面，具体可落实到统筹经济社会协调发展、统筹区域协调发展、统筹城乡协调发展、统筹人与自然协调发展、统筹国内发展和对外开放，即"五个统筹"。缩小到一个省、一个市、一个县、一个乡，则要在"五个统筹"的指导下，结合各自的实际，结合群众关心关注的突出问题，提出各自的构建和谐社会的基本思路。和谐社会不是一个静止的内容，而是一个动态的过程。在乡镇构建和谐社会应包括以下基本内容。

（1）妥善处理城乡关系，加强城乡合作，缩小乡村与城市的差距

妥善处理城乡关系，符合和谐社会要求的改变城乡二元结构的社会规律。二元社会结构转变为现代化的一元社会，是社会发展的必然要求。而我国城乡结构不合理，已经是当今诸多社会矛盾中的主要矛盾，很多社会问题由此发生。和谐社会要求我国必须从城乡分割走向城乡整合，逐步改变城乡二元结构的格局。城乡协调发展则是必由之路。

妥善处理城乡关系，符合和谐社会要求的城镇化与工业化同

步发展的经济规律。按照城乡经济结构演进的规律，工业化与城镇化同步发展，符合城乡经济发展规律，符合和谐社会发展的客观要求。但是，我国农村城镇化滞后于农村工业化，农村城镇化进程滞后于经济发展。因此，必须加快户籍制度改革和城镇化进程，使城乡协调发展，这是工业化、城镇化和现代化发展的内在要求。

妥善处理城乡关系，符合和谐社会要求的缩小城乡差别的历史规律。城乡差别产生于社会分工、阶级分化和城市的形成。它主要指城市与乡村的矛盾，表现为城市和乡村在社会、政治、经济、人口等方面的差别。虽然我国由于乡村落后于城市的历史原因，城乡差别不可能一下子消失，两者之间在生产力水平、科学教育发展程度、经济收入、生产条件和卫生发展上的不平衡，在短期内不会很快消除，但随着生产力水平的极大提高，随着构建城乡和谐社会步伐的加快，城乡差别日趋缩小，已是历史发展的大趋势。❶

（2）控制人口，保护生态环境，确保人与自然的和谐

人口的急剧膨胀，导致了人类为生存而对自然和环境的扩张、掠夺、践踏和破坏，打破了生态的平衡。必须抑制人类自身的行为，保护好生态环境，合理地、有计划地开采利用各种资源，确保持续发展，确保人与自然的和谐发展。

要重视对生态环境的保护，维持生态的平衡。要吸取过去一味追求经济增长的高指标，肆意掠夺开采资源、污染环境、破坏生态的教训，有计划地开采利用资源，处理好环境污染的问题，重视对耕地、森林植被、水体的保护。就乡镇而言，现在对生态破坏最大的就是一些矿产资源的开采，一些加工企业的排污和牲畜的过度放牧。对此，要有清醒的认识，不能只追求眼前的经济指标而任由环境遭受污染，生态遭受破坏。对于无条件解决污染

---

❶ 构建社会主义和谐社会与城乡统筹发展［J］．经济研究参考，2005（21）：11-19．

的招商引资企业和环境破坏太大的资源开采行为应坚决制止。对土地更要从长远发展、持续发展的高度，严格加以保护，使人与自然和谐发展。

（3）推广农业科技，加大劳务输出，促进农民收入增长

家庭联产承包责任制实行30年来，承包土地的扩张通过垦荒、占道等已经彻底结束，相反，因城市扩张、道路和其他各项建设的需要，耕地呈总体下降趋势。加之人口的增长，人均耕地更呈明显下降趋势。土地的人均占有量越来越少，农民要靠增加耕地面积来增加收入已经不可能。只有依靠农业科学技术的推广来增加农业生产的科技含量，才可能在有限的耕地上增加农民的收入。

由于人均耕地的减少，农业科学技术的推广普及，导致对劳动力需求的减少，农村产生了大量富余劳动力，形成了新的社会问题。为此，要重视抓好农村剩余劳动力的转移。

此外，乡镇构建和谐社会还包括重视发展教育，提高农村人口的整体素质；发展农村文化卫生事业，提高群众的精神文化生活和医疗保健水平；加大农村基础设施建设，努力缩小城乡差距；发展社会福利，着重关注农村弱势群体等。

1.3.1.2　社会主义新农村建设的基本内容

20世纪90年代的城市改革，促进了城市的发展，增强了我国的综合实力。改革开放加快了我国的工业化进程，经济全球化带来的制造业转移，中国成为世界工厂，工业化有了质的飞跃。另一方面，随着我国短缺经济现象的消失，广大农村地区曾经蓬勃一时的乡镇企业发展也基本处于停滞状态，进一步减缓了农民收入的提高。其结果是拉开了地区差别、城乡差别，社会分化日趋严峻。广大农村在村容村貌、生活素质、社会事业发展、社区治理、基础设施建设水平、公共服务设施和产品提供等方面，与城市地区也都存在着越来越大的差距。

工业化的成功意味着国家财政有能力启动工业反哺农业、城市反哺农村的工程，其根本目标就是要寻求解决"三农"问题

的根本途径。在这种背景下，近年来国家相继推出减免农业税等惠农政策。为全面建设小康社会、构筑和谐社会，党的十六届五中全会提出了建设社会主义新农村的重大任务，指出建设社会主义新农村的要求是："生产发展、生活宽裕、乡风文明、村容整洁、管理民主。"

2006年中央"一号文件"——《中共中央、国务院关于推进社会主义新农村建设的若干意见》提出要在统筹城乡经济社会发展等八个方面推进社会主义新农村建设。我国"十一五"规划纲要也提出要在未来的5年稳步扎实地推进社会主义新农村建设，要在发展现代农业、增加农民收入、改善农村面貌、培养新型农民、增加农业和农村投入、深化农村改革等方面取得成效。

社会主义新农村建设具体包括以下三个方面的内容：

（1）社会主义新农村在经济方面，应该是"生产发展、生活宽裕"的新农村。这里的生产不仅包括农业生产，而且应包括工业等农村非农产业生产经营活动，是农村经济活动的总称。其中，首要的是指农业尤其是粮食生产发展，应面向国内外市场，依托各地优势，走区域化种植、规模化生产、集约化和产业化经营的路子；依靠技术进步、体制创新，不断生产出确保国家粮食安全和能满足市场需要的安全、绿色、无公害的农产品，做到农业增产增效、农民增收和绿色环保几方面的统一。生活宽裕就是在生产发展的基础上，农民收入得到相应提高，城乡差距缩小，农民能充分享受科技进步、生产发展带来的成果。

（2）社会主义新农村在文化方面，应该是"乡风文明、村容整洁"的新农村。乡风文明、村容整洁是社会主义精神文明的必然要求和具体体现。所谓乡风文明，就是要培养社会主义新农民，树立农村新风尚。新农民是指有理想、有文化、有道德、有纪律的"四有农民"；新风尚就是要移风易俗，提倡科学、文明、法治的生活观，加强农村的社会主义精神文明建设。所谓村容整洁，就是要建设社会主义新农村的新房舍、新设施、新环境。因地制宜地建设各具民族特色和地域风情的住房，房屋建设要符合节约型社会要求；完善基础设施，道路、水电、广播、通信、电信等配套设施要俱全；生态环境良好、生活环境优美，尤其在环境卫生处理能力上要体现出新的时代特征。总之，社会主义新农村在文化方面要求环境优良、思想意识先进、生活方式现代，在文化层面上逐步缩小城乡差距。

(3) 社会主义新农村在政治方面，应该是"管理民主"的新农村。民主管理是社会主义民主政治建设的重要内容、必然要求和具体体现。当前我国实行了对村委会干部的直选，全面推行村务公开制度，使广大农民群众能够真正了解并参与到自我管理之中，为建设社会主义新农村打下了良好的政治基础。要在认真调研的基础上制订更富有针对性和可操作性的制度和措施，保证"管理民主"的真正实现。[1]

新农村建设要在改革开放30年后农村工业化所积累的经济总量的基础上实现经济和社会发展质量的提高，并建立可持续发展的机制；要在发展机制上从注重经济发展转到注重经济、社会、环境的协调发展；要从主要注重物质生产转到注重物质生产和精神生产的同步发展，从注重单纯增长转到注重全面发展的过程。具体而言，就是不仅要在农村经济总量上上台阶，也要在经济质量提高、土地集约利用、居住环境改善、基础设施完善、公共服务产品提供、公共卫生状况改进、农村社区民主政治建设和乡村治理建设等方面上台阶；要建立一个农村与城市既要逐步融合、又要有清晰的利益边界的机制；要建立一个城乡统筹发展和区域协调发展的长效机制。

1.3.2 乡镇规划与构建和谐社会的关系和作用

由于乡镇域的中心——小城镇（集镇）是城乡联系的纽

---

[1] 刘文俭，刘效敬．城镇化与建设社会主义新农村［J］．小城镇建设，2006(1)：51-53．

带,它介于大中城市和广大农村之间,作为广大农村地区的增长极,是促进农村工业化和农村经济结构转型的地域载体,城乡生产要素流动和组合的传承中介,也是加速推进农业和农村现代化的重要突破口。因此,乡镇在城乡统筹发展中起着重要的作用。

构建和谐社会的框架之一就是要统筹城乡协调发展,就是在处理城乡发展问题时,要总揽全局,通过科学的乡镇规划,促进城乡共同繁荣与进步。从这一角度看,乡镇规划与统筹城乡协调发展、构建和谐社会有着内在的必然联系,它们都是强调如何把城市和乡村纳入统一的经济社会发展大系统中,改变城乡分割局面,建立新型城乡关系,改善乡镇功能和结构,实现城乡生产要素合理配置,协调城乡利益,逐步消除城乡二元结构,缩小城乡差别。

(1) 发挥乡镇规划的城乡统筹特点,以缩小城乡贫富差距为重点,推进和谐社会的构建

合理范围内的收入差距有利于调动与发挥人们的主动性、积极性和创造性。构建社会主义和谐社会既要承认社会存在各种利益冲突,保持一定收入差距是客观的必然,也是合理的;同时也不能任其扩大这种贫富差距,甚至有意无意地加剧这种差距,进一步激化社会矛盾。构建和谐社会的重点之一就是缩小贫富悬殊,防止"两极分化",积极引导走共同富裕和相对均衡的和谐社会道路。

作为政府行为的乡镇规划,就是要发挥在市场经济条件下构建和谐社会的规划功能,即强调乡镇规划在城乡一体化统筹规划中不只是技术行为,而要更自觉地突出规划的社会公共政策属性,坚持公平、公正、公众参与,推进社会主义和谐社会的构建。

(2) 发挥乡镇规划的区域协调特点,以改善地区发展不平衡为重点,推进和谐社会的构建

从构建和谐社会的要求和发挥乡镇规划的特点来看,当前面

临的一个突出问题和规划需要解决的重点之一是地区发展不平衡,造成地区差距拉大,人口盲目流动,就业问题突出,社会治安恶化,成为和谐社会的严重隐患。全国有东部沿海地区与中西部地区发展不平衡的问题,地区内部又存在无序竞争、内耗严重等问题。

著名规划学家刘易斯·芒福德说过,真正的城市规划必然是区域规划。作为具有城乡区域规划特点的乡镇规划在城镇化的"城市区域化、区域城市化"进程中,可以发挥区域协调的独特功能。积极探索在乡镇域范围内的镇村体系规划对规划区内乡镇建设的指导,有利于进一步突出"空间规划"的特色,从区域协调发展的观点,以整体角度合理保护和利用资源,更好地与国民经济发展中长期规划、土地利用总体规划以及生态环境规划、基础设施和社会设施等专项规划相衔接,从而在空间布局上更有力地推进城镇带动区域、区域促进城镇互动的健康、协调发展,并推动地区平衡发展的和谐社会构建。

(3) 发挥乡镇规划的居住功能特点,以提高人居环境质量为重点,推进和谐社会的构建

从构建和谐社会的要求和发挥乡镇规划的特点来看,当前面临的另一个突出问题和规划需要解决的重点是人多地少、水资源缺乏、能源紧张,自然资源瓶颈问题突出,加之过去我国经济增长长期以来以粗放型的高投入、高消耗、高污染的"三高"为特点,造成自然资源和人文景观的严重破坏,与以人为本、提高人居环境质量的建设和谐社会要求极不相符,因而乡镇规划必须为此做出积极的努力。

在贯彻以人为本,构建和谐社会的过程中,创建"宜居"的生态人居环境占有重要地位。有专家提出"宜居"的三个基本条件:一是好的物质环境;二是好的人际环境;三是好的文化氛围。因此,乡镇规划必须进一步落实"以人为本"的理念,正确处理人与自然的关系,珍惜资源,实施循环经济,创建美好

的人居环境，为构建和谐社会做出应有的贡献。❶

1.3.3 乡镇规划与建设社会主义新农村的关系和作用

由于小城镇（集镇）是连接城市和乡村的主要桥梁和交叉汇合点，既有农村的特点，又有城市的特点。加快城镇化进程，是带动农村经济和社会发展的重要措施，是全面建设小康社会、统筹城乡发展、化解城乡差距的主要途径，也是新农村建设所依赖的载体。通过小城镇发展建设，既有利于农村市场的发展和开放，又可使大批剩余劳动力转向小城镇，既为小城镇发展提供充足的劳动力，又可增加农村居民的收入水平和购买力，从而促进城乡共同发展。

建设社会主义新农村的对象主要是村庄，但必须统筹考虑乡镇和城镇化的发展。建设社会主义新农村通常需要在乡镇域乃至县域范围内通盘考虑，这就必须包括针对乡镇域范围的规划，实行村庄和乡镇规划的统筹。村庄规划要充分考虑乡镇的发展及其吸纳、辐射能力等因素，在乡镇规划的指导下，具体安排村庄的各项建设。

乡镇规划中对于建设社会主义新农村有重要影响的是乡镇域的镇村体系规划，要建立合理的乡镇域镇村体系层次，确定合理的乡镇域村庄规模结构，形成稳定的乡镇域镇村体系，促进乡镇人口、产业和用地发展的协调，推动乡村城镇化的进程。

---

❶ 马裕祥. 社会主义和谐社会与城乡规划 [J]. 杭州科技, 2006 (2): 50-52.

第 2 章 城镇化与城乡统筹发展战略

2.1 城镇化战略

2.1.1 城镇化的基本概念

1867 年，西班牙工程师 A. Serda 在其著作《城镇化基本理论》一书中首先使用了城镇化（urbanization）的概念。到了 20 世纪 70 年代后期，从 urbanization 翻译而来的中文术语在国内流行开来，翻译为"城市化"并沿用至今。英文 Urban 的词义涵盖了城市（City）和镇（Town），我国在很多时候对城市内涵的认识包括了"城市"和"镇"（《城市规划法》，1990），为了更全面地反映这个词所代表的各类非乡村居民点的城镇人类聚落类型，我国很多专家学者都认为使用"城镇化"的表述较为准确。在本书中，统一使用"城镇化"的提法。

"城镇化"一词出现至今已有一百多年的历史，然而由于城镇化研究的多学科性和城镇化本身的复杂性，对于城镇化概念的界定，地理学、经济学、人口学、社会学等众多学科都有不同的描述。其中，有代表性的定义有如下三种：

"人口—空间城镇化"观点。持这种观点者将城镇化定义为农村人口转化为城镇人口或农业人口转化为非农业人口的过程，同时伴随着城市地域扩张的过程。

"生活方式城镇化"观点。持这种观点者认为城镇化是一个农村生活方式向城市生活方式转变的过程。

"综合城镇化"观点。该观点认为城镇化是指一定地域的人口规模、产业结构、管理手段、服务设施、环境条件以及人们的生活水平和生活方式等要素由小到大、由粗到精、由分散到集中、由单一到复合的一种转换或重组的动态过程。

各学科由于研究的侧重点不同而会产生对城镇化的不同解释。严格说来，应将城镇化的概念与其内涵分开阐述。其内涵包括：

（1）城乡人口分布结构的转换，人口由分散的乡村向城镇集中，城镇规模和数量不断增多，城镇人口比重提高。

（2）产业结构和社会结构的转换，区域产业结构提升，劳动力从第一产业向第二、三产业转移，人类社会从传统的农业社会向工业化社会转变。

（3）城镇空间形态的优化，城镇建成区规模扩大，新的城镇地域、城镇景观形成，城镇基础设施和服务设施不断完善。

（4）人们的价值观念和生活方式的转换，城市文明、城市生活方式和价值观念向乡村地区渗透和扩散，最终实现城乡一体化和现代化。

（5）经济要素集聚方式的变迁或创新，在技术创新和制度创新的双重推动下，人口、资本等经济要素更加合理、高效地在城乡之间流动、重组，经济发展和人均国民生产总值提高。[1]

总之，城镇化是一个农业人口转化为非农业人口、农村地域转化为城市地域、农业活动转化为非农业活动的过程。也可以认为是农村人口和非农活动在不同规模的城市环境的地理集中过程和城市价值观、城市生活方式在农村的地理扩散过程。这一过程一方面表现在人的地理位置的转移和职业的改变以及由此引起的生产与生活方式的演变，另一方面则表现为城市人口和城市数量的增加以及城市经济社会化、现代化和集约化程度的提高。

通常对城镇化水平的度量指标有单一指标和复合指标两种。

---

[1] 汤铭谭，宋劲松，刘仁根等. 小城镇发展与规划概论 [M]. 北京：中国建筑工业出版社，2004.

单一指标度量法即通过某一最具有本质意义的、且便于统计分析的指标来描述城镇化水平。最常用的指标是城镇人口占总人口比重的指标。它的实质是反映了人口在城乡之间的空间分布，具有很高的实用性。我国2000年进行的第五次人口普查重新确定了城镇人口标准：第一，人口密度在1500人/km^2以上，无论户口是乡村籍还是城镇籍均统计为城镇人口；第二，引入了建设延伸区的概念，在城镇建设延伸区内的乡村户籍人口按城镇人口统计；第三，在城镇居住半年以上的常住人口不论其原籍户口是否在本地均统计为城镇户口。❶由于城镇化过程反映了许多不同方面的含义，因此不可能有一个单一的理想指标来综合量测这一过程的各个方面和满足各种目的的城镇化研究。也有学者提出了以多项指标综合衡量城镇化的发展，但都由于指标的获取难度以及不同地区相关指标的可比性等原因而未能被广泛接受。

2.1.2 中国城镇化发展的特征

（1）明显的阶段性

1949年新中国成立至今，我国的城镇化进程已经历了近60年的发展和变化。这近60年的城镇化历程总体上可以分为两个大的阶段，即1978年改革开放以前的低速增长与停滞阶段和1978年改革开放以后的快速发展阶段。

1978年改革开放以前的城镇化进程充满了曲折与艰辛，又可划分为两个阶段：1949～1957年为起步阶段，1958～1978年为波动和停滞阶段。起步阶段的城镇化进程由工业化带动城镇人口增长，这期间全国城镇化水平从10.6%提高到16.25%，平均每年增长0.63个百分点。通过城镇从农村招工、招生和招兵等办法实现了农村人口有序地向城镇流动。波动和停滞阶段的城镇化进程由于"大跃进"、"文化大革命"的影响，指导思想摇摆

---

❶ 汤铭谭，宋劲松，刘仁根等. 小城镇发展与规划概论［M］. 北京：中国建筑工业出版社，2004.

和一度试图走"非城镇化的工业化道路",全国城镇化水平从1957年的16.25%提高到1960年的19.75%,再下降到1966年的17.98%,并在1966~1976年的10年中维持着基本不变的状况,1978年全国城镇化水平为17.86%。波动与停滞阶段的全国城镇化水平平均每年只增长0.08个百分点,还有几年是负增长。❶

改革开放以后,我国的城镇化进程终于步入了恢复和快速发展的轨道。这一历程又大致可以分为三个阶段:1979~1983/1984年为恢复时期,这一时期以农村经济体制改革为主要动力推动城镇化进程,城镇化水平由1978年的17.86%提高到1984年的23.01%,年均提高0.86个百分点;1984/1985~1991年为小城镇高速增长时期,是以乡镇企业和城市改革双重动力推动城镇化进程;1992年以来为城镇化迅速发展时期,是以城市建设、小城镇发展和普遍建立经济开发区为主要动力,城镇化水平由1992年的27.63%提高到2000年的36.22%,年均提高1.07个百分点。❷

(2)持续的加速性

从城镇化的发展情况来看,我国城镇化的增长率从20世纪70年代的年均0.2个百分点提高到2005年的1.25个百分点。城镇化率是与经济发展的速度成正比的,我国的城镇化发展曾出现两个高潮:一是建国初期(1950~1960年)尤其是20世纪50年代末,由于人为的因素导致大量人口和劳动力从农村进入城市,城镇化水平年均增长率达到1个百分点左右;二是20世纪90年代以后(1990~2004年),经济的持续高速发展带动城镇人口的大量增加和城镇化水平的不断提高,城镇化水平年均提高1.08个百分点,城镇化发展也由此进入了加速期。

---

❶ 叶耀先. 新中国的城镇化历程和经验教训 [J]. 小城镇建设, 2005 (7): 64-65.
❷ 武力. 1978~2000年中国城市化进程研究 [J]. 中国经济史研究, 2002 (3): 73-82.

1978年以来我国城镇化发展的情况[1]   表2.1.2-1

年份 项目	1978	1980	1985	1990	1995	2000	2003	2005
城镇人口（万人）	17245	19140	25094	30195	35174	45906	52376	56212
城镇化水平（%）	17.9	19.4	23.7	26.4	29.1	36.2	40.5	43.0
年均增长率（%）		0.75	0.86		0.98		1.43	1.25

注：2000~2003年统计口径上的年均城镇化增长率1.43个百分点，主要是由全国第四次和第五次人口普查对于城镇常住人口统计口径变化而引起的。

截至2006年末，我国设市城市由20世纪70年代末的200个左右增加到2006年底的661个，建制镇亦由2176个增加到19369个[2]，城镇人口达到5.77亿人，城镇人口占总人口的比重由1978年的17.9%迅速提高到2006年的43.9%，平均每年增长0.9个百分点，是改革开放前的4倍多，增长速度居世界前列。

（3）极度的不平衡性

我国东、中、西部地区[3]的城镇化水平之间存在着较大的差别，由表2.1.2-2可以看出城镇化发展的不平衡性。从经济发展的角度可以看到，东部、中部、西部地区城市对地区生产总值的贡献大不一样。

东、中、西部地区城镇及经济总额分布情况[4]   表2.1.2-2

地带	东部地区	中部地区	西部地区
土地面积（占全国比重%）	13.8	29.6	56.6
总人口（占全国比重%）	43.0	34.4	22.6
建制镇数量（个数比重%）	38.4	32.4	29.2

---

❶ 数据来源：国家统计局《中国统计年鉴2006》
❷ 数据来源：2006年城市、县城和村镇建设统计公报
❸ 东部地区包括北京、天津、上海3个直辖市和辽宁、河北、山东、江苏、浙江、福建、广东、广西、海南9个省（区）；中部地区包括黑龙江、吉林、内蒙古、山西、河南、湖北、湖南、安徽、江西9个省（区）；西部地区包括四川、贵州、云南、陕西、甘肃、宁夏、新疆、西藏、青海9个省（区）和重庆直辖市。
❹ 根据国家统计局《中国统计年鉴2006》计算。在计算东、中、西、部地区占全国的比重时，分母为引个省（市、区）相加的合计数。

续表

地　　带	东部地区	中部地区	西部地区
城镇化水平（%）	56.8	42.0	34.7
地区生产总值（万亿元）	12.2	5.1	2.5
地区生产总值占全国比重（%）	61.6	25.8	12.6

要从区域环境容量与功能定位看区域发展与城镇化的不平衡性。根据党的"十六大"报告，西部大开发主要抓三个重点，力求十年突破：一是基础设施建设；二是生态环境建设；三是走低污染、以人力资本为主导的新型工业化路子，不能重复东部的开发路子。因为西部地区环境容量较小，而且要以生态屏障作为主要功能为全国经济的可持续发展做出贡献。西部地区环境一旦受到污染，恢复时间相当漫长。许多经济学家和生态学家研究认为，西部大开发成功与否的标志，不是以西部地区的 GDP 超过东部来衡量的，而是西部的人均生态资源和科技占有量超过东部，也就是人均生态资源和科技占有量的增长速度超过东部。西部地区应有自己科学合理的功能定位。同样，东部、中部地区都要有自己相应的功能定位。❶

2.1.3　中国城镇化发展战略与策略

城镇化是中国现代化建设的必由之路，是解决当前中国社会经济发展不平衡的最佳解决方案。在目前我国城镇化水平相对较低的情况下，应当走政府引导、市场主导、民营经济推动的主动城镇化道路。应加强政府的宏观调控能力，引导人口的合理流动，促进工业化与城镇化的良性互动，提高我国的综合国力和国际竞争力，实现健康城镇化。在以自上而下为主导，自下而上积极配合的城镇化方式加快城镇化步伐的同时，兼顾不同地区的地

---

❶ 仇保兴. 我国城镇化的特征、动力与规划调控 [J]. 城市发展研究，2003(1)：4-10.

域特色,根据我国东、中、西和东北不同地区的资源和环境条件,因地制宜,分类指导,实行差别化的城镇化战略和城镇发展模式,大中小城市和小城镇协调发展,走有中国特色的城镇化道路。在城镇化水平不高的地区适当地跨越城镇化发展的一般阶段特征,发挥政府的主观能动作用进行资源整合,先发展大城市再发展小城镇;而在那些城镇化水平较高的地区则应遵循城镇化的规律,发挥大中城市的辐射带动作用,循序渐进地发展。最终达到区际的平衡,实现和谐社会的伟大目标。党的"十七大"报告提出,走中国特色城镇化道路,按照统筹城乡、布局合理、节约土地、功能完善、以大带小的原则,促进大中小城市和小城镇协调发展。以增强综合承载能力为重点,以特大城市为依托,形成辐射作用大的城市群,培育新的经济增长极。同时,在城镇化发展的过程中应坚持统筹城乡发展,加强农村居民点的整合,提高土地的集约化程度,提高农村的现代化水平,建设社会主义新农村。

要实施未来我国城镇化的发展战略,乡镇必须落实相应的城镇化发展策略。

(1) 正确发挥政府在城镇化发展中的作用

当前,政府在推动城镇化的过程中,既存在缺位现象,又存在越位现象。缺位主要表现为:社会职能落后,不能为进城农民工提供必要的社会保障;乡镇规划落后,市场管理监督体系缺位;经济发展规划和产业政策滞后,国有资产管理监督体系缺位等。越位主要表现为:政府过度干预乡镇经济成长,甚至成为独立于民间的具有自身利益追求的经济主体,相当多的乡镇政府试图通过征地谋求利益最大化。

乡镇建设过程中政府的作用应该集中在三个方面:第一,加强乡镇各项设施建设,包括基础设施建设和服务设施建设两部分;第二,统筹城乡就业;第三,加强规划,加快中心城镇发展,依靠规划统筹乡镇产业与各项事业布局。

(2) 促进农村劳动力在城乡之间双向流动就业

我国农村劳动力跨区域流动具有以下几个特点：一是农村劳动力的流向呈现从中西部地区向东部地区流动的态势；二是产业流向以非农产业为主；三是外出就业的农民多数没有割断与家乡承包土地的联系，以土地承包权为保障，在城乡之间双向流动；四是农村劳动力跨区域流动具有市场化就业、促进城乡统筹的作用，蕴含着体制变革因素。

近年来，国家大力调整了对农民进城务工的管理服务政策，农民进城就业环境有了很大改善。但是，长期形成的城乡二元分割体制，造成了农民工许多权益的缺失，影响了农村劳动力的流动就业和转移。为了促进农村富余劳动力向城镇和非农产业转移，要按照城乡统筹发展的思路，进一步破除对农民进城就业的歧视性限制，改革城乡二元分割体制，为农村劳动力跨区域流动创造好的政策环境。

第一，要深化就业制度改革，实行平等就业，形成城乡统一的劳动力市场，健全劳动关系的协调监管制度，保障劳动者权益。第二，改革城乡分割的公共服务体制，使城镇教育、医疗卫生等公共服务覆盖农民工，发展农村劳动力转移的社会服务体系。第三，建立全社会的农村劳动力实用技术培训网络，加大对农村劳动力培训的力度。第四，深化户籍制度、住房制度改革，放宽农民进城就业和定居的条件。第五，深化社会保障制度改革，把农民工纳入城镇社会保障的范围。第六，保持流动就业农民原有土地承包关系的稳定，完善土地使用权流转机制。第七，建立对农民进城就业服务管理的综合协调机制。

（3）完善城镇化过程中的土地流转制度

城镇化对土地资源利用有正负两个方面的影响。从负面影响看，城镇化在一定程度上和一定范围内表现为土地非农转化速度的加快以及耕地的减少，同时降低了耕地的土地利用率与产出率。正面影响是城镇化所具有的聚集效应，有利于合理利用土地，提高土地利用的集约水平。

我国城镇化过程中土地利用问题的出现和形成，有市场失灵的原因，但更多的是地方政府行为偏差和职能不完善造成的。要实现城镇化进程中土地的集约利用，建立健全完善的土地利用总体规划是合理利用土地资源的前提，即从规划地区社会经济协调发展的角度出发，适应国家产业政策，在生态环境优先的前提下，进行土地利用结构布局调整，合理配置土地资源，以促进城乡社会效益、环境效益和经济效益三者的统一。

城镇化过程中的土地利用问题，也从一个侧面反映出我国现行的土地产权制度的建设落后于城镇化的推进速度。要解决城镇空间扩张对土地需求和我国整体土地资源稀缺之间的矛盾，维持我国农业的可持续发展，维护失地农民的利益，迫切需要改革现有土地使用制度和土地管理制度。短期来看，需要完善现有土地流转制度；长期的趋势则是要建构以多元化城镇土地市场为核心的城镇土地配置新机制及建立完备的土地储备制度。

关于土地流转制度的改革和完善，应该从五个方面进行制度创新。一是明晰市场主体之间的产权关系。二是大力培植农村土地市场，建立符合市场经济要求的土地流转机制。三是加强土地利用总体规划和土地利用计划，严格控制用地供给总量，发掘农村乡镇中土地存量优势和实现存量土地功能置换。四是加快土地流转服务体系的建设。五是建立贯通城乡的有形土地交易市场。

土地市场的发育主要是利用完善的市场机制来配置土地资源，并对土地增值部分进行分配。首先，要加快建立健全多元化的城镇土地市场体系。其次，城镇发展要与旧镇区改造、盘活土地存量相结合。第三，加强多元化城镇土地市场的保障制度建设。

城镇土地储备制度的建设主要是通过对原有乡镇范围内的存量土地资源进行整理，通过增加土地的供给来缓解城镇化过程中对增量土地的需求。第一，必须明确土地储备制度的目标定位和相应的机构职能定位。第二，加强相关法律法规体系以及金融保障体系的建设。第三，加强与乡镇规划和土地利用计划管理的结合。第四，正确看待土地储备制度的阶段性发展问题。

(4) 深化乡镇基础设施投融资体制改革

乡镇基础设施投融资体制主要指乡镇基础设施建设投资活动中所涉及的资金筹措、投资方式、投资主体行为等方面的运行机制和制度。加快乡镇基础设施投融资体制改革，完善我国乡镇基础设施融资体制，是促进我国乡镇基础设施建设与乡镇发展的关键。

在乡镇建设中，资金紧张是一个普遍问题，我国各地已积极探索出了许多筹资建镇的办法，具有代表性的有三种模式：1）集资模式；2）国家财政投资模式；3）多元化筹资模式。

我国乡镇目前已经具备了实行基础设施投融资体制市场化的初步条件，且已经积累了初步经验。建议选择一些乡镇作为试点，加快推进这项改革进程。首先，转变政府职能，建立新的政府监管机制。其次，加快乡镇基础设施事业单位企业化改制。第三，加快基础设施产品价格体系改革。第四，开放乡镇基础设施行业市场，建立基础设施经营竞争机制。第五，按照"谁投资、谁经营、谁受益"的原则，采用多种形式引导民间资本投入基础设施建设。第六，营造推进基础设施投融资市场化的有利环境。

(5) 优化小城镇产业结构

农村产业结构的演变与城镇化的发展是两个紧密联系的过程。在产业结构调整过程中，城镇化推进对第一产业的优化、第二产业的提升及第三产业的带动作用十分明显；而农村产业结构的合理调整同样需要以小城镇为载体，以城镇化为依托，并对城镇化的发展起着积极促进作用。保持两者之间的互动和协调，是统筹城乡经济社会协调发展的客观要求。

小城镇产业结构的变化是一系列因素综合作用的结果。在市场经济条件下，促进小城镇产业结构变化的因素主要包括：1）生产率因素，即生产率高的部门必然替代生产率低的部门；2）要素供给因素，即生产要素供给充足的产业替代生产要素供给趋于枯竭的产业；3）技术进步因素，即技术进步促进新兴产业的产生，以及原有产业竞争力的提高，从而引发产业结构的调整；4）需求因素，即某种产业的发展并不是无止境的，而是受到市场需求的制约；5）贸易因素，即在一个对外开放的环境下，小城镇产业结构的变化不仅受本国、本地区资源状况和市场需求变化的影响，而且会受到国外资源供给和国际市场需求变化的影响；6）环境因素，即产业对生态环境的影响程度成为小城镇产业结构形成的一个影响要素。

当前我国小城镇产业结构存在的问题，主要有以下几个方面。一是乡镇工业布局分散，规模效益较差。二是产业空心化，小城镇发展缺乏经济支持。三是产业结构趋同，主导产业不明显。四是产业层次低，产业关联度较差，技术进步成本较高，技术扩散的速度较慢。五是市场发育不足，要素流动成本较高。六是第三产业发展滞后。

从政策层面上讲，促进小城镇产业结构的优化，需要做好以下工作。首先，培育主导产业，确立经济增长点。其次，促进产业群体的形成，实现规模效益。第三，超前发展基础设施和某些基础产业。第四，鼓励第三产业全面发展。第五，大力推进科技进步和人力资源建设，促进小城镇产业的不断升级。❶

2.1.4 中国乡镇在城镇化发展中的地位与作用

（1）乡镇是实现农业和农村现代化的基地

在我国广大的乡镇地区，作为其中心的小城镇和集镇承担着农村地区不同地域范围、不同等级的经济中心，对地区经济的发展，尤其是对农业的发展和加速农业现代化具有十分重要的意义。

改革开放以来，在我国农村率先进行的经济体制改革实行了以家庭联产承包为主的责任制，农民的家庭获得了自主支配劳动

---

❶ 陈元，郑新立，刘克崮. 中国农村城镇化问题研究［M］. 北京：中国财政经济出版社，2004.

力的权利。同时，由于城乡居民隔绝的户籍管理制度的原因，农民仍然不能自由地进城镇就业和居住。正是在这种背景下，农村巨大的就业压力和农民强烈的实现富裕的愿望，促使我国农村出现了极有特色的"乡镇企业"现象。因此，我国的工业化进程中除了以政府为投资主体的城市工业化外，又有了以农民及其所处的农村社区组织为投资主体的农村工业化。

乡镇企业对农村经济的发展产生了巨大的推动作用，乡镇工业通过向小城镇集中并和小城镇建设相结合，可以把农村的工业化与城镇化进程相结合，既带动了小城镇第二、三产业的发展，也实现了农业和农村现代化的需要。乡镇工业及其带动下的小城镇第三产业的发展，能够获得较多的积累，可用于农业的现代化建设。同时，乡镇工业也为大农业的发展，实行农业生产的专门化和社会化，发展商业起到了重要的作用。

（2）乡镇是城乡联系的纽带，是农村商品交换的中心

作为农村地区经济交易中心和活动中心的形式出现的小城镇和集镇，它们对农村的经济活动有着重要的作用，是农村商业活动的发源地。

乡镇地区的小城镇和集镇既与广大农村有着紧密的联系，又与城市有着较方便的交通，是城乡联系的重要环节和纽带，是商品交换的重要领域。一方面，小城镇组织乡镇地区的农副产品进城，起着农副产品收购、集中和中转的前哨阵地的作用；另一方面，小城镇又是城市工业品下乡的必经之地和基层环节，起着农业生产资料供应中心和农村工业消费品批发、零售中心的作用。除了这些传统的流通职能外，在活跃的市场经济条件下，农村与城市之间有了越来越多更为直接的往来。随着乡镇工业的发展和经济结构的逐步完善，小城镇正直接成为一定的制造地，为城市和农村提供半成品和消费品，成为广大市场的一部分。

总之，小城镇具有聚集的功能，应该起到乡镇地区枢纽的作用，包括交通枢纽、金融枢纽、经济枢纽、信息枢纽、人才枢纽等。

(3) 乡镇是吸纳农村剩余劳动力的主要场所

随着农村经济发展水平的不断提高和农村产业结构的调整，农村剩余劳动力正从传统农业中大量分离出来，转移到第二、第三产业。大量农村剩余劳动力的流向，除了依靠现有大中城市提供的就业岗位外，在农村地区的中心——小城镇和集镇培育更多的就业机会，积极发展小城镇，将农村剩余劳动力有目的、有步骤地引导、消化在大量的农村地区小城镇中，使大批农村剩余劳动力就近转向工业生产部门，发展乡镇企业和第三产业。通过30多年来的发展，我国农村地区的小城镇得到了迅速的发展。乡镇企业的发展使小城镇成为农村工业相对集中建设和进一步发展的载体。同时，又带动了第三产业的发展，使得小城镇成为发展第三产业的最适宜的场所和服务地。由于第三产业对劳动力素质的要求弹性大，吸纳劳动力能力强，而且，从目前的发展现状看，小城镇第三产业的发展具有相当大的空间。因此，可以说，小城镇是阻止过剩的农村劳动力盲目流入大中城市的有效"蓄水池"，是我国农村剩余劳动力转移的最理想的途径，也是我国城镇化发展的必由之路。❶

(4) 乡镇具有扩大内需和拉动消费市场的巨大空间

城镇化的过程会直接带动作为乡镇域中心的小城镇建设。首先，小城镇建设对原材料工业有重要的促进作用，特别是对钢铁、有色冶金、建材、木材加工、合成材料等工业起了有力的推动作用。其次，小城镇基础设施的建设对原材料、机械、化工、电器等部门与行业有巨大的促进作用。最后，小城镇居民消费空间巨大。目前小城镇居民对耐用消费品的占有率、耐用消费品的种类和档次上远远不及城市，小城镇居民消费还有巨大空间。❷

---

❶ 陈友华，赵民. 城市规划概论 [M]. 上海：上海科学技术文献出版社，2000.

❷ 华中科技大学建筑城规学院，四川省城乡规划设计研究院. 城市规划资料集第3分册小城镇规划 [M]. 北京：中国建筑工业出版社，2005.

同时，小城镇的发展还可以带动周边农村经济的发展。我国现在正处于对农业结构进行战略性调整的阶段，战略性调整的核心是使我国农业、农产品的发展市场化，进入市场后更具有竞争力，这就需要我国的农产品有规模和效益。作为农村地域中心的小城镇，其发展恰恰能使农产品的加工企业更加接近市场，接近生产地，使农民更加接近市场。因此，有利于整个农业结构的调整，带动周边地区农业的发展，有利于农民收入的提高，有利于农民素质的提高。

2.2 城乡统筹发展战略

2.2.1 城乡统筹的基本概念

城乡统筹思想（城乡一体化）早在20世纪就已经提出。我国在改革开放后，尤其是在1980年代末期，由于历史上形成的城乡之间隔离发展，各种经济社会矛盾出现，城乡一体化思想逐渐受到重视。尤其是党的十六届三中全会强调要按照统筹城乡发展、统筹区域发展、统筹经济社会发展的要求，逐步建立城乡一体化的经济体制，促进经济社会的可持续发展。

从人类社会发展史看，城乡关系主要经历三个发展阶段：第一阶段，乡村发展为城市发展提供资金和人力资源，这是乡村支援城市，城市的扩大再生产有赖于乡村生产剩余的支持；第二阶段，城市与乡村各自独立发展，这是城乡矛盾已现端倪且日趋扩大的阶段；第三阶段，随着社会生产力的发展和城镇化的不断推进，社会经济活动开始超越城乡两个相对隔离的单元而相互渗透，人类社会逐渐进入城乡界限模糊、城市与乡村融合的时代，也就是通常所说的"城乡一体化"。❶

城乡统筹就是在我国特定的工业化和城镇化进程中，统一规

---

❶ 成受明，程新良. 城乡统筹规划研究[J]. 现代城市研究，2005（7）：50-52.

划城市与乡村经济社会的发展,特别是针对城乡关系失调的领域,通过制度创新和一系列的政策,理顺城乡融通的渠道,填补发展中的薄弱环节,为城乡协调发展创造条件❶。

统筹发展包括经济和社会两大方面。从区域看,是指城市和乡村的发展;从产业看,是指工业和农业的发展;从群体看,是指市民和农民的利益;从主体看,城乡统筹的主体应是农村和城市相结合而形成的一种新的城乡融合主体。

2.2.2 中国城乡统筹发展的特征和任务

(1) 中国的城乡统筹发展任务艰巨,难度大

由于我国城乡差距的不断扩大,使得统筹解决城乡问题的难度增加。1998~2003年的6年中,农民人均纯收入增加了572元,但在新增纯收入部分中没有一分钱来自农业。其原因一是农民的转移速度明显滞后于农业在GDP中的下降速度;二是城镇居民收入快速增长所引起的消费结构的变化,使居民的恩格尔系数快速下降,农产品的市场难以扩大,导致农产品市场价格长期低迷;三是以城乡统算,在人民生活水平不断提高的同时,2003年城乡居民的收入实际差距已经达到了5:1至6:1。上述问题造成农民种粮的积极性下降,农民收入增长乏力,农村消费比重不断降低,已经成为农村稳定和农业可持续发展的难题。

城乡差距不断扩大的重要原因是1990年代末以来城镇化和农村劳动力转移速度慢造成的。1985年以来,乡镇企业发展转移了1.2亿"离土不离乡"的农村劳动力;1990年代以来,农民工流动又转移了1亿多"离土又离乡"的农村人口,都为增加农民收入做出了巨大的贡献。但是由于通货紧缩,全国生产能力相对过剩和城市产业结构调整,城镇化发展速度减慢,近年来

---

❶ 陈秀山,孙久文. 中国区域经济问题研究 [M]. 北京: 商务印书馆, 2005.

部分转移出去的农村劳动力又回流农村,增加了城乡统筹发展的难度,也影响国民经济发展环境的稳定。❶

(2) 国情决定了在我国实行城乡统筹发展,必须走资源节约型的道路

由于我国人口众多、资源短缺,城乡发展必须坚持可持续、稳健的发展方针,实行开放性的资源开发战略,实行资源节约型的城乡统筹规划的模式。为了长远利益和经济持续发展,必须建立一个资源节约型的国民经济体系,城乡发展应走持续、稳健发展的城乡一体化道路。城镇化比重不能盲目追求西方国家高指标的路子,要有一个适合我国国情的比例。

资源节约型的国民经济体系包括节能、节水、节地、节材为中心的城乡工业生产体系以及节水、节地、节能为基础的城镇化发展的支撑体系,努力实现城乡可持续发展方针。❷

统筹城乡发展不仅是要解决"三农问题",也是现代城市经济发展的必要条件,是中国新型工业化的必要条件。统筹城乡发展包含三个相互关联的内容:一是工业化和城镇化,二是城市与乡村无障碍的经济社会联系,三是农村地区本身的发展。

总之,城乡统筹发展的最终目标是实现城乡协调发展,共创新型工业化之路,提高中国创造财富的能力,建立中国现代社会结构,谋求中国国际竞争力长期持续的提高。

2.2.3 中国城乡统筹发展战略

(1) 城市反哺农村是落实城乡统筹发展的基础政策与手段

城市反哺农村的含义相当广泛,重要的有:一是要充分发

---

❶ 李兵弟. 关于城乡统筹发展方面的认识与思考[J]. 城市规划, 2004 (6): 9-19.

❷ 姚士谋,陈彩虹,解晓南等. 我国城乡统筹规划的几个关键问题[J]. 现代城市研究, 2005 (5): 29-34.

挥城市在产业结构调整和生产组织方面的核心作用；二是要充分发挥中心城市对地区发展的带动作用和基础设施的服务功能；三是要充分发挥城镇在先进文化和社会全面进步中的领头羊的作用。

推进城乡协调发展的重要前提是转变观念，制定科学的城镇化发展战略，科学指导城乡建设和协调发展。首先要对城乡发展阶段进行科学认定，从重视开发建设转向对稀缺资源的有效保护，用经济指标、资源指标、环境指标和人文指标全面衡量城乡统筹发展。其次要从注重单一城市发展转向推动区域协调发展。要充分认识不同发展阶段和不同地区的城乡统筹在区域协调中的不同要求。结合我国城镇化发展的实际情况，对复合型、跨地域、跨流域的建设开发地区，国家重点发展战略实施地区，国家新的产业集群聚集地和新的经济增长带，加大对城乡协调发展的调控和指导。

（2）确立城镇政府在城乡统筹工作中的基本责任，加速农村劳动力转移的速度，分类指导城镇发展

城乡统筹发展不但要确立经济发展的工作目标，而且要进一步确立协调发展和空间规划的政府责任，明确界定各级政府在空间规划中的事权范围。尤其应加强对农村地区小城镇发展的分类指导。

促进全国重点小城镇健康发展是落实城乡统筹发展的重要方面。对于发展潜力不大的小城镇，要严格控制建设，只能以整治环境和改善群众最基本生产生活条件为限，鼓励农民在自愿的基础上，通过村民自治协商的方式集中力量和资金解决集镇和村庄基础设施短缺的问题。对于发展潜力较大的小城镇，可以视其发展情况分批列为重点，进一步做大、做强，发展成为一定区域的中心，充分发挥规模效益和集聚效益。

抓好城乡规划先行工作。城乡规划工作要更加明确为市场主体服务，尊重各类权属，保护城乡居民的个人财产，履行保障各方财产的公共责任，严格界定公共事务的规划权界。把解决

"三农"问题,作为编制和实施重点镇规划的首要目标。

(3)通过新的产业组织形式,尤其是城乡联动的农业生产组织形式和农业产业化的发展,拓展农民向城镇转移的路子,是对城乡统筹发展的新要求

国内外的经验都表明,必须加速农村劳动力向非农产业和城镇的转移,不断快速扩大城镇的消费者群体,才有可能扩大农产品市场,才能有效提高农民收入。要把有效减少农民向城镇迁移的成本,降低农民自主创业的门槛,作为城乡统筹发展的重要问题。要探索集体经济组织在新时期的发展模式,不断提高农民生产和社会生活的组织化程度,通过集体经济组织的发展实现农民普遍增收。

(4)在城镇化进程中逐步转变农民的生活和生产观念,是城乡统筹发展的重要方面

针对农民生活和生产方面的陈旧传统观念,一是转变农民住房建设的投资观念,正确处理好建房投资与生产投资的关系。二是转变农民"宅基地就是建房"的观念,处理好村镇规划与宅基地规划的关系,处理好住房面积与居住环境的关系,处理好大田经济与庭院经济的关系。三是转变农民只愿就近耕作的传统观念,正确处理好临户耕作与离户耕作的关系。四是转变农民只能务农的片面观念,正确处理好农业耕作与发展非农产业、从事多种产业发展的关系。❶

2.2.4 中国乡镇在城乡统筹发展中的地位与作用

城乡统筹发展的过程是城市生产和生活方式向广大农村扩散的过程,也是农民接受和适应城市环境生活的过程。

我国的小城镇作为乡镇地域的中心,介于大中城市和广大农村之间,是我国城乡的中间发展带,其接触面最大,易引进大中

---

❶ 李兵弟. 关于城乡统筹发展方面的认识与思考[J]. 城市规划,2004(6):9-19.

城市的技术、资金和人才等；受计划经济体制的影响相对较小，易于改革。同时，作为广大农村地区的增长极，小城镇是促进农村工业化和农村经济结构转型的地域载体，城乡生产要素流动和组合的传承中介，也是加速推进农业和农村现代化的重要突破口。因此，乡镇尤其是作为其中心的小城镇在城乡统筹发展中起着重要的作用。

（1）只有把现有小城镇、集镇规划、建设和管理好，才能够更好地推进统筹城乡发展的进程

在一定区域范围内，现有小城镇、集镇都是城乡经济发展网络中的节点，是一定区域内先进生产力的发展中心，对广大农村起着传导、辐射、提携和带动作用。要统筹城乡发展，就必须首先抓住现有这些节点的发展和改造，并依托现有的建成区进行扩张改造，实行以城带乡、以工促农、城乡互动、协调发展，这是小城镇发展的内在客观规律所决定的。

只有在乡镇域规划的指导下，正确处理好乡镇域范围内城镇化进程涉及的城乡关系，不断发挥小城镇对农村发展的带动作用和农村对小城镇发展的促进作用，使农村为小城镇发展提供腹地、资源和市场，小城镇为农村发展提供资金、人才和技术，才能实现城乡良性互动、协调发展。

（2）只有以市、县域城镇体系规划为依据，努力实现县域范围内的区域平衡、共同发展，才能更好地实现区域统筹发展

统筹区域发展，就是要继续发挥各个乡镇地域的优势和积极性，逐步扭转乡镇地域之间差距扩大的趋势，实现共同发展。依照城乡规划统筹区域发展，就是要着眼于整个县域来把握小城镇、集镇的基本发展方向、性质和规模以及空间布局结构形态，努力达到区域平衡发展。❶

总之，乡镇的发展增强了对农村剩余劳动力的吸纳能力并带

---

❶ 高鹏. 浅议城乡规划在"五个统筹"中的地位和作用 [J]. 小城镇建设，2004（11）：30-31.

动第三产业的发展，也使得农业可能集中利用土地实行规模经营，改变农村小规模生产方式，使用现代生产工具，提高劳动生产率和农业经济效益，真正做到农村区域内一、二、三产业一体化发展，达到农业现代化、城乡经济协调发展、城乡统筹、共同富裕的目的。

第3章 镇（乡）域总体规划

3.1 镇（乡）域总体规划编制概况

3.1.1 镇（乡）域总体规划的地位与作用

镇（乡）域总体规划是以乡镇所辖的行政区域范围开展的区域规划，是搞好乡镇建设的首要保证。镇（乡）域总体规划是在一定地域范围内，根据上一层次规划，以及一定时期内镇（乡）域经济社会发展目标和要求，统筹安排，合理开发利用各类用地及空间资源，综合布置各项建设，以保证镇（乡）域经济和社会的可持续发展。

从区域的角度开展镇（乡）域规划可以避免乡镇盲目的发展和建设，可以通过整个镇（乡）域镇村居民点体系及各个系统的规划，进一步落实镇（乡）域社会经济发展战略规划，做到各项设施合理配置，以保证我国农村城镇化和乡镇建设的科学合理，同时保护好农村生态环境和耕地，并以此指导乡镇镇区（集镇）和村庄规划。

镇（乡）域总体规划可以为镇（乡）域范围内各级镇村居民点规划的编制、修订提供依据。通过对镇（乡）域内资源、自然条件、经济基础以及各产业布局的研究，揭示镇村居民点体系形成发展的客观规律，做好镇（乡）域镇村居民点体系规划，从而为合理确定镇（乡）域内各级镇村居民点的人口规模、用地规模以及职能作用的发挥提供依据。

3.1.2 镇（乡）域总体规划编制的前期准备、主要内容与编制审批程序

（1）镇（乡）域总体规划编制的前期准备

为了科学合理地制定镇（乡）域总体规划，在规划编制前期应该对现状资料进行调查研究分析。资料的收集和整理应根据镇（乡）域的规模和建设具体情况的不同而有所侧重。在对乡镇的现状、周围环境进行深入分析研究的基础上，提出乡镇的发展方向和规划原则。

镇（乡）域总体规划编制阶段应收集的基础资料包括：

1）地质资料。工程地质，即乡镇所在地域的地质构造（断层、褶皱等），地面土层物理状况，规划区内不同地段的地基承载力以及滑坡、崩塌等基础资料；地震地质，即乡镇所在地区断裂带的分布及地震活动情况，区域内地震烈度区划等基础资料；水文地质，即乡镇所在地区地下水的存在形式、储量、水质、开采及补给条件等基础资料。

2）测量资料。主要包括乡镇平面控制网和高程控制网、乡镇地下工程及地下管网等专业测量图以及编制规划必备的各种比例尺的地形图等。

3）气象资料。主要包括乡镇所在地区的温度、湿度、降水量、蒸发量、风向、风速、日照、冰冻及灾害性天气等基础资料。

4）水文资料。主要包括乡镇所在地区江河湖海的水位、流量、流速、水量、洪水淹没界线等基础资料。山区乡镇应收集山洪、泥石流等基础资料。

5）历史资料。主要包括乡镇的历史沿革、镇址变迁、建设区的扩展以及乡镇规划历史等基础资料。

6）经济与社会发展资料。主要包括乡镇国民经济和社会发展现状及长远规划、土地利用与基本农田保护规划等有关资料。

7）人口资料。主要包括现状及历年乡镇常住人口、暂住人

口、人口的年龄构成、劳动力构成、自然增长人口、机械增长人口、从事农业生产劳动人口分布比例、中心村和基层村人口等。

8）自然资源。主要包括乡镇及周边地区矿产资源、水资源、燃料动力资源、生物资源及农副产品资源的分布、数量、开采利用价值等。

9）土地利用资料。主要包括现状及历年乡镇土地利用分类统计、用地增长状况、建设区内各类用地分布状况等。

10）交通运输资料。主要包括乡镇对外交通运输和乡镇内交通的现状和发展预测（用地、职工人数、客货运量、流向、对周围地区环境的影响以及乡镇道路、交通设施等）。

11）工程设施资料（指市政工程、公用事业的现状资料）。主要包括乡镇内的场站及其设施的位置与规模、管网系统及其容量、防洪工程、消防设施等。

12）园林、绿地、风景区、文物古迹、古民居保护等资料。

13）环境资料。主要包括乡镇及其周边的环境监测成果，各厂矿、单位排放污染物的数量及危害情况，乡镇垃圾的数量及分布，其他影响乡镇环境质量的有害因素的分布状况及危害情况，地方病及其他有害居民健康的环境资料。

14）其他相关资料，包括乡镇政府工作报告、近5~10年乡镇统计年鉴、5~10年乡镇经济发展规划、地方志等。

(2) 镇（乡）域总体规划编制的主要内容

镇（乡）域总体规划编制的主要内容包括对镇（乡）域镇村发展条件的综合分析与评价；确定乡镇的发展规模和发展方向，划定规划区范围；确定乡镇企业的发展与布局，进行产业结构分析和布局；确定镇村体系等级、规模结构和空间方向，确定中心村和基层村的布局；与土地利用规划相协调，处理好乡镇建设与基本农田保护的关系；统筹安排镇（乡）域基础设施和社会服务设施；确定生态环境保护的目标和措施，确定自然人文景观和历史文化遗产的保护原则和措施。

(3) 镇（乡）域总体规划的编制审批程序

镇（乡）域总体规划的编制工作阶段一般分为以下五个阶段：项目准备、现状调查、纲要编制、成果编制、上报审批。

镇（乡）域总体规划的纲要成果应纳入镇（乡）域总体规划的评审，要求乡镇人民政府组织专门的纲要审查会议，对规划方案和重大原则进行审查，提出明确的审查意见及修改意见，形成正式的会议纪要，根据会议纪要对纲要进行修改。根据会议纪要进行修改后的纲要成果作为编制规划正式成果的依据。

镇（乡）域总体规划的正式成果一般由上级规划行政主管部门组织召开专家评审会和成果审查会后，报上一级人民政府审批。在报上一级人民政府审批前，应当先经乡镇人民代表大会审议，代表的审议意见交由本级人民政府研究处理。

根据新出台的我国《城乡规划法》，乡镇人民政府应当组织有关部门和专家定期对规划实施情况进行评估，并采取论证会、听证会或者其他方式征求公众意见。乡镇人民政府应当向乡镇人民代表大会和上一级人民政府提出评估报告并附具征求意见的情况。同时，新的《城乡规划法》还规定了如有下列情形之一的，乡镇人民政府方可按照规定的权限和程序修改镇（乡）域总体规划：（1）上级人民政府制定的城乡规划发生变更，提出修改规划要求的；（2）行政区划调整确需修改规划的；（3）因上级人民政府批准重大建设工程确需修改规划的；（4）经评估确需修改规划的；（5）城乡规划的审批机关认为应当修改规划的其他情形。

修改镇（乡）域总体规划前，乡镇人民政府应当对原规划的实施情况进行总结，并向上一级人民政府报告；修改涉及镇（乡）域总体规划强制性内容的，应当先向上一级人民政府提出专题报告，经同意后，方可编制修改方案。修改后的镇（乡）域总体规划，同样应当报上一级人民政府审批。

3.2 乡镇发展条件分析

3.2.1 区位条件

乡镇的区位条件对乡镇的发展有不可忽视的影响。区位条件决定了一个乡镇与其他乡镇、城市的空间关系，决定了乡镇所处的自然环境，也影响着乡镇在区域经济社会发展大格局中所处的地位和作用。

对乡镇进行区位分析是对其发展条件进行分析的重要组成部分。对乡镇进行区位分析，不能简单套用大中城市的分析框架，应运用开放的观点，将其放到大的区域背景下进行分析。

由于区位条件能够影响乡镇与外部环境发生相互联系的可能性和程度，进而在一定程度上影响着乡镇发展的机会和潜力。因此，对乡镇进行区位分析非常重要。一方面，乡镇可以充分利用所具有的区位优势，得到更多的发展机会；另一方面，还可以通过改善对外交通条件、创造良好的投资环境等来改善区位条件，使其更有利于乡镇的发展。

对乡镇进行区位分析的程序一般如下：

1) 广泛收集乡镇内部及周边地区的资源、城镇、交通线路和港站、经济发展水平和产业布局状况等基础资料。

2) 通过客流、货流、金融流、信息流以及经济技术协作关系等的调查，摸清乡镇与大中城市及相邻乡镇之间的现状经济联系，分析这些联系对乡镇发展可能带来的影响。

3) 调查掌握乡镇范围内和周边地区在规划期内大型基本建设项目以及主要城市与乡镇发展规划情况，分析其对乡镇发展可能带来的影响。

4) 以区域地形图和行政图为工具，绘制区位图，来表示乡镇在所处地区及相邻地区的位置及联系，以及在更大范围区域的位置。

对乡镇区位条件的研究与分析包括对乡镇的城乡网络区位、经济区位和交通区位等三个方面。

(1) 乡镇的城乡网络区位

乡镇的规划必须处理好两方面的关系：外部联系和内部结构。在规划中，外部联系更为重要，就是要把乡镇放在一定的城乡网络中加以考虑。乡镇一般只是区域网络中的一个节点，其区位分析必须从区域中的大、中城市对其辐射作用力研究入手。把乡镇作为城乡网络中的一个连接点来看待，这样在规划中既可以推进农村现代化进程，又可以调节城市人口及生产力布局，真正成为城乡网络中的纽带和链条，有利于城乡的协调发展。

(2) 乡镇的经济区位

乡镇的经济区位包括宏观经济区位和微观经济区位两方面。宏观经济区位是指乡镇在全国和省区层次上所处的经济地位和面临的发展背景，分析的重点包括：乡镇与国家经济核心区和省级经济核心区的相对空间关系；乡镇在产业区域转移中所处的位置等方面。

乡镇的微观经济区位是指乡镇与市（县）域范围内的重要经济现象的空间位置关系，分析的重点包括：乡镇与市（县）域和其他乡镇的竞争与协作分工关系，乡镇与重大项目的空间位置关系。

(3) 乡镇的交通区位

乡镇的交通区位包括宏观交通区位和微观交通区位两方面。宏观交通区位是指乡镇在国家或省区交通网络中的位置，分析的重点包括乡镇与国家级和省级运输通道的位置关系；乡镇与国家或省级港口（航空港）的位置关系。

乡镇的微观交通区位是指乡镇与其他重要的对外联系通道的关系，它影响着乡镇对外联系的便捷性和乡镇空间布局形态及对外交通的组织，分析的重点包括乡镇与河流的关系、与地区性交通网络的关系、乡镇过境交通的组织方式等。

3.2.2 自然环境与自然资源条件

自然环境条件主要包括地质、地形、气候、水文以及自然灾害，如地震、台风、滑坡等，其对镇（乡）域总体规划的影响主要表现在区域地理位置的特征上，处在不同的自然环境条件下，乡镇内部产业与居民点的空间分布情况也不相同。如平原地区乡镇范围内居民点的分布较稠密，而山区较稀疏；河网地区较稠密，缺水干旱地区较稀疏；沿海地区较稠密，内陆地区较稀疏等。

自然资源条件主要指土地资源、水资源、矿产资源、生物资源、劳动力资源、经济资源等。资源的性质、储量、分布范围、可利用的难易程度等，对乡镇的产业空间及居民点的形成、分布、性质、规模等都有很大影响。如处于矿产资源丰富地区的乡镇，应根据矿床的分布情况，矿井、采矿场位置以及选矿、烧结、冶炼厂的分布和交通运输等条件，而具有不同的产业空间布局和组织结构形式，居民点的布局也应充分考虑矿产资源开发的特点；文物资源、风景旅游资源的开发与利用，也必然会影响风景区及风景旅游型乡镇的建设与发展。

3.2.3 人文资源条件

人文资源条件包括人口分布、交通运输、乡镇企业的分布，以及原有生产布局的演变过程和科学技术发展水平等。

人口分布对乡镇的形成及发展有极其重要的作用。人口稠密的地区，镇（乡）域范围内镇村居民点分布密度相对较大，人口稀少地区则分布密度较小。一般来说，经济较发达的地区，人口分布较稠密；居民移居的历史较久、开发较早的地区比开发较晚的地区人口分布稠密。

对外交通条件也是影响乡镇形成与发展的主要因素之一。对外交通运输的发达程度对乡镇的经济繁荣有直接影响，它标志着这个乡镇对外经济联系的范围，以及与相邻地区经济联系的密切程度。现代化交通运输工具的应用,往往可以改变人们的距离观念,使乡镇的中心有更大的吸引范围,从而有可能改变镇(乡)域范围内镇村居民点在空间上的分布。

乡镇企业的空间分布情况、集中与分散的程度、规模大小等,对镇(乡)域内的镇村分布、规模、性质具有重要影响。乡镇的产业结构是影响镇(乡)域内镇村性质与规模的基本因素。企业所生产的产品(提供的服务)超出本乡镇范围的,其发展的规模往往可以带动乡镇的发展,而那些只为本乡镇服务的企业,其发展则取决于乡镇规模的大小。

镇(乡)域总体规划还必须考虑乡镇原有的生产布局基础及其发展过程,区域生产力分布的内在联系,以及镇(乡)域范围内镇村居民点形成、发展的地区因素及其规律性。现代化科学技术的发展,则可以促进乡镇自然资源的广泛开发与利用,促使镇(乡)域范围内镇村居民点的合理布局。

3.3 镇(乡)域社会经济发展规划

3.3.1 镇(乡)域社会经济发展规划的主要内容

镇(乡)域社会经济发展规划首先应以县域规划为指导,根据乡镇社会经济发展的特点,分别确定规划近、远期乡镇社会经济发展目标,可包括农业发展目标、工业发展目标、社会事业发展目标等。

根据乡镇现状常住人口、自然增长率和机械增长情况,预测乡镇近、远期人口规模,预测乡镇的城镇化水平,即镇(乡)域内城镇、集镇的常住人口与镇(乡)域总人口之比。

确定乡镇用地结构目标。预测近、远期的各类用地总面积,确定耕地、河湖及水利设施用地,以及建设用地的面积。

以劳动力所能负担种植的耕地亩数来预测农村剩余劳动力的数量,为剩余劳动力从事第二、三产业和其他行业提供依据。

根据县域规划和预测的规划期内乡镇社会经济发展战略的目标，提出乡镇近、远期社会经济发展战略方针、发展方向。

3.3.2 镇（乡）域产业发展规划

镇（乡）域产业发展规划主要包括农业发展规划、工业发展规划和第三产业发展规划。

农业发展规划包括对镇（乡）域范围内农业发展的战略目标、农业结构、规模、空间布局、发展次序等提出规划设想。

工业发展规划包括确定镇（乡）域范围内工业发展的战略目标，并根据该战略目标，结合本乡镇的自然优势、特点和工业的行业性质、分类，对镇（乡）域内工业发展进行合理规划布局。

第三产业发展规划包括确定镇（乡）域范围内第三产业发展的战略目标，并根据该战略目标，结合乡镇第三产业发展的现状和特征，确定第三产业的发展思路和发展对策，明确乡镇第三产业的发展重点，对空间布局和规模等提出规划设想。

乡镇产业发展要从市场需求、国家产业政策和本地区的优势出发，合理调整和优化产业结构。积极带动第一产业，调整优化第二产业，加快发展第三产业，使第一、第二、第三产业协调发展。

3.3.3 镇（乡）域社会事业发展规划

镇（乡）域社会事业发展规划是对镇（乡）域范围内社会性公共服务设施的规划，指为镇（乡）域范围内人民生活提供直接服务，为生产力系统运行间接提供条件的设施，包括教育、文化、体育、医疗、商业、金融、贸易、旅游、园林、绿化等设施。社会事业发展规划在对乡镇人口发展预测的基础上，根据人口和社会经济的发展，预测未来乡镇对服务设施的需求量，按照镇（乡）域内镇村体系的不同等级、不同职能确定各类设施的数量、规模及空间分布。主要包括农贸或专业市场、金融服务设施、中小学、幼儿园、科技站、敬老院、医院、体育及文化设施等项目。

3.3 镇（乡）域社会经济发展规划

乡镇社会设施的配置和布局，要结合当地经济状况和现有社会设施的分布状况，根据镇（乡）域范围内镇村的数量、规模、以及所处的地位及层次等，配置和建设齐全、成套的社会设施，特别是公益性和福利性的社会设施。要有计划地配置和合理分布社会设施，既要做到方便、适应镇村分布的特点，又要尽量达到充分利用、经营管理合理的目的。对一些营利性的社会设施，可由市场来调配。避免社会设施项目求全偏大，重复建设，对于一些镇村居民点生活必需的社会设施，则必须先行配置（表3.3.3-1）。

镇（乡）域镇村社会设施项目配置　　表3.3.3-1

类别	项目	中心镇	一般镇（含集镇）	中心村	基层村
1. 行政管理	党政、团体机构	●	●		
	法庭	△			
	各专项管理机构	●	●		
	居委会	●	●		
	村委会			●	
2. 教育机构	专科院校	△			
	职业学校、成人教育及培训机构	△	△		
	高级中学	●	△		
	初级中学	●	●		
	小学	●	●	△	
	幼儿园、托儿所	●	●	●	△
3. 文体科技	文化站（室）、青少年及老年之家	●	●	●	
	体育场馆	●	△		
	科技站	●	△	△	
	图书馆、展览馆、博物馆	●	△		
	影剧院、游乐健身场	●	△		
	广播电视台（站）	●	△		

续表

类 别	项 目	中心镇	一般镇（含集镇）	中心村	基层村
4. 医疗保健	计划生育站（组）	●	●	△	
	防疫站、卫生监督站	●	●	△	
	医院、卫生院、保健站	●	△		
	休疗养院	△			
	专科诊所	△			

注：●——应设置的项目；△——根据条件可设置的项目。

镇（乡）域社会设施的配置主要考虑以下三个因素：

（1）按镇村体系层次分级配置社会设施。

（2）结合镇村体系布局，对某些社会设施进行适当的撤并，如学校、影剧院等。新增社会设施应安排在有发展前途的镇村居民点；对某些发展条件差，近期有可能撤并的村庄，原则上不再新增社会设施。

（3）充分利用原有的社会设施，逐步改造建设，不断完善，节约投资。

3.4 镇村体系规划

镇村体系是指乡镇行政区域内在经济、社会和空间发展中具有有机联系的聚居点群体网络。镇村体系层次是镇村自身历史演变、经济基础和区域发展需求共同作用的结果。由城镇（镇区）或集镇—中心村—基层村组成的网状结构，是镇村体系层次结构的基本形式，层次之间职能明确、联系密切、协调发展。

镇村体系规划是指以县（市）域城镇体系规划、跨镇行政区域镇村体系规划、区域生产力合理布局等为依据，确定镇（乡）域不同层次和人口规模等级及职能分工的镇村空间分布和发展规划。

镇村体系规划应与地区生产力的状况相一致，有利于资源的合理配置和有效利用；与地区的社会经济发展战略相一致，与上位的县（市）域城镇体系规划相协调；与当地实际发展情况相一致，因地制宜，体现地方特色；体现市场经济的发展原则，适应乡镇经济发展的要求；注重镇村体系的可持续发展。

3.4.1 镇村体系层次和规模结构规划

镇村体系层次和规模结构规划的目的在于建立合理的镇村体系层次，确定合理的镇村体系规模结构，形成稳定的镇村体系，促进乡镇人口、产业和用地发展的协调，推动乡村城镇化进程。

依据镇村所处地理位置以及在区域社会经济活动中所处的地位及发挥作用的大小，镇村呈明显的等级层次分布，而这种等级层次分布，又与镇村的规模大小和性质、职能特点有很大的相关性。一般而言，在一定地域范围内的镇村，等级层次越高，其相应职能就越复杂、越齐全，其镇村规模也就越大。

一般而言，镇村体系层次规划按照基层村、中心村、集镇或城镇（镇区）的三级模式分级。

城镇（镇区）：指居于县（市）域内一片地区相对中心位置且对周边农村具有一定社会经济带动作用的城镇（镇区），为带动一片地区发展的增长极核，分布相对均衡。从县（市）域范围看，所服务和带动的地区超出了该建制镇行政辖区范围的，该城镇为中心镇；若所服务和带动的地区与该建制镇行政辖区范围相一致的，该城镇为一般镇。

集镇：指乡人民政府所在地或乡镇地域内除乡镇驻地以外的经济中心、服务中心，比一般的中心村具备更为丰富的公共服务功能，并在一定程度上可以起到带动乡镇地域经济的作用。

中心村：村域的管理中心、服务中心、居住中心，村委会所在地，公益性公共服务设施和公益性基础设施配置齐全，村庄生产生活功能十分完善。

基层村：村域内除中心村以外保留的居民点，主要功能为居住，公益性基础设施配置较为齐全，但公益性公共服务设施只配备简单的村民商业服务设施，其他的公共服务设施要到中心村内使用。

《镇规划标准》（GB 50188—2007）中，按规划期末常住人口的数量，把镇区和村庄的规划规模分为特大、大、中、小型四级（表3.4.1-1）。其中若增设集镇，集镇的人口规模一般应大于中心村人口，而小于镇区人口。各层次的人口规模上下幅度相差较大，上不封顶下不封底，是为了适应全国各地区不同情况的需要。

规划规模分级（人） 表3.4.1-1

规划人口规模分级	镇区	村庄
特大型	>50000	>1000
大型	30001~50000	601~1000
中型	10001~30000	201~600
小型	≤10000	≤200

总体而言，我国东部地区镇（乡）域范围内镇村体系的等级层次规划应按照网络化、均衡化的原则发展，与上位县（市）域城镇体系形成协调统一的整体人居环境空间布局和体系。中部地区镇村体系的等级层次规划突出以小城镇为核心的极核发展模式，大力增强小城镇的吸引力，有力地促进城镇化的推进。西部地区镇村体系的等级层次规划在现状多点均衡较为分散独立的格局下加以改造，将现有的基层村数目过多、中心村镇规模较小的等级不分明的镇村体系层次逐步加以引导集聚，结合西部地区地域广大的特点，在镇域选择多点集聚发展，促使形成多中心集聚的适度的人口聚居和城镇化发展模式。

3.4.2 镇村体系职能规划

镇村职能的定义可表达为：区域范围内镇村在政治、经济、文化生活方面所担负的任务和发挥的作用。镇村体系的职能结构不仅表现在镇区和村庄内部各功能的协作所产生的外部效果，还表现在各级村庄与城镇（集镇）功能整体发挥的共同外部作用，指的是镇村在镇（乡）域范围所表现职能的综合结构。

镇（乡）域镇村体系职能结构的确定应该从乡镇的长远发展考虑，以科学发展、务实规划作为出发点，真正使镇村职能分类与客观事实相一致，并能为镇村未来的发展提供依据。职能结构规划的目标应该使各职能在总体效益上最优，不能过分强调某一职能效益的增加而使其他职能效益产生损失。某一职能的发展同样应该以各职能综合效益最大化为前提。在进行职能规划时，应培育地区优势产业，有重点的发展某一或某些职能，为优势职能的发展提供空间，这与各职能综合效益最大化并不矛盾。

镇村体系职能规划应服从上位规划的总体要求。对于整个区域城镇体系来说，乡镇只是其空间网络的一个点状元素，城镇体系规划从更长远、宏观的区域发展角度对其各级城镇提出职能分工要求，不同城镇的分工协作有利于整体城镇体系的协调发展。因此，对于镇村本身来说，这一要求更具有重要性。

当前阶段我国乡镇的镇村职能已由计划经济年代的单一国家宏观调控下的农业服务主导逐渐趋向多元化，镇村数目繁多，种类多样，其镇村职能结构分类方法也千差万别。究其最为基本的职能结构来说，大体可提炼为以下六种。

（1）农业服务型

作为乡镇地区的传统型产业，很多乡镇仍在以农养镇，处于产业发展的较低阶段。由于资源条件（如耕地、矿产、渔业等资源）的限制，部分镇村不得不以相对效益较低的农业作为其服务的对象，以为农业提供基本的服务作为镇村发展的基本职能。

受自然资源的影响及农业生产特点的限制（如单位面积产出率低、地域差别大），农业职能主要分布于乡镇的广大空间。镇村的农业服务职能主要包括农业产前、产中和产后服务，粮食的粗加工和渔具销售修理等，具体服务类型的确定与乡镇整体的农业职能密切相关。

(2) 工业型

以工业作为镇村产业的主导方向，尤其是其镇村体系中的高层次如镇区或集镇，这些聚落的居民也多从事工业活动，以经营企业或在企业中工作作为生产和生活的主要收入来源。为农业提供基本服务的职能在这类镇村中处于次要地位。在工厂中，有相对较多的外来人员，这是乡镇促进本地人口机械增长的有效手段。目前我国大多数较发达地区镇村的经济发展都以数量众多的乡镇企业为主，工业企业是乡镇企业的主要类别，在乡镇企业的经济收入中占有相当大的比重。

(3) 商贸型

对于经济发达地区而言，商贸型作为镇村职能中的一种主导方向而出现，如江苏、浙江、广东、福建等沿海地区的镇村。这种类型的镇村经济社会发展完善，人民生活水平较高，大部分人从事商业贸易活动，镇村内部基础设施条件良好。镇村交通较为发达，建设状况良好，信息流通及技术应用较快。商贸型镇村一般市场服务能力强，在区域内有较大商流、物流，且有小商品和农副产品集散。依托现有产业优势，建立一定规模的综合市场及各类专业批发市场，依靠培育和发展商贸业，将自身建设成为区域商贸主导型的镇村产业发展模式，带动工业和农业服务的发展。

商贸型镇村有三种空间布局类型：专业市场主要布局于城镇（镇区），以城镇（镇区）作为商业贸易的主要场所；在城镇（镇区）外围形成专业产品的生产加工区；一部分商贸型镇村的产品和市场"两头在外"，这是由于一定区域范围内的乡镇交通集散条件突出，或者乡镇本身就有经营此类产业的传统。但由于市场导向作用，此类乡镇通常会向生产加工的本地化转变。

(4) 交通型

交通型镇村通常分布于公路、铁路沿线和水运航道沿岸，地理环境优势突出，交通相对便利，容易形成物流、人流、信息流的集聚点和交汇点，镇村"因流（车流、人流、信息流等）而兴"。这种镇村一般发挥交通优势,建设交通为主导的产业体系,如物流业和运输业。并常常与商业贸易职能结合起来,充分利用交通运输条件优势发展经济实体,建设成为商品集散地。

交通区位的不同造成交通职能的两种空间布局:1)交通节点式,镇村处于交通线沿线,借助靠近交通线的便利,形成交通运输职能;2)交通枢纽式,镇村处于两条及两条以上交通线(可以是不同的交通方式,如水运与公路)的交叉点,利用交通的便利和不同交通之间的转换,形成交通职能。

(5)旅游及服务型

指具有丰富人文景观、自然风光、文物古迹等旅游资源的镇村,通过开发旅游资源,发展与旅游业相关的休闲、娱乐、餐饮、购物等行业,建设以旅游为主导产业的镇村。

此类镇村有以下两种空间布局特点:

1)旅游资源集中分布

当地的自然资源条件优越丰厚,旅游资源分布集中,镇村的旅游职能和为旅游服务的其他职能结合在一起,相辅相成。如风景旅游区城镇、历史文化名镇(村)等。

2)旅游资源分散布局

镇(乡)域范围内的旅游资源布局分散,旅游资源和旅游服务在空间上相对分离,无法单独为每一旅游景点进行配套服务,因此大部分旅游服务职能集中在镇村体系中的较高层次(或交通较为便利)的聚落如城镇镇区。

(6)居住服务型

镇村的以上五类职能大多集中在镇村体系的较高层次如城镇(镇区)或集镇,而大多数较低层次的聚落如中心村和基层村等则职能相对简单,主要为提供居住及其基本服务。其中中心村除了提供基本的居住职能外,作为村域的管理中心和服务中心,其公益性公共服务设施和基础设施配置相对齐全,服务相对完善。而基层村则主要为居住职能,只配置简单的村民服务设施。

3.4.3 镇村体系空间布局规划

镇村体系的空间布局指在乡镇行政范围内自然村（基层村）、中心村、集镇和城镇镇区等不同等级聚落组成的空间体系的地理分布形态和组合形式，这一空间分布是镇（乡）域内社会经济发展在地域空间上的表现。

镇村体系空间布局规划的目的在于建立完善的镇（乡）域镇村体系空间结构，确定合理的镇村空间布局网络，完善镇村人口、产业的空间分布以及各项公共设施和基础设施的配套服务，推进乡镇发展的进程。

优化镇村体系空间结构的措施主要有以下四点：

(1) 区域镇村协调发展。从区域整体性要求出发，促进资源优化配置和镇村职能分级，引导区域产业、资源、资金合理流动，协调区域性设施的共享联建，形成产业一体化、城乡一体化的新体系。

(2) 合理整合农村居民点。针对农村地区普遍存在的居民点多、小、散、关联少等问题，加强镇村的合理重组和调整建设，结合乡镇发展空间的优化，适当迁并农村居民点，优化整体经济发展布局，有利于形成规模经济和集聚效应，避免设施重复建设。

(3) 以产业发展带动镇村职能等级升级。利用镇村自身的区位优势，合理优化生产力布局，点面结合，形成以交通线为发展轴线的经济发达地带。

(4) 形成各级中心，以点带面，点面结合。根据镇村历史基础、经济发展水平以及局部地域差异，重点培育城镇（镇区）、中心村，形成镇村体系的地域服务中心，依靠各级中心的辐射、吸引和密切联系，带动乡镇各片区社会经济整体发展。

镇村体系空间布局的优化可以通过"迁村并点"的方式进行。迁村并点是将镇（乡）域内现有人口规模小、建设用地占地大、交通条件差和基础设施建设落后的自然村居民引导迁入择点而建（或现状规模较大和基础设施建设比较完善）的中心村或集镇，并将原居住宅基地还耕。中心村作为非城镇化地区的基本居住点，具备一定规模的基础设施，承担一定地域范围内农村人口的居住及生活服务功能，是镇（乡）域片区的中心，在乡镇的社会经济发展中起着重要作用，合理选择和建设中心村有利于农村城镇化和农业现代化的发展（表3.4.3-1）。

中心村选择原则　　　　　表3.4.3-1

原　则	内　容
（1）发展条件评价值大	村庄发展条件综合评价价值越大越适宜于选择作为中心村
（2）原乡政府驻地	区域内进行乡镇撤并后，原乡政府驻地有较好地为生产、生活服务的社会、基础设施，一般是片区中心
（3）分布的均衡性和间距的适宜性	中心村分布相对均衡，有合理的间距，离镇区不宜太近，服务半径合适
（4）具有开发与发展潜力	在资源及区域性重点项目等方面具有开发与发展的潜力和优势
（5）经济性和高效率	具有一定的经济规模和服务半径，以提高社会基础设施的经济性和利用率

（1）按村庄的发展类型区分

通过对镇村体系空间布局的影响因素分析，从农村居民点自身的发展条件而言，经济发达程度、交通和区位条件以及人口规模和现状建设规模等是镇村空间布局调整时所需要考虑的主要因素，是决定农村居民点未来发展前景的主要方面。结合其他必要因素，可以将农村居民点的发展类型划分为并入城镇村庄、城镇周边村庄、集聚发展村庄、控制发展村庄、撤并村庄和新建村庄等六种类型，并以此判断其未来发展思路。

1）并入城镇村庄：指现状已经被纳入城镇建成区，或在城镇规划中将要被纳入城镇建设用地范围的村庄。这一类村庄未来的发展策略主要是通过撤并归为城镇，作为城镇建成区的一部分，其人口转为城镇人口，村庄的改造可以借助城镇化进程的推动。

2）城镇周边村庄：指位于城镇周边的村庄，与城镇中心的距离较短。这一类村庄在未来的发展中可以更多的接受城镇的辐射，积极壮大村级经济，村庄的改造也可以借助城镇化进程的推力。同时，由于与城镇距离较近，这一类村庄可以更多的使用城镇的一些服务设施，特别是市政基础设施。

3）集聚发展村庄：指规划确定设置的中心村。这一类村庄未来的发展策略主要是集聚周边的农村人口，通过村庄建设规划和村庄人居环境治理规划的实施，逐步完善村庄生产生活的各种功能，成为村域的中心。

4）控制发展村庄：指规划保留的基层村，或是由于具有某些特色有保留价值的村庄。这一类村庄未来的发展策略主要是有控制的发展，控制村庄的人口数量以及大规模的新建设，设施的配置满足基本的生活要求。

5）撤并村庄：指由于地理位置、人口规模或产业园区建设等原因，在规划中引导向城镇或中心村撤并的村庄。这一类村庄的发展将受到严格的控制，在引导人口逐步迁移至别处后逐渐消亡。原村庄建设用地可作为流转建设用地或予以复垦。

6）新建村庄：由于优越的区位条件或者其他外部因素，选择将其他迁并的农户集聚新建的村庄。选择新建村庄的依据首先要有必要的村庄建设用地，周围有产业支撑，能提供足够的就业机会，有必要和可能的基础设施和社会服务设施，并且需要有较为明朗的发展前景。此类村庄由于其自身的优越条件，将致力于集聚发展。

（2）按村庄的发展策略区分

针对以上对农村居民点发展类型做出的分析判断，对不同类型的村庄可以做出不同的规划策略。

1）撤并

将原自然村的居民迁至镇区、集镇或中心村。此举有利于在镇区或集镇附近居住且工作于镇区或集镇的居民。镇区或集镇的居住点建设有利于服务性第三产业的兴起，改变现有镇区或集镇文化娱乐服务设施贫乏的现象。

此外，镇村第三产业的发展得益于人口的集中，一般来说，较大规模的村庄有利于形成集聚效应，便于集中设置较为完善的生活服务设施和基础设施。这些设施的投资与村庄的规模有直接的关系，村庄的规模越大，人口相对集聚，各类设施投资的效益才能提高，并且最大限度地发挥作用，并产生良好的社会和经济效益。

因此，适量发展镇区或集镇人口，使其达到一定规模，从而作为迁村并点的引导方向，可以拉动内需，带动当地第三产业的发展，从而实现城镇化。

自然村撤并的另一个方向是并入邻近聚集发展的中心村，同样可以保障一定的公共设施和基础设施的供给，产生规模效应。

2）集聚发展

实现迁村并点的一个重要途径是对在规划中被确立为集聚发展的村庄作为乡镇一定地域范围的中心村加以发展，尤其是对现状相对规模大、经济水平高的村庄，更可起到事半功倍的效果。对于那些500户甚至千户的大村来说，通过对村庄综合环境的整治和生活与市政配套的完善，以及村庄部分地区的改造，可以花费较少的建设费用，形成既达到一定生活标准又保持社会文脉的中心村。在此基础上，完善村庄的功能，提高建设和发展水平。对某些已经形成较大规模、辐射能力较强的村庄，适时引导其发展成为集镇或者城镇。

3）控制发展

对于在发展类型中确定为保留但是并不作为发展重心的村庄，采取控制发展的措施。如对于某些需要保护的历史村庄或者远景迁并村庄，必须控制其人口规模和建设规模，防止人口和建设的无序增加对原有自然风光、生态环境的破坏，但是也需要在现有基础上完善公共设施和基础设施的配套，保持村庄一定的生活水准。

4）新建发展

新建中心村的起点、标准高，能反映时代需求，但建设费用高，投资较大，因此适用于地区经济实力强且原自然村规模小、数量大并极其分散的情况。新建中心村要注重其区域的外部动力，一定的外部驱动力对新中心村的建设将会具有极大的推动作用。同时，新中心村的建设一定要慎重，以避免村庄建设的无序发展和占用耕地的情况。

（3）形成完善的镇村体系空间布局结构

为适应镇（乡）域范围内镇村体系建设发展的需要，促进镇村体系全面、协调、可持续发展，必须在空间布局上进行优化、调整。优化、调整一般可以采用"中心集聚、点轴推进、带动腹地、网络发展"的空间发展模式（图3.4.3-1）。

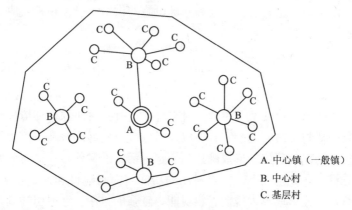

A. 中心镇（一般镇）
B. 中心村
C. 基层村

图3.4.3-1 村镇空间布局示意图
注：根据《城市规划资料集第3分册小城镇规划》绘制

中心集聚就是促进各种生产要素向作为镇（乡）域中心的城镇（镇区）集聚，扩大城镇的规模，增强城镇对镇（乡）域范围的综合辐射力；点轴推进，即以城镇和集镇为节点，以交通干线为轴线，促进镇（乡）域镇村空间的有序发展；带动腹地、网络发展是通过完善镇（乡）域内部交通网络，扩大作为镇（乡）域中心的城镇和集镇的辐射范围，使城镇、集镇与镇（乡）域范围内村庄的协调发展，形成一个有机的镇（乡）域镇村体系网络，从而达到区域整体协调发展的目的。

镇（乡）域范围内的镇村（尤其是作为镇村体系中高层次的城镇和集镇）具有沿交通线分布与发展的规律，交通枢纽地也往往成为城镇、集镇的重要生长点。因此，交通线往往成为镇村体系的发展轴，在发展轴上分布不同层次的镇村。跨镇域镇村体系中，城镇依托对外交通联系轴线（主发展轴线）接受区域内城市的经济辐射和与其他城镇展开广泛的社会经济联系，并通过对内交通联系轴线（次发展轴线），将城镇的社会经济影响辐射到镇域村庄及附近乡村，带动地域经济发展，同时通过次发展轴的吸引，加快城镇对镇（乡）域范围内人口和产业要素的集聚。

3.5 镇（乡）域空间管制规划

3.5.1 镇（乡）域空间管制要素

空间管制作为一种有效而适宜的资源配置调节方式，日益成为区域性规划的重要内容。通过划定镇（乡）域范围内不同建设发展特性的类型区，制定其分区开发标准和控制引导措施，可协调乡镇社会、经济与环境可持续发展。镇（乡）域空间管制的要素具体可分为以下六类：

（1）建设开发区

管制要求：镇（乡）域范围内的建设活动和建设用地必须严格限制在建设开发区内，重点加强交通、市政基础设施、公益性公共设施和服务业集聚区的建设，适当控制工业用地的增加量，逐步优化建设用地结构。

我国的《城乡规划法》规定，在镇总体规划、乡规划和村庄规划中，应根据城乡经济社会发展水平和统筹城乡发展的需要划定规划区，即镇和村庄的建成区以及因城乡建设和发展需要而必须实行规划控制的区域。

（2）生态控制区

管制要求：主要用于镇（乡）域范围内的生态隔离环（带）及农业保护区等非城镇建设用途，以及部分道路交通、市政公用设施及特殊用地等建设用途，严格限制其他用途；如现存零星建设用地，则不得扩大建设规模，并逐步置换；保护耕地资源，严禁占用基本农田进行建设。对于设立的湿地保护区，应严格按照相关法律、法规和保护规划的要求进行保护，可采取建设湿地公园的模式进行保护，优先进行生态修复和培育，保护湿地自然景观，严格控制湿地保护区内的建设规模，限制游客容量。

（3）水体保护区

管制要求：以提高水体质量为主，控制水污染源，开展生态清淤和冲淤工程。尤其对水源保护区，应严格按照相关法律、法规和保护规划的要求采取相应的保护措施。如水源保护区内不得排入任何工业废水和生活污水，水源保护区周边防护范围内不得堆放废渣，不得设立有害化学物品仓库、堆场或装卸垃圾、粪便和有毒物品的码头，水源保护区周边农田不得使用工业废水灌溉及施用持久性或剧毒的农药。

（4）山体保护区

管制要求：禁止采石取土、滥砍滥伐；加强植被保护，包括养林、育林、防止虫灾和火灾；禁止在视线可及之处设采石场和大型建（构）筑物，防止城镇工程建设等对山体的破坏。

（5）自然风景保护区

管制要求：严格按照相关法律、法规和保护规划的要求进行保护；不得建设破坏景观、污染环境、妨碍游览的设施；游人集中的游览区内，不得建设宾馆、招待所以及休疗养机构；珍贵景物周围和重要景点，除必须的保护和附属设施外，不得增建其他工程设施。

(6) 历史文化保护区

管制要求：严格按照相关法律、法规和保护规划的要求进行保护；禁止进行违反保护规划的大面积拆除、开发以及对传统格局和风貌构成破坏的大面积改建；不得进行爆破、钻探、挖掘等作业。

3.5.2 镇（乡）域空间管制规划

按照开发建设的实际情况，可将镇（乡）域范围内的空间资源划分为不同特征的类型区。其分区标准为：（1）空间资源利用功能与特征属性；（2）土地利用开发强度。前者一般围绕生态环境保护、城镇建设发展、自然资源利用等展开。类型区的划分并不存在统一模式，常见分区有：禁止建设区、限制建设区和适宜建设区等。

禁止建设区：包括基本农田保护区、水源保护区、自然保护区的核心区、地震活断层地区。禁止建设区原则上禁止任何建设活动，其中基本农田保护区内严禁进行城镇及村庄建设、采矿、挖土挖沙等一切非农活动；地表水饮用水源一级保护区内，应停止一切农业生产活动，退耕还林，严格禁止与水源保护无关的任何建设活动；地下水重点渗漏区内，应以发展绿化种植和生态农业为主，禁止新建与水源保护无关的建设项目；自然保护区的核心区内，除必须的保护设施外，不得增建其他任何工程设施；地震活断层地区内，电厂、医院一类的重大工程、生命线工程等都应避开活断层，并必须经过地震安全评估。大型住宅小区的兴建也应考虑避开活断层，并且这样的理念要向一般的民居建设普及。

限制建设区：包括风景名胜区、森林公园等自然和人文景观保护区、自然保护区的控制区、一般农田用地区、山林绿化区、重要生态廊道区等。限制建设区内对各类开发建设活动进行严格限制，不宜安排乡镇开发建设项目，确有必要开发建设的项目应符合乡镇建设整体规划和全局发展的要求，并应严格控制项目的性质、规模和开发强度，适度进行开发建设。其中风景名胜区、森林公园等自然和人文景观保护区及自然保护区控制区内的旅游项目及设施的建设，应当与周围景观环境相协调，在环境容量允许的前提下适度开发建设，防止对旅游资源的破坏与影响；一般农田用地区内鼓励各种农业设施的建设，促进各类中、低产田及其他一般农田向基本农田转化，提高其产出、产量和农业经营水平；山林绿化区内严格保护自然山体景观，严禁可能破坏生态环境和山体景观的所有开采活动，鼓励植树造林和山体绿化等维护生态环境的活动；重要生态廊道区内鼓励进行生态建设和农业生产活动，保留原有自然地貌形态，如农田、菜地、林地等，加强植树绿化，调节气候，改善生态环境。

适宜建设区：包括城镇、村庄建设区及独立工矿等其他适宜建设的区域。适宜建设区作为城镇、村庄及其他独立工矿优先发展的地区，必须明确划定规划区范围，加强镇、乡及村庄规划的执行力度，镇、乡及村庄的规划建设必须严格控制在规划区范围内，严格控制用地规模，高效集约利用土地资源，根据资源条件和环境容量，科学合理地确定开发模式和开发强度。

依据土地利用开发强度差异，一般可将镇（乡）域范围更细致地划分为优先发展、鼓励发展、适度发展、需严格保护、限制发展及有条件许可发展地区等类型。从对土地开发活动控制引导以及对下一层次规划编制的指导看，此种划分方法更具可操作性。

各类型区管制要求与开发标准制定包括各空间类型区的特性描述、用地主导类型、空间定位、产业发展引导、开发要求与措施、开发条件和时序、与其他分区空间的协调、景观形态控制等。分区管制要求与开发标准除了描述性引导控制对策内容外，还应包括更具有实际操作意义的量化控制指标，量化控制指标可包括类型区空间范围面积、建设用地占该区总用地比重、土地利用率、开发密度等。其指标值的设定可参考相关地区实际开发建设情况，并作分析比较后而定。

3.6 村庄建设与人居环境整治规划

3.6.1 村庄建设规划

村庄建设规划是在镇（乡）域总体规划的指导下，具体安排村庄各项建设的规划。主要内容可以根据乡镇社会经济发展水平，对村庄住宅、公共服务设施、供水、供电、道路、绿化、环境卫生以及生产配套设施做出具体安排。

村庄建设规划宜以行政村（中心村）范围进行规划，若该村庄由多个行政村构成，宜将多个行政村统一协调规划，或以规划调整后的行政村（中心村）范围为规划范围。应划定村庄规划区，并在规划区内进行村庄建设活动。

村庄建设规划要尊重农村长期形成的现状，因地制宜，突出农村特点和地方特色。每个村庄都有其特殊的人文地理、风土民情与建筑景观，可行的规划应尽量以具有当地特色的建材与手法，营造地方风格建筑，配合当地村民的生活形态并融入环保与绿色建筑的概念，使农村的发展具有地域性与独特性。如此不但能达到服务农村社区村民活动的功能，也能使当地村民对自己的家乡更具认同感与使命感。

村庄建设规划要注重农村资源利用的循环，建设可持续发展的农村人居环境。农村生活和农业发展必须通过有系统、有方法的整合，以生态节能和自然保育的方法利用农村各种资源，取之于自然而回归于自然，使农村呈现永续且生生不息的良性循环，从而形成可持续发展的农村人居环境。

村庄建设规划中对公共设施的配置主要分为以下两类：

（1）公益型公共设施，指文化、教育、行政管理、医疗卫生、体育等公共设施。

（2）商业服务型公共设施，指日用百货、集市贸易、食品店、粮店、综合修理店、小吃店、便利店、理发店、娱乐场所、物业管理服务公司、农副产品加工点等公共设施。

公共设施的布置原则为：(1) 公共设施的配套水平应与村庄人口规模相适应，并与村庄住宅同步规划、建设和使用；(2) 公益型公共设施宜集中布置，形成村庄公共活动中心。在方便使用、综合经营、互不干扰的前提下，可采用综合楼或组合体；(3) 应结合村庄公共设施中心或村口布置公共活动场地，满足村民交往活动的需求；(4) 小学应按县（市、区）教育部门有关规划进行布点。

村庄建设规划中对住宅建设的要求为：(1) 节约住宅建设用地，住宅应以双拼式、联排式为主，积极引导公寓式住宅建设，限制建设独立式住宅；(2) 住宅组团应避免单一、呆板的布局方式。应结合地形，灵活布局，空间围合丰富，户型设计多样；(3) 住宅设计应遵循实用、经济、安全、美观、节能的原则，积极推广节能、绿色环保建筑材料，并符合工程质量要求；(4) 住宅建筑布局与风格应适合农村特点，体现地方特色。对具有传统建筑风貌和历史文化价值的住宅或祠堂等应进行重点保护和修缮。

村庄建设规划中对景观环境建设的要求为：(1) 重点加强村口与公共中心的景观环境建设，营造标志性景观效果。村口建筑物（构筑物）应精心设计，构思新颖，体现地方特色与标志性。村口风貌应自然、亲切、宜人，通过小品配置、植物造景与建筑空间营造等手段突出景观效果；(2) 合理利用特殊地形，形成地方特色；(3) 结合民俗民风，展示地方文化，体现乡土气息。

村庄建设规划中对绿化系统建设的要求包括：(1) 充分利用现状自然条件基础，尽量在劣地、坡地、洼地布置绿化，植物配置宜选用具有地方特色、易生长、抗病害、生态效应好的品种；(2) 加强平面绿化与立体绿化结合、绿地布置与水面结合；(3) 绿地建设重点宜结合村口与公共中心及沿主要道路布置，有条件的村庄可设置农民公园，丰富农民生活；(4) 村庄集中绿地可适当布置桌椅、儿童活动设施、健身设施、小品建筑等。

村庄建设规划中对河道景观建设的要求为：(1) 尽量保留现有河道水系，并加以整治和沟通，河道设计应满足防洪和排水要求；(2) 河道驳岸宜随岸线自然走向，采用斜坡形式，修饰材料以地方材料为主，并与绿化相结合。河道两侧应布置绿化。

3.6.2 村庄人居环境整治规划

村庄人居环境整治规划是从我国村庄数量大、规模小的实际情况出发，一切从农村实际出发，尊重农民意愿，按照构建城乡和谐社会和建设节约型社会的要求，以改善农村最基本的生产生活条件和人居环境为目标而开展的规划。

面对当前我国农村人口逐步减少、对农村的资源投入有限等条件，应集中力量搞好中心村的人居环境整治规划，配套必要的生产生活设施，引导农民逐步向条件较好的中心村集中。要充分立足现有基础进行房屋、设施和环境的改造，绝不是盲目地铺摊子、上工程、圈土地、搞建设，要坚决防止用城市建设的方法进行村庄人居环境整治规划，防止大拆大建搞村庄集中。同时，应严格限制自然村落扩大建设规模，坚决制止违法、违章建设行为，通过规划控制、土地整理、退宅还田等方式，及时调整部分村落消失后的土地利用。

村庄人居环境整治规划是改善农村人居环境的一项重要手段，是社会主义新农村建设的重要内容。整治规划的内容主要涵盖农村日常生产生活所必需的公用设施、环境质量保障和安全保障设施，以及村容村貌的整治整修等。其重点在于打通镇（乡）域范围内城镇与村庄的连通道路和硬化村内主要道路，配套建设供水设施、排水沟渠及垃圾集中堆放点，清理村内闲置宅基地和私搭乱建房屋，治理人畜混杂居住环境，整治村容村貌和露天粪坑，建设村庄防灾设施与公共消防设施等方面。具体的整治内容如下：

(1) 公益性基础设施

1) 道路桥梁建设，道路路面硬化、道路排水边沟、路灯及交通标志，停车场（库），自行车（摩托车）棚等。

2) 水源的安全可靠，水厂、汲井、供水到户的水塔或高位水池（水箱）及输配水管网。

3) 电力供应的变配电设施、输电线缆。

4) 电话线缆、卫视天线等通讯线缆及设备。

5) 天然能源及可再生能源开发技术及设施。

(2) 公益性公共服务设施

1) 村委会、村民休闲社交活动室内外场所。

2) 托儿站、学前班或初级小学代培点。

3) 邮件收发、汇款、储蓄、电报、传真等业务的代理点。

4) 医治轻微疾病、开展公共卫生和计划生育的卫生室或便民诊所。

5) 商店或超市放心店。

(3) 环卫设施

1) 生活污水排水沟渠或排水管网及简易污水处理设施。

2) 垃圾、医疗废弃物的收集、清运及处理设施。

3) 非水冲式公共厕所（公共旱厕）、禽畜饲养场的环境卫生与粪便无害化处理设施。

(4) 防灾减灾设施和措施

1) 防洪堤、截洪沟、泄洪沟、蓄水池、山体和坡地的护坡及挡土墙等。

2) 防御风灾的防护林带及其他防风减灾措施。

3) 原有农房墙体、楼面、顶棚的防火措施，消防通道、房屋间的防火间距等。

4) 公共设施用房危房改造和抗震加固等。

(5) 环境面貌治理

1) 家庭散养或集中饲养的禽畜，应单独设置用地，做到人畜分离，确保人居环境卫生。

2）街巷两侧乱搭乱建的违章建筑物、构筑物及其他设施的清除。

3）"门前三包"公约，街巷清扫保洁责任的落实。

4）村庄内传统民居、祠堂和庙宇等历史文化建筑的保护与修缮。

5）村庄主要出入口、街巷、公共活动场地、公用水塘和公共绿地等环境面貌的整治。

村庄人居环境整治项目涵盖三个层面：一是由中央财政和各级政府直接投资建设的农村地区基础设施和公共服务设施，它是改善农村人居环境的重要保障，也是实施村庄整治的依托。二是由政府资助，农民自主选择采取整村整治的方式实施，是直接改善村庄面貌和整体提升村庄人居环境的公益类建设项目；三是通过政府资金引导、科技项目示范、市场化运作、农户自主参与、利益到户的有关人居环境改善的项目。在进行村庄人居环境整治的过程中，必须要加大政府支持和帮扶力度，使公共财政更多地向农村地区倾斜，为农村地区提供更多的公共物品，基础设施进一步向农村地区延伸，公共服务更多地为村庄人居环境整治提供支持。

不同的村庄应根据自身存在的主要问题，进行评估，确定该村庄急需人居环境整治的内容。对所选定的整治项目，应按轻重缓急进行排序，集中人力、物力和财力优先解决重大问题，并遵循"先地下，后地上"的程序实施，力戒返工和资源浪费。

3.7 相关案例

3.7.1 镇（乡）域总体规划案例——江苏省启东市吕四港镇总体规划

3.7.1.1 概况

吕四港镇位于江苏省启东市北端，长江口以北。镇域南至兆民镇交界，东至蒿枝港闸，西至天汾镇交界，北至黄海，总面积66.08km²。吕四港镇南距启东市区40km，西距南通市区80km，隔海与日本、韩国、朝鲜相望，距日本大阪、福冈等城市450海里（图3.7.1-1）。

启东市吕四港镇总体规划（2004—2020）

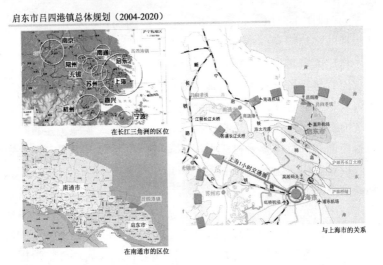

图3.7.1-1　启东市吕四港镇区位分析图

吕四港镇为长江三角洲冲积平原的一部分，属沿海低平地区，地形略有起伏，呈北高南低，西高东低，由内地渐向海滨倾斜。全镇地处中纬度，属北亚热带气候。由于受季风环流影响和辽阔的海洋调节，形成独特的海洋性季风气候环境，具有四季分明，气候温和，热量丰富，雨量充沛，大气中水分含量多，无霜期比较长等特点。年平均气温为14.9℃，年平均降水量为1031.1mm。

吕四港镇是由原六乡一镇合并而成，现辖21个行政村，468个村庄。2004年户籍人口为99557人，其中外来人口4310人。镇区由原吕四镇和大洋港乡所在地发展而成，建成区面积约4.5km²，镇区现有常住人口4.3万人（2003年底）。

3.7.1.2 发展条件分析
3.7.1.2.1 优势条件
(1) 区位优势

从宏观区位分析来看,吕四港镇濒临黄海,地处我国经济最为发达的长江三角洲地区北翼,与上海隔长江口相望,区位优势较为明显。从启东市域发展条件来看,吕四港镇作为启东市域副中心的地位越来越凸显。

作为国家级中心渔港和南通、启东的中心镇,吕四港镇的经济区位优势也非常明显。

(2) 交通优势

吕四港镇南距启东市区 40km,行车时间不足 30min;西距南通市区 80km,行车时间约 40min。由吕四港镇开往全省各地、上海市及华东地区各城市的班车每天都有几十对,每天客运量达 3000 多人(次)以上。水运方面,大宗物资可通过通吕运河直达南通港,或直接从沿江通水船闸进出,转入长江水道。

随着宁启高速公路、宁启铁路、沪崇启大通道、苏通大桥等区域性交通设施的建成运行,吕四港镇的区位及交通优势将更加明显。

此外,上海到苏北的火车经过海门,在吕四港镇附近设站。

(3) 综合实力优势

吕四港镇是国家级中心渔港,镇域的社会经济发展已初具规模,工业发展起步较早,特别是五金机械、水产加工,极大地推动了本地经济的发展。启东市所有的乡镇横向比较结果显示,无论是城镇的规模还是经济总量,吕四港镇均名列前茅,仅次于城关镇——汇龙镇,这些都为吕四港镇的下一步发展打下了坚实的经济基础。

(4) 重大项目乘数效应带动

1) 国家级中心渔港基本建成。规划面积 0.19km^2,形成以加工、贸易为主的工贸区,成为南通乃至长三角北翼重要的水产交易集散中心。

2) 大唐电厂是国家级重点能源项目，总投资250亿元，两期总设计容量将达420万kW。

3) 吕四港镇小庙洪10万t级深水港区及码头的建设预期将为吕四港镇带来更加有利的发展潜力。

4) 处在吕四港镇直接辐射范围的电动工具城将促进本地五金机械、电动工具产业的加速集聚，成为中国电动工具的主要生产销售地。

3.7.1.2.2 限制条件

(1) 镇区基础设施较薄弱、缺乏协同

吕四港镇吸引投资的硬件设施建设较快，对外道路交通网络基本形成，但基础设施建设"各自为政"的现象比较明显。镇区给排水、污水处理、燃气等管网设施与布局缺乏统一规划。

(2) 工业项目布局较为凌乱

由于历史原因，吕四港镇的工业项目大多沿路布置，布局较为凌乱，存在一定程度的环境污染，不利于今后用地功能的合理布局与拓展。

3.7.1.3 社会经济发展规划

3.7.1.3.1 社会经济发展战略

(1) 总体战略

1) 综合战略

以将吕四港镇建设成为"经济繁荣、科技进步、生活富裕、法制健全、社会文明、环境优美"的长江三角洲北翼新兴城镇为目标，稳定渔业、农业基础，加大工业比重，壮大第三产业；加快发展总量，着力提高质量，积极优化结构，全力增强后劲，全面提高经济效益和整体素质，努力将吕四港镇打造成为港口名镇、产业名镇、文化名镇和生态名镇。

2) 区域地位

吕四港镇在启东市域北部地区享有举足轻重的地位，不仅在国民经济总量上，也表现在城镇规模、辐射范围和发展潜力上。强化吕四港镇的主导作用，加速启东市域北部地区资源的集聚，扩大吕四镇区的规模，使吕四港镇成为带动启东市域北部地区发展的增长极与核心城镇。

（2）产业战略

积极树立大海洋产业发展战略，养海用海，实现港口开发、海洋捕捞、海水养殖、海洋生化共举，做大做足海洋经济。积极推进启东市域北部地区经济产业资源的共享与规模利用，扩大吕四港镇的经济腹地。

1）第一产业：绿色、生态

加快农村经济结构调整，大力发展农业产业化经营，以国内外先进理念来经营现代农业；以长三角地区城镇居民消费结构升级为契机，发展适销对路的具有休闲、保健、养生滋补功效的现代化绿色渔、农产品。

充分利用国家级中心渔港的政策优势，大力发展海洋捕捞、海水养殖和海产品加工。加快养殖园区、基地建设，扩大养殖规模，扶持壮大水产品加工龙头企业。大力发展养殖业，充分利用好现有滩涂，搞好滩涂文蛤、紫菜、泥螺的立体养殖，发展特种水产、鲜活水产，不断开发和引进养殖新品种。

发展特色农业、生态农业和创汇农业，逐步建成农业产业化基地，建成芦荟、浅水藕等特色作物种植基地。

2）第二产业："二一一"工程——两个园区、一个电厂、一个港区

电动工具产业园：立足于吕四港现有工业基础，利用地方资源优势，调整工业产业结构，着眼于技术进步和效益提高，争创拳头名牌产品。以中国天汾五金电动工具城为依托，加速五金机械、电动工具产业向吕四片区东侧产业园区集聚，培植"市场＋产业"型产业集群，提高该类产业的根植能力。

海洋产业园：以江苏省吕四海洋经济开发园区和国家中心渔港为重要导向，扩展海洋产业链，加强海洋高科技产业的科研孵化与生产加工，实现新型的产业综合体。

大唐电厂：以大唐电厂兴建为重大突破点，适当配置重型工业。

吕四港：围绕江苏省沿海经济带发展战略，利用二类对外开放口岸和 5～10 万 t 级泊位区，推动临港工业开发，使之成为吕四港镇中远期发展的重要增长力量。

最终形成"两园一厂一港区"的工业布局。

3）第三产业：大市场、大流通、大旅游

利用吕四港现有区位与交通优势和港口资源，大力发展第三产业。

构建两大市场：中国五金工具城和中国国际水产城。

提升物流运输：利用吕四港镇通江达海的优势，实现江海联运；并利用规划的优越交通条件和两大市场，积极发展物流运输业，力争成为启东市域北部的物流枢纽，辐射长三角北翼。

发展旅游产业：吕四港镇的旅游产业包括旅游本体产业和间接产业，以吕祖文化为内涵的景点景区，如鹤城公园等。旅游业的发展应与地方文化相结合，通过旅游线路串联、旅游服务共享、融入区域旅游等几大途径，做大做强吕四港镇的旅游产业，使之成为特色产业。

3.7.1.4 镇村体系布局规划（图 3.7.1-2、图 3.7.1-3）

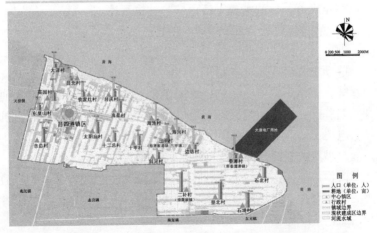

图 3.7.1-2　启东市吕四港镇域镇村体系布局现状图

启东市吕四港镇总体规划（2004~2020年）

图 3.7.1-3　启东市吕四港镇域镇村布局规划图

3.7.1.4.1　规划原则

（1）积极引导以从事第一产业为主的农户在村庄集中居住，鼓励以从事第二、第三产业为主的农户进城镇居住，合理推进城镇化进程；

（2）重点发展吕四镇区，强化吕四镇区对整个镇域的辐射力和带动力；

（3）确保耕地和沿海滩涂资源，严格控制和保护基本农田。

（4）大力发展海洋捕捞、海水养殖和城郊型农业以及食品基地。

3.7.1.4.2　镇村体系布局结构规划

为了带动吕四港镇域的全面小康，引导农民集中居住、工业向镇以上工业片区集中，促进村庄适度集聚和土地等资源节约利用，集约配置农村基础设施和公共设施，整合农业生产和生态空间，加快推进城镇化进程，需在镇域内进行镇村体系布局规划。经过基础资料调查，以及乡村发展趋势估测，从区位、环境、人口规模、用地规模、集聚辐射能力以及公共服务设施配套等方面综合分析，拟定"镇区—村庄"的两级镇村体系布局结构（表3.7.1-1）。

镇村体系布局结构规划　　　　表3.7.1-1

等级	布局	职能	产业	规划人口（万人）
镇区	吕四片区	吕四港镇政治、经济、文化、科技、交通中心	电动工具、海产品加工、海洋生物	9
	秦潭片区	吕四港镇副中心，主要承担产业服务功能	粉煤灰利用、高耗能产业	1
村庄	27个点	农户集中居住区，三农服务	第一产业	3~4
		合计镇域总人口		13~14

（1）镇区——"一镇两片"

"一镇"是指规划吕四镇区，它包含"两片"，分别为吕四片区和秦潭片区。

吕四片区是吕四港镇的政治、经济、文化、科技、交通中心，承担了对外辐射和对内带动镇域经济发展的作用。秦潭片区的布置一方面可以带动整个镇域东侧的发展，还可以在不久的将来服务于重要的产业基地（电厂及其配套产业区）。

（2）村庄

村庄是以第一产业为主的农户集中居住区，全镇共布点27个。

规划保留吕四港镇管辖的21个行政村，在不打破现有行政村的基础上，充分结合现状，采取整理和扩建相结合的规划原则，全镇共布点27个，其余均属撤并区，不得翻、改、扩建。规划期末村庄实际居住人口控制在3~4万人。

3.7.1.5　镇域土地利用规划

吕四港镇镇域土地利用类型包括：城镇建设用地、村庄建设用地、岸线用地、农田、水域、特殊用地和道路交通用地（表3.7.1-2、图3.7.1-4、图3.7.1-5）。

吕四港镇镇域土地利用规划汇总表　　表 3.7.1-2

用 地 类 型	用地面积（hm²）	所占比例（%）
城镇建设用地	1199.20	18.16
村庄建设用地	223.20	3.38
岸线用地	367.68	5.56
农田	4469.84	67.63
水域	149.12	2.26
特殊用地	6.48	0.10
道路交通用地	192.47	2.91
镇域总用地	6608	100.00
大唐电厂用地（填海）	434.53	

启东市吕四港镇总体规划（2004～2020年）

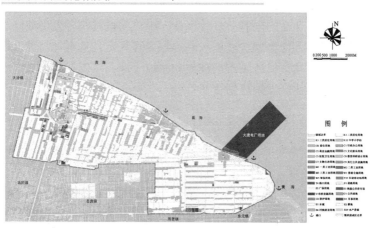

图 3.7.1-4　启东市吕四港镇域土地利用现状图

启东市吕四港镇总体规划（2004~2020年）

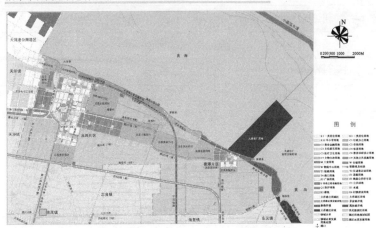

图 3.7.1-5　启东市吕四港镇域土地利用规划图

3.7.1.6　规划评析

该规划对吕四港镇发展的优势条件分析详尽透彻，也明确阐述了发展中存在的限制条件。据此，提出的城镇综合发展战略目标定位明确，社会经济发展战略规划内容齐全且具有针对性和可实施性。镇域镇村体系布局规划和镇域土地利用规划与镇域产业发展布局及社会发展规划密切结合。

3.7.2　县域镇村体系规划案例——沈阳市法库县域村庄布点规划

3.7.2.1　概况

法库县位于辽宁省北部，是辽北平原的一部分，东、南两面紧靠辽河，行政辖于沈阳市，距沈阳市区105km。县境东西长约80km，南北长约60km，总面积2290km²。法库县东临昌图县、开原市、铁岭县和调兵山市，西与彰武县毗邻，北靠康平县，南部与新民市和沈阳市新城子区相接（图3.7.2-1）。

3.7 相关案例

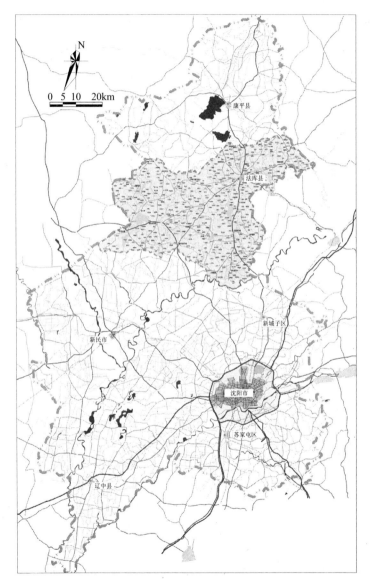

图 3.7.2-1　法库县区位分析图

法库县是一个较为传统的农业大县,全县经济结构以第一产业为主导,工业和第三产业比重非常有限。随着社会经济不断发展及产业结构调整,近年来全县第二、第三产业比重不断增加,经济指标变化明显,全县综合经济实力明显增强,产业结构调整步伐不断加快,体制改革取得重大突破,非公有制经济发展迅速,各项社会事业协调发展,人民生活水平不断提高。

法库县2004年地区生产总值38.3亿元,其中第一产业13.25亿元,占34.6%,第二产业14.77亿元,占38.6%,第三产业10.26亿元,占26.8%。人均地区生产总值0.86万元。

2004年底,法库县全县总人口470491人。户籍人口445192人,其中非农业人口81663人。暂住人口为25299人。全县城镇常住总人口为96482人。法库县农村地区包括全县除县城、各镇区、各乡政府驻地集镇之外的地区。2004年统计数据显示,法库县农村人口为36万人,乡村劳动力资源21.8万人,农业从业人口15.0万人。城镇化人口统计以县城、镇区、乡驻地总人口计算,2004年法库县城镇化水平为20.6%。法库县下辖8个镇(法库、大孤家子、柏家沟、秀水河子、叶茂台、登仕堡、丁家房、三面船),11个乡(孟家、慈恩寺、和平、十间房、冯贝堡、五台子、四家子、双台子、卧牛石、依牛堡、包家屯),1个经济开发区,243个行政村。县城位于法库镇(图3.7.2-2)。

3.7.2.2 规划主要思路与规划目标

(1)以法库县的新农村建设为导向,以农村城镇化研究为切入点,从村庄分布、农村经济产业特征、城镇建设、村民意愿等多个方面进行分析研究、统筹协调,提出农村人口容量、村庄撤并策略、村庄职能及等级体系等,并配置完善各类社会服务和市政基础设施,针对不同地区的村庄提出村庄发展策略,以更好地指导规划实施。

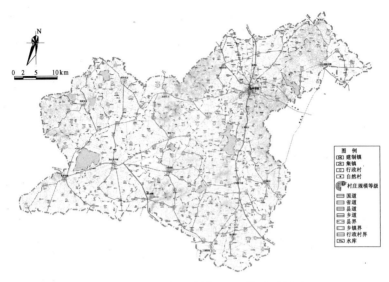

图 3.7.2-2　法库县域村庄人居体系现状图

（2）根据法库县现状农村城镇化发展的特点和趋势，合理预测远期城镇化水平。根据法库县城镇化发展的进程、水平和未来农村人口容量来确定规划期内的农村人口规模，引导富余农村人口进入各类城镇，并在此基础上，合理分配居住在农村地域的人口。

（3）根据县域内不同地区的产业发展特征，校核县域城镇化发展水平，以就业岗位引导农村人口的流向，同时根据不同地域的产业特点来确定周边村庄的职能类型和发展方向。

（4）从村庄规模、功能、产业特征、空间分布的现状分析入手，划分村庄类别并制定相应的发展对策，确定规划村庄规模等级与功能类型，并对不同等级村庄的用地指标、用地构成、住宅标准及公共设施配置标准等作出规定。

（5）在对县域村庄分布及等级规模进行总体控制的基础上，提出分乡镇的村庄发展类型及等级规模方案，同时对总体指标进行校核。

(6) 农村市政基础设施的配置分三类予以考虑，一是由城镇的基础设施为邻近农村服务的类型；二是几个中心村需要统一建设基础设施的类型，以及中心村基础设施为基层村服务的类型；三是需要村庄自身解决的类型。前两者，明确设施及服务范围；后者，提供建设的技术方案、技术路线及配置标准。

(7) 规划的出发点和最终的落脚点都是政策的制定，即通过当前的政策导向确定村庄布点规划的入手方向，而最终的规划实施也要立足于相应政策体系的建立。

3.7.2.3 产业发展及空间布局

3.7.2.3.1 县域产业发展目标

(1) 县域经济发展与产业结构发展目标（表3.7.2-1）

县域经济发展与产业结构发展目标　　表3.7.2-1

项目＼年份	地区生产总值（亿元）	县域总人口（万人）	人均GDP（元）	工业总产值（亿元）	三次产业结构
2005	47	44.5	10500	72	30∶46∶24
2010	123	50	24100	160	16∶54∶30
2020	262	53	49400	320	12∶52∶36

(2) 县域劳动人口从业结构发展目标（表3.7.2-2）

县域劳动人口从业结构发展目标　　表3.7.2-2

项目＼年份	县域总人口（万人）	县域劳动人口（万人）	第一产业从业人员（万人）	第二产业从业人员（万人）	第三产业从业人员（万人）	劳动人口从业结构
2005	44.5	22.9	15.0	2.2	5.7	66∶10∶24
2010	50	25.0	15.0	3.8	6.2	60∶15∶25
2020	53	26.0	15.0	5.2	6.5	55∶20∶25

(3) 各镇村劳动人口从业结构发展目标

1) 根据各乡镇产业现状特征及发展潜力，以及县域城镇体系规划对各乡镇职能的定位，在各乡镇劳动人口从业结构的现状基础上预测未来各乡镇劳动人口的从业结构。同时，在城镇层面上促进人口空间分布与就业状况趋向一致，即工业从业人员居住地与工作地点相统一，鼓励产业园区建设与住宅开发及配套设施建设同步进行，从而保证各乡镇劳动人口从业结构更加趋于合理，城镇化进程更加迅速，以及更大程度降低工业从业人员不必要的通勤成本。

2）在村庄层面，同样鼓励人口空间分布与就业状况相一致，鼓励农业从业劳动人口与农村工业从业劳动人口的居住空间相对分离。即乡村人口从业状况趋于同质化，从事工业劳动的人口更大程度地脱离土地、脱离村庄，在城镇和集镇集中居住。

3.7.2.3.2 县域农村经济区划

Ⅰ西北片区（以矿石原材料产业为主的农村经济区）：位于法库县西北部，包括包家屯乡、卧牛石乡，土地面积为276.75km^2。

Ⅱ西南片区（以旅游产业为主的农村经济区）：位于法库县西南部，包括叶茂台镇、秀水河子镇和丁家房镇，土地面积为492.78km^2。

Ⅲ中北片区（以绿色食品加工业为主的农村经济区）：位于法库县中北部，包括四家子乡、双台子乡、五台子乡、慈恩寺乡和孟家乡，土地面积为507.58km^2。

Ⅳ东北片区（以城镇综合产业为主的农村经济区）：位于法库县东北部，包括法库镇及开发区、十间房乡、柏家沟镇、和平乡，土地面积为384.57km^2。

Ⅴ东南片区（受沈阳辐射，承接产业转移的农村经济区）：位于法库县东南部，包括登仕堡镇、三面船镇、依牛堡乡、冯贝堡乡、大孤家子镇，土地面积为543.51km^2。

3.7.2.3.3 法库县域农村经济区划对村庄布局规划的影响分析

（1）农村人口预测（表3.7.2-3）

各农村经济区现状（2006年）和规划（2020年）人口　　表3.7.2-3

农村经济区	包含乡镇	现状农村人口（人）	农村人口递减率情况	规划人口预测（人）
Ⅰ西北片区	包家屯乡、卧牛石乡	43177	持平（-1.65%）	34200
Ⅱ西南片区	叶茂台镇、秀水河子镇、丁家房镇	65719	持平（-1.65%）	52100
Ⅲ中北片区	四家子乡、双台子乡、五台子乡、慈恩寺乡、孟家乡	80018	低（-1.55%）	64300
Ⅳ东北片区	法库镇、十间房乡、柏家沟镇、和平乡	56148	高（-1.75%）	43800
Ⅴ东南片区	登仕堡镇、三面船镇、依牛堡乡、冯贝堡乡、大孤家子镇	92906	高（-1.75%）	72500
合计		337968	—	266900

（2）产业发展目标（表3.7.2-4）

各农村经济区产业结构和劳动人口从业结构发展目标（2020年）　　表3.7.2-4

农村经济区	包含乡镇	产业结构	劳动人口从业结构
Ⅰ西北片区	包家屯乡、卧牛石乡	15∶60∶35	45∶30∶25
Ⅱ西南片区	叶茂台镇、秀水河子镇、丁家房镇	25∶30∶45	35∶10∶55
Ⅲ中北片区	四家子乡、双台子乡、五台子乡、慈恩寺乡、孟家乡	35∶30∶35	55∶20∶25
Ⅳ东北片区	法库镇、十间房乡、柏家沟镇、和平乡	5∶65∶30	25∶55∶20
Ⅴ东南片区	登仕堡镇、三面船镇、依牛堡乡、冯贝堡乡、大孤家子镇	5∶65∶30	25∶55∶20

3.7.2.4 人口与城镇化

3.7.2.4.1　人口与城镇化水平预测

（1）县域农村人口容量

根据《法库县土地利用总体规划》，确定2020年法库县耕地面积为140096hm^2，由此推算2020年法库县农业从业人口约为7.0万人。

规划确定2020年农业从业人员占乡村劳动力资源比重为50%，乡村劳动力资源占农村人口的比重为55%。

由此计算得出2020年法库县农村人口为25.45万人。

（2）农村人口预测

对法库县城镇化水平预测为，2010年城镇化水平为38%，2015年为44%，2020年为48%。得出2020年规划法库县农村人口为27.6万人。

（3）人口规模确定

本次规划确定2020年法库县农村人口控制目标为27万人。

3.7.2.4.2 各乡镇人口规模预测

根据农村经济区划中规定的农村人口递减率情况和各农村经济区的大概农村人口规模，以及各农村经济区中乡镇产业发展特色，对高（-1.75%）、持平（-1.65%）、低（-1.55%）三种递减率进行修正，将递减率细分为五类：低、较低、持平、较高、高。

3.7.2.5 县域村庄人居体系发展策略

按照村庄的发展方向，可以将集镇以下的村庄分为并入城镇村庄、城镇周边村庄、集聚发展村庄、控制发展村庄和撤并村庄五类。分类的主要依据为村庄的地理位置、人口、经济、特色、发展前景等（图3.7.2-3）。

（1）并入城镇村庄

指现状已经被纳入城镇建成区，或在城镇远期规划中将要被纳入城镇建设用地范围的村庄。这一类村庄未来的发展策略主要是通过撤并归为城镇，作为城镇建成区的一部分，人口也转为城镇人口，村庄的改造可以借助城镇化进程的推动。

并入城镇村庄的确定分两类情况，一类是法库新城范围内的村庄，另一类是乡镇驻地规划建设用地范围内的村庄。法库新城范围内的村庄主要包括现状法库镇内部分已与县城建成区相连或距离临近的村庄。乡镇驻地规划建设用地范围内的村庄主要是现状已与乡镇驻地的建成区相连或位于乡镇驻地未来主要发展方向上且距离相近的村庄。一般情况下，现状这些村庄的中心与乡镇驻地中心的距离不大于1.5km。

图 3.7.2-3　法库县域村庄发展策略规划图

（2）城镇周边村庄

指位于城镇周边的村庄，与城镇中心的距离较近。这一类村庄在未来的发展中可以更多地接受城镇的辐射，积极壮大村级经济，村庄的改造也可以借助城镇化进程的推力。同时，由于与城镇距离较近，这一类村庄可以更多地使用城镇的一些服务设施，特别是市政基础设施。

城镇周边村庄的确定主要根据现状村庄人口规模以及村庄与县城、乡镇驻地中心的距离。县城周边村庄的确定原则要求现状村庄人口规模大于1000人，村庄与县城中心的距离在2~3km。乡镇驻地周边的村庄，如规划后作为中心村，则确定原则要求现状村庄人口规模大于1500人，村庄与乡镇驻地中心的距离在 1~2km；如规划后作为基层村，则确定原则要求现状村庄人口规模大于 500 人，村庄与乡镇驻地中心的距离在 1.5~2.5km。要求相关乡镇和县城在进行公共服务设施和市政基础设施配置时，考虑对城镇周边村庄的辐射并制定合理的服务半径。

（3）集聚发展村庄

指规划设置的中心村。这一类村庄未来的发展策略主要是集聚周边的农村人口，通过村庄建设规划和人居环境整治规划的实施，逐步完善村庄生产生活的各种功能，成为村域的中心。

集聚发展村庄的确定有以下两种情况。一种情况是，行政村合并后原有村委会所在的村庄确定为集聚发展村庄，同时在村庄规划等级上被确定为中心村。另一种情况是，现状自然村其建设用地已与规划中心村相连，则该自然村并入规划中心村，其建设用地可作为中心村建设用地予以整合发展，该自然村在发展类型上也被确定为集聚发展村庄。

（4）控制发展村庄

指规划保留的基层村，或是由于具有某些特色有保留价值的村庄。这一类村庄未来的发展策略主要是有控制的发展，控制人口的数量以及大规模的新建设，设施的配置满足基本的生活要求。

控制发展村庄的确定原则有以下三种情况。第一种情况是，行政村合并后原行政村村委会所在村庄作为基层村予以保留居住功能的，可被确定为控制发展村庄。第二种情况是，与中心村距离大于 1.5km，人口规模大于 500 人，有乡级或乡级以上道路与之相连接，交通较为便利的现状自然村可以确定为控制发展村庄。第三种情况是，现状位于一些特定地区，如具有某些特色有保留价值的村庄等。

（5）撤并村庄

指由于地理位置、人口规模或产业园区建设等原因，在规划中引导向城镇或中心村撤并的村庄。这一类村庄的发展将受到严格的控制，在人口逐步迁移至别处之后逐渐消亡。原村庄建设用地可作为流转建设用地或予以复垦。

撤并村庄的确定主要基于人口规模、距离、地形三个因素。一般情况下，人口规模小于500人，与规划中心村距离过近或超出中心村的服务半径，或者由于地形条件不适于人的居住的村庄可以被确定为撤并村庄。除上述原因以外，还有少数村庄由于产业园区建设的原因被确定为撤并村庄。

（6）行政村合并的原则

主要基于距离和人口规模两个因素。现状行政村村委会所在的居民点之间的距离在3km以内的行政村规划可以考虑合并，由于地形原因所导致的行政村合并，可以适当放大距离要求；距离临近且其中一个行政村村委会所在居民点的人口规模小于800人的行政村，规划与临近的行政村合并。

行政村合并后，如果现状两个行政村的村庄建设用地已经相连，则合并后将两部分建设用地统一整合作为中心村建设用地；如果现状两个行政村的村庄建设用地之间还有一定距离，则选择现状人口规模较大、交通条件较好的村庄作为中心村，另一个行政村的村委会所在村庄作为基层村予以保留居住功能。

（7）特殊情况

有少数自然村的地理位置距离自身所在行政村的村委会所在地距离较远，却非常临近另一个行政村的村委会所在地，且本身人口规模较小。在这样的情况下，规划建议对行政区划进行调整，将这样的自然村合并到与之更为临近的行政村。

3.7.2.6 县域村庄人居体系规划

3.7.2.6.1 县域城乡人居体系规划

县域城乡人居环境体系共分为六个层次，前三个层次为城镇地区，后三个层次为农村地区。针对法库县域内村庄的具体情况，确定法库县城乡人居环境体系结构如表3.7.2-5所示：

法库县城乡人居体系规划　　　　　　　表 3.7.2-5

等级		地区	地域划分
中心城镇		法库新城	
乡镇	建制镇镇区	大孤家子、丁家房、秀水河子、登仕堡、叶茂台、三面船、柏家沟等7个建制镇的镇区	城镇地区
	乡驻地	慈恩寺、孟家、和平、十间房、冯贝堡、五台子、四家子、双台子、卧牛石、依牛堡、包家屯11个乡政府所在地	
中心村	集镇功能	乡镇驻地之下确定29个具备集镇功能的中心村	农村地区
	中心村	行政村经过合并后所确定的除集镇以外的107个中心村	
基层村		中心村以下的87个基层村	

3.7.2.6.2 村庄规模等级规划

确定法库县未来村庄规模等级如表 3.7.2-6 所示。

规划法库县村庄规模等级　　　　　　　表 3.7.2-6

村庄规模 \ 村庄层次	村域（人）	中心村（人）	基层村（人）
大型村	>2500	>2000	800~1200
中型村	1500~2500	1200~2000	500~800
小型村	1000~1500	800~1200	<500

如果是经过行政村的合并后，原行政村村委会所在村庄作为基层村保留的，其人口规模可根据具体情况予以适当放大，这种情况下，大型基层村的人口规模上限可以突破。规划基层村的最小常住人口规模为200人，中心村的最小常住人口规模为800人，村域的最小常住人口规模为1000人。特殊情况可酌情调整（图3.7.2-4）。

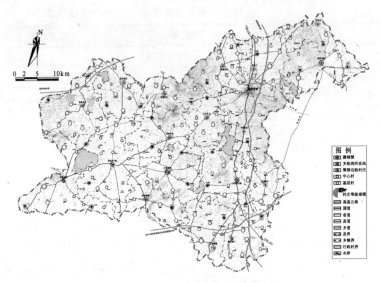

图 3.7.2-4 法库县域村庄人居体系规划图

规划村域土地面积平均为 13.75km²。规划村庄的平均合并距离为 1.5km。规划后,中心村的平均服务半径为 2.3km。

3.7.2.6.3 村庄功能类型规划(表 3.7.2-7)

村庄功能类型规划　　　　表 3.7.2-7

村庄功能类型	所属乡镇	村 庄 名 称
特色种植业型村庄	孟家乡	孟家村、桃山村、孤树子、东岗子
	四家子乡	四家子村、王爷陵、得家地、李祥堡
	丁家房镇	丁家房村、湾柳街、靠山屯、大蛇山子、侯三家子、红土墙子、西大泉眼、兴隆峪、芹菜泡、佘家堡
	双台子乡	新发堡、石头房、姜家窝堡、七家子、大房申、侯家堡
	秀水河子镇	黄家堡、吕家堡
	冯贝堡乡	团山子

续表

村庄功能类型	所属乡镇	村庄名称
特色畜牧业型村庄	孟家乡	孤树子、靠陵沟
	冯贝堡乡	工夫屯
	依牛堡乡	拉马河
	叶茂台镇	叶茂台村
工业产业型村庄	冯贝堡乡	冯贝堡村、榆树堡、富拉堡、务民屯
	登仕堡镇	登仕堡村、巴尔山、达连屯、石碴子
	依牛堡乡	獐草沟、花牛堡子
能源产业型村庄	柏家沟镇	刘大沟
	和平乡	鲍家
	慈恩寺乡	王义官屯、五家子、往户屯
	十间房乡	榆树底、钱家沟、马家沟
	五台子乡	红花岭、梨树沟、罗泉沟、前满洲屯
	双台子乡	大房申
	四家子乡	陶屯、红砂地
	卧牛石乡	卧牛石村
	包家屯乡	三合成、大山屯、前辛秋、刘帮屯、十家子
	叶茂台镇	头台子
乡村旅游型村庄	法库镇	蛇山沟
	四家子乡	公主陵
	丁家房镇	帮牛堡
	叶茂台镇	叶茂台村、杨家堡村
	大孤家子镇	大二道房
	冯贝堡乡	工夫屯

3.7.2.7 分乡镇村庄布点规划

为了更好地便于法库县下辖各乡镇实施本规划，方便落实管理，特详细地进行了分乡镇村庄布点规划方案的制定。在进行分乡镇村庄布点规划时，均按照上文所提出的各种原则及标准确定各村庄的发展策略及规模，同时根据各乡镇的具体情况予以适度的调整和修正，以求更为贴近管理和便于实施。

图3.7.2-5即为法库县19个乡镇中的柏家沟镇村庄布点规划详图。

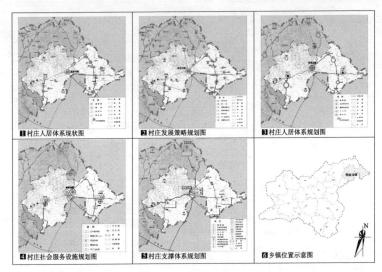

图3.7.2-5 法库县域村庄布点规划——柏家沟镇村庄布点规划图

3.7.2.8 规划评析

该规划与新农村建设和农村城镇化发展密切联系，从村庄分布、农村经济产业特征、城镇建设、村民意愿等多方面综合研究、统筹协调，提出以就业岗位引导农村人口的流向和分配居住在农村地域的人口，同时根据不同地域的产业特点来确定村庄的职能类型和发展方向。该规划的特色在于从村庄规模、功能、产业特征、空间分布的现状分析入手，将村庄划分为并入城镇村庄、城镇周边村庄、集聚发展村庄、控制发展村庄和撤并村庄等五类，制定相应的发展对策。同时，在对县域村庄分布及等级规模进行总体控制的基础上，提出分乡镇的村庄发展类型及等级规模方案，并对总体指标进行校核。

3.7.3 村庄建设规划案例——沈阳市新城子区尹家乡曙光村建设规划

3.7.3.1 概况

曙光村位于沈阳市北部新城子区尹家乡的西北方向，距沈阳市区 24km，距新城子区 22km。曙光村地势平坦，水资源丰富。翻身河由村中南北向贯穿而过，7~8 月最高水位可达 1.5m。区位分析如图 3.7.3-1 所示。

图 3.7.3-1　沈阳市新城子区尹家乡曙光村区位分析图

曙光村是由各地搬迁而来的朝鲜族居民于 1974 年建设起来的朝鲜族行政村，村民的生活习惯还保留有明显的朝鲜族特征，尤其体现在饮食和居住习惯方面。曙光村的产业目前以农业和劳务输出为主，农业以种植水稻为主业。

曙光村为行政村，2005 年现状人口共有 143 户，户籍人口 691 人，户均人口数为 4.83 人，实际居住人口为 760 人，其中 130 人常年出国务工，劳务输出由于语言的便利以面向韩国和日本为主。

3.7.3.2　村庄建设现状

曙光村现状有 1 处集中的居民点，居民点布局南北狭长，村民住宅集中布置在翻身河两岸。曙光村村域用地总面积为 237.36hm^2，其中耕地面积 188.98hm^2，全部为水田。村庄建设用地面积为 21.68hm², 其中宅基地面积 16.97hm², 占村庄建设用地的 78.27%, 人均建设用地面积 314m², 户均宅基地面积为 1187m², 人均宅基地面积为 245m²。村内其他用地（包括闲置地、水域等）面积为 26.7hm²。

曙光村现状宅基地基本为每户 20m×48m, 即每户宅基地面积 960m², 有些住户的宅基地面积更大, 人均宅基地面积远远超出国家的有关标准。宅基地面积的三分之一左右用于住宅及附属用房的建设, 余下部分作为各家自用的菜地。

曙光村内的公共服务设施主要有村委会、卫生所、计划生育服务中心、文化体育广场、棋牌室、浴室和几家小商店等。

道路设施：曙光村主要对外交通干道为一条南北向乡路, 路面宽 5m, 为沥青路面。其余道路均为村内道路, 路面宽 3m, 路况条件较好。至 2005 年末, 曙光村实有道路长度为 7.66km, 实有道路面积为 26810m², 桥梁 2 座。

给水、排水设施：曙光村全村自来水供应依靠村内东侧的 84m 深的深井自来水泵站, 水体经过处理, 水质较好, 埋设 ϕ150mm 的 PVC 管将自来水引入各户。村内没有完整的排水系统, 雨水依靠道路旁的明沟收集排放, 生活污水则为各户挖渗井将污水渗入地下。

电力、电信设施：曙光村电力系统依靠统一的农网供电, 村内有两个变压器。电力线在翻身河两侧架杆设置, 分接入户。电信线路在村民住宅区域的东西外侧架杆设置, 分接入户, 电话普及率达到 100%。

供热、燃气设施：曙光村村民住宅冬季采暖主要依靠以煤、秸秆为燃料的地热及火炕取暖。燃气目前以液化气罐为主, 但村内已建成一座秸秆燃气站, 即将投入使用。已埋设 ϕ100~ϕ75mm 燃气管, 主干管埋设在明渠两侧, 各宅前路设支管接入各户。

环卫设施（垃圾收集、公共厕所）：曙光村内的垃圾采用集中收集的形式处理, 村内均匀布置了 22 处垃圾收集点, 在村东南侧（距村庄 600m）设置垃圾填埋场进行无害化处理。大部分村民使用户外厕所，少数村民使用室内水冲式厕所。

防灾设施：曙光村内目前没有防灾设施。

沈阳市新城子区尹家乡曙光村用地现状见图3.7.3-2。

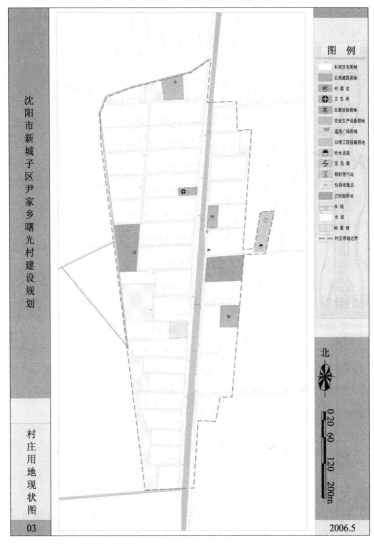

图3.7.3-2 沈阳市新城子区尹家乡曙光村村庄用地现状图

3.7.3.3 规划主要思路

(1) 节约土地，合理调整户均宅基地面积，将原平均每户1187m^2调整为360m^2和450m^2两种宅基地面积类型。

(2) 通过宅基地面积的调整，使得村庄居民住宅建筑用地相对集中，而翻身河东侧置换出的土地则可以作为产业用地，采取招商引资或吸引本村外出打工人员投资办企业的方式，作为村庄发展的产业支撑之一。

(3) 村集体组织可以发挥更大的作用，将水田从每户集中起来进行规模化种植，其利润一部分用来付给每户农田的租金，其余的可以用来进行村庄的公共设施建设。这同样也是村庄发展的产业支撑之一。

(4) 曙光村的总体设计主要考虑朝鲜族村庄及建筑特色的保持和延续，在保持村庄行列式布局特征、保证村庄整体风貌统一的基础上，提高公共服务设施的配置标准。同时，对村庄南北两个主要出入口进行重点设计，增强村庄的界定性、导向性和标识性。

(5) 曙光村的绿化建设要注重品质的提高，确立生态村建设的战略目标，发展成为布局合理、设施配套完善、经济持续发展、环境优美的新农村。

(6) 曙光村的住宅建筑设计，也是考虑到朝鲜族的住宅建筑特色，在住宅建筑外观设计上，采用歇山式屋顶的处理手法并在室内设计等方面保留了朝鲜族民居的特色。

(7) 进行政策设计，保障曙光村规划的顺利实施。

3.7.3.4 村庄发展目标

(1) 村庄发展定位

适应经济社会发展、重视自然人文环境、节约农业土地资源、优化用地布局结构、加强基础设施建设、提高农村综合效应，按照"追求现代功能、鲜明地方特色"的原则，把曙光村建设成为一个以水稻种植业为主导产业、着力发展都市农业、适度发展第二产业的生态型社会主义新农村。

(2) 产业发展

第一产业：目前曙光村水田大部分是租给外村人种植，未来村集体经济组织应该发挥组织协调作用，充分开发利用农业资源，将水田以租赁形式集中起来，实行规模经营、农场化经营。同时也可以在集中的菜园中建设大棚蔬菜，在解决好村庄居民口粮的基础上，副业生产围绕"增加总量、提高效益"的目标。

第二产业：量力而行进行招商引资，利用规划所置换出的村庄建设用地面积，作为曙光村的产业发展用地；其次是利用曙光村是朝鲜族村，平均每户基本上都有一人在国外打工的条件，吸引本村归国人员在本村投资办企业。

第三产业：发挥曙光村的朝鲜族优势，可以相应开发朝鲜族饮食业，体验农家菜。

此外，曙光村的区位条件较好，离市区和新城子区较近，可以发展为城市服务的都市农业产业，如为城市提供蔬菜及副食品等。

(3) 人口发展

考虑到人口自然增长因素和城镇化的影响，规划期内曙光村的人口规模不会有太大的变化，户数基本不变。由于外出打工和上学的原因，规划实际户均人口数预测为4.3人，户数为150户左右，总人口为650人左右。

(4) 产业与居民点布局

在曙光村村域范围内，西部为村庄居民点，其中翻身河东侧为规划的曙光村产业用地；东部为规模化种植的水田。从村庄居民点到水田有三个农业生产的工作通勤出入口，为农民到水田耕作提供方便。村域范围内的翻身河，其水源主要来自辽河，是作为周围水田灌溉用水的水源。在村域东南侧（距村庄600m）设置了垃圾排放场，采取填埋方式进行无害化处理。

沈阳市新城子区尹家乡曙光村村域用地规划见图3.7.3-3。

第3章 镇（乡）域总体规划

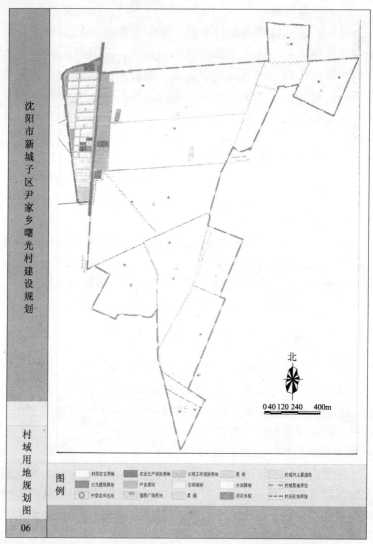

图 3.7.3-3　沈阳市新城子区尹家乡曙光村村域用地规划图

3.7.3.5　村庄建设规划

（1）功能布局

根据曙光村的地形、地貌等特点，确定曙光村功能布局为

"两轴两片":"两轴"包括一条以翻身河形成纵向轴线;另一条以原文化活动广场和教堂组成横向的功能轴线。"两片"是指翻身河东侧的村民生活、公共活动片区和西侧的产业发展片区。

规划将翻身河西侧及村南部的少量村民住宅用地置换至翻身河东侧的文化活动广场以北地区,置换出来的西侧地区则作为曙光村产业发展用地。

规划以原曙光村文化活动广场和教堂形成村公共活动中心。

规划通过宅基地置换,在村庄的南部集中布置菜园,并在菜园南侧建设处理全村污水的污水处理设施和人工湿地。

沈阳市新城子区尹家乡曙光村村庄用地规划见图3.7.3-4。

(2) 生态绿化景观环境

绿色开放空间构建:将农田、水系等自然要素与村庄建设规划有机融合。利用田间道路和排灌渠道,营造水田网格化的防护林带,并和村庄内公共绿地、林荫道、防护绿地等共同构建曙光村的绿色开放空间。

村庄公共绿地建设:根据村庄功能布局合理布置绿化,结合村公共活动中心和主要公共建筑设置绿化活动空间,规划在曙光村公共活动中心、文化活动广场北侧建设一块 $0.15hm^2$ 的公共休闲绿地。在大量宅基地之间间隔布置点状休闲小绿地,以方便居民日常休闲。并利用宅基地与道路间不宜建设的小地块,布置小型绿地,以增加绿地面积。规划公共绿地占村庄建设用地的 5.6%,人均为 $8m^2$,绿化覆盖率达到25%。

"四旁"绿化建设:加快进行绿化"四旁"(村旁、路旁、沟渠旁、住宅旁)。一是依托环村道路和沟渠进行村旁绿化建设,规划建成环村林带;二是进行路旁绿化,沿主要道路进行植树绿化;三是进行水旁绿化,沿翻身河岸两侧以及沟渠旁进行植树绿化;四是开展村庄房前屋后的宅旁植树绿化。

院落绿化美化:院落由村民按照自家喜好布置,首先要对院落进行净化,然后进行绿化和美化,院落里要栽植整洁的草皮、树木和花草。

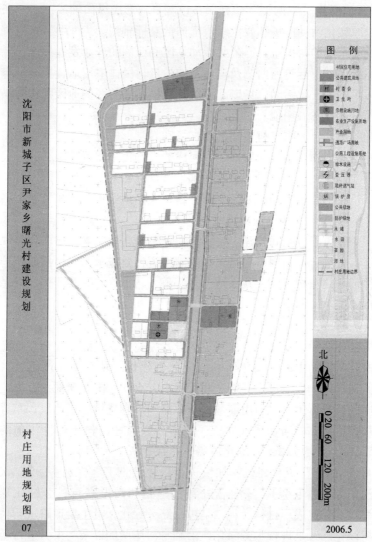

图 3.7.3-4　沈阳市新城子区尹家乡曙光村村庄用地规划图

(3) 宅基地标准及住宅建筑设计

规划宅基地面积主要为两种类型：一种是标准为 $360m^2$ (15m 面宽 × 24m 进深)；另一种为标准 $440m^2$ (18.5m 面宽 ×

24m进深）。少数宅基地面积大小可做适当调整，但必须满足居民基本生活使用要求。

由于居住建筑要从单家独院的形式逐渐向联体式过渡，规划主要选择了两种均为二层的住宅类型，采用户与户之间共用房屋山墙、共用围墙的模式。一种为面宽9m，进深9.5m的住宅类型，其建筑面积为168.4m^2；另一种是面宽13m，进深9m的住宅类型，建筑面积为150.2m^2。

沈阳市新城子区尹家乡曙光村村庄规划总平面图如图3.7.3-5。

3.7.3.6 村庄市政设施规划

（1）道路与交通系统规划

将曙光村现有"枝状"或"鱼刺状"道路结构建设成为网状结构，将现状尽端路通过规划建设外围环路连接起来，形成两环一纵的道路结构。村内道路系统等级分为两级：主要道路为5m，包括翻身河西侧的河西路、环村路等；次要道路为3.5m，主要是从河西路进入村民住宅区的道路。曙光村主要对外出入口维持现状，即村南北两个出入口。在村南出入口的服务中心北侧新建一座过翻身河的车行桥，以连通两条环路；在公共活动中心新建一座人行桥，便于公共活动中心的联系。同时对村北侧的桥进行修建，达到能够通车的要求（图3.7.3-6）。

此外，由于村庄建设用地位于村域西侧，而水田都集中于村域东侧，故在河东路上分别开设向东的三个农业生产的工作通勤出入口，为农民到水田耕作提供方便。

（2）给水规划

集中供水水源是地下水，利用现状村内东部的84m深的深井自来水水泵站，供水水质要达到《生活饮用水卫生标准》。

规划给水管网布置形式采用树枝状的形式，由深井向规划范围内供水，主要管道管径采取300mm，次要管道管径采用150mm（图3.7.3-7）。

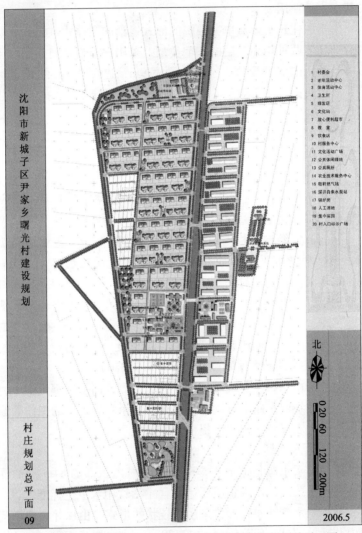

图 3.7.3-5 沈阳市新城子区尹家乡曙光村村庄规划总平面图

3.7 相关案例 109

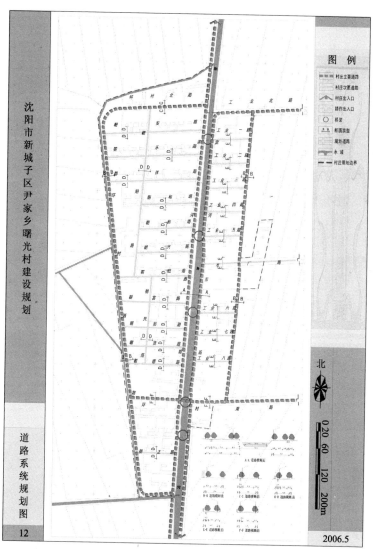

图 3.7.3-6 沈阳市新城子区尹家乡曙光村道路系统规划图

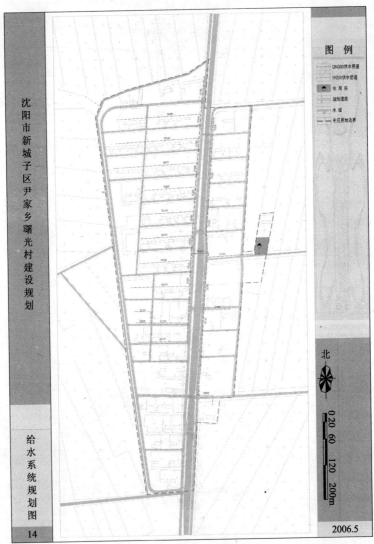

图 3.7.3-7 沈阳市新城子区尹家乡曙光村给水系统规划图

(3) 排水规划

曙光村产生的废水主要为生活污水，采用灰、黑水分离的收集系统，灰水通过场院内的地下渗滤系统（每户）分散处理，黑水先汇入三格式化粪池预处理，溢流水汇入稳定化（贮存）后作农林灌溉水源，粪渣汇入高含水率废弃物厌氧消化处理。

曙光村的污水排放系统主要考虑粪便污水的排放与处理。规划在每个居住组团的下游集中设置一处三格化粪池，各家的粪便污水经水冲厕所通过污水管道汇入所在组团的集中化粪池。化粪池中的粪渣汇入高含水率废弃物进行厌氧消化处理，处理后可以用于农田施肥，化粪池中的黑水则通过敷设于村庄主要道路下的污水总管汇入村庄南部人工湿地，经过人工生态湿地净化的污水，流入翻身河或用于灌溉菜园和农田（图3.7.3-8）。

村庄建设用地的内部则根据地块排水方向，在道路的一侧或两侧设置雨水明沟，沿村内主要道路的明沟上口宽为1m，沿村内次要道路的明沟上口宽为0.5m。翻身河西侧的雨水通过明渠和路边沟部分排入村中的翻身河，部分排入人工生态湿地。翻身河东侧的雨水通过明渠和路边沟排入翻身河。村民居住用地内除屋面外，均为家庭种植用地（自留地）或透水性铺砌的道路与场院，因此雨水可全量下渗用于表面植被蒸腾或浅表地下水补充。

(4) 电力电信

电力：规划利用曙光村现有架空高压电力线，经变压器降压后通过低压线路输往整个村。规划调整在屋上通过的电力线，采用沿路架空线形式。

电信：规划曙光村的电信线路采用沿路架空线的形式。

广播电视和宽带网络系统：村委会要设网络接入点。同尹家乡联通闭路广播电视网和计算机宽带网络。

(5) 燃气

规划利用已建成的秸秆燃气站为气源，埋设 $\phi100 \sim \phi75mm$ 管，主干管埋设在明渠两侧，各宅前路设支管接入各户。秸秆燃气站主要提供农户日常做饭所需要的燃气（图3.7.3-9）。

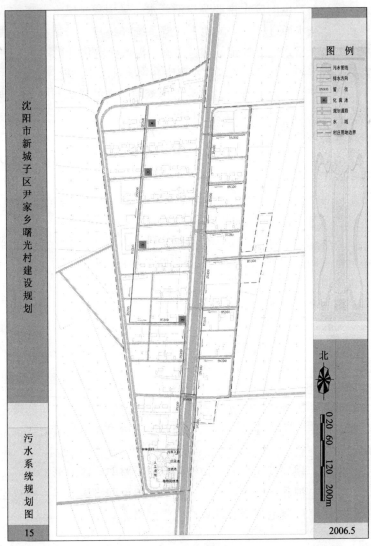

图 3.7.3-8 沈阳市新城子区尹家乡曙光村污水系统规划图

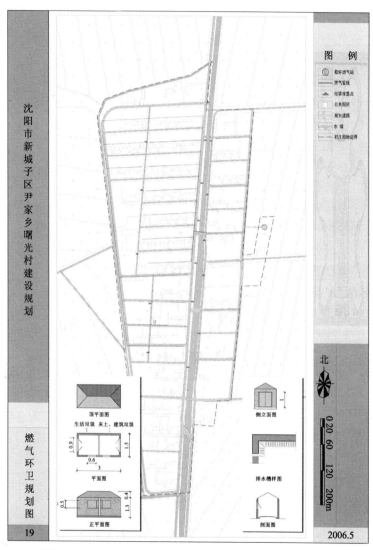

图 3.7.3-9 沈阳市新城子区尹家乡曙光村燃气环卫规划图

(6) 热力

由于曙光村秸秆燃气站的气量不能满足采暖的需要，因此规划拟采用燃煤锅炉作为区域采暖的热源，供回水温度取95℃/70℃。

根据沈阳气象资料，沈阳地区冬季的主导风向为北风及西北风，应将锅炉房区布置在主导风向的下风向。结合规划用地的实际情况，锅炉房区位于深井自来水泵站的路南侧（图3.7.3-10）。

(7) 环卫与环境保护规划

曙光村应建立相应的环境卫生系统，使各种废弃物的收集、运输、中转和处理快速、方便，实现废弃物处理减量化、资源化、无害化，环卫设施装置现代化。

公共厕所：在村庄公共活动中心的体育设施旁设置一公共厕所。规划将各户的旱厕改造为水冲式厕所，水厕入室普及率达到100%。

垃圾箱：生活垃圾收集点的服务半径不大于70m，并在适宜的位置设置垃圾收集点。收集的垃圾运送到距村庄600m外的垃圾填埋场集中卫生处理，以防影响环境。

(8) 防灾规划

村庄规划应考虑避震疏散场地，所有建筑都必须符合防震要求，应考虑地震时居民基本生活保障措施。

曙光村防洪应与当地江河流域、农田水利设施统一考虑，结合辽河50年一遇防洪规划，利用湿地，在翻身河南侧设置橡皮坝，在枯水季节可以起到蓄水的作用，保证村庄较长时期内有较好的水面景观，而在洪涝季节则可以有序地组织排水。实现河水畅通，做到基本无内涝。

村庄道路规划应保证消防通道平行距离在160m之内，且道路的设置保证消防车可直接到达每个住宅。

结合村庄给水管网的布局，在全村设置消防给水管网，其给水管道的最小直径不小于100mm，室外消火栓的间距不大于120m。

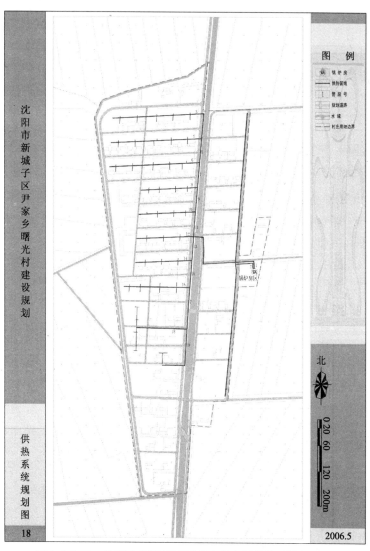

图 3.7.3-10 沈阳市新城子区尹家乡曙光村供热系统规划图

3.7.3.7 规划评析

该规划对曙光村的各项建设进行了全面的安排。规划通过对宅基地的调整,将村庄居民住宅用地的调整与产业用地规划相结合,以保证农村生产的发展。规划尊重了朝鲜族村庄的特点,在村庄的布局和住宅风格中注重朝鲜族村庄建筑特色的保持和延续,并注重农村资源的循环利用和村庄的生态化建设。

3.7.4 村庄环境整治规划案例——沈阳市法库县丁家房镇帮牛堡村人居环境整治规划

3.7.4.1 概况

帮牛堡村隶属于沈阳市法库县丁家房镇,距丁家房镇镇区4km。村域面积1303.76hm^2(图3.7.4-1)。

帮牛堡村属于北温带大陆季风气候,主要特点为:雨热同季,日照充足,春天多大风、干旱天气;冬季冷期长,年平均气温6.7℃;全年日照总时数2786h。

现状产业以农业为主,主要包括玉米种植、蔬菜大棚种植、果树种植以及畜类和禽类养殖。果树种植中以葡萄和梨的发展较为突出。

除农业外,旅游业成为帮牛堡村另一个重要产业。帮牛堡村毗邻五龙山旅游景区,依靠景区游客资源发展农家小院旅游产业及果园采摘观光旅游,成为帮牛堡村现状产业的主要支柱之一。

帮牛堡村2005年共有人口1715人,全村总户数为501户,包括两个集中居民点——帮牛堡和古城子,10个村民小组,村委会设在帮牛堡。帮牛堡(居民点)2004年总人口为1265人,农村劳动力924人。

3.7 相关案例

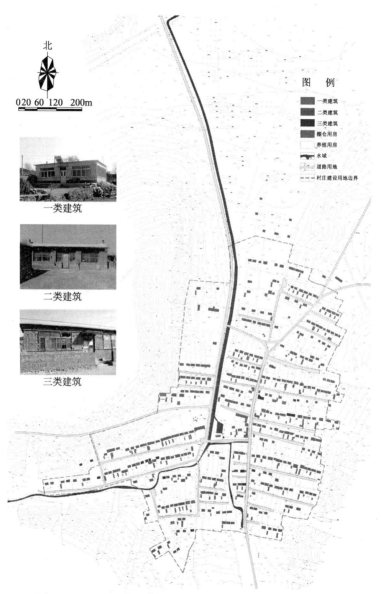

图 3.7.4-1 沈阳市法库县丁家房镇帮牛堡村村庄建筑现状图

3.7.4.2 整治规划目标

改善帮牛堡村的人居环境，解决村民最关心的、最迫切的问题，即整治好村庄道路系统、排水系统，整治村容村貌，改善能源结构，使整治后的帮牛堡村容村貌整洁优美，硬化路面符合规划，饮用水质达到标准，厕所卫生符合要求，排水沟渠明暗有序，垃圾收集和转运场所无害化处理，农村住宅安全经济美观，富有地方特色，面源污染得到有效控制，医疗文化教育等基本得到保障，农民素质得到明显提高，农村风尚得到有效改善。

道路硬化：村内主要通道硬化率100%，其他道路硬化率50%以上。

路灯亮化：道路两旁及主要公共场所安装路灯，亮灯率达到100%。

卫生洁化：实施专人保洁制度，垃圾及时清运，村内无卫生死角，无露天粪坑和简易厕所。有充足、清洁的供水，落实消毒措施。

村貌美化：整顿村容村貌，拆除占道旧房，做到按村庄人居环境整治规划搞建设，无私搭乱建建筑物和构筑物；搞好田边、河边、路边、住宅边的绿化，实现比较合理的村庄布局和功能分区。

沈阳市法库县丁家房镇帮牛堡村人居环境整治规划图见图3.7.4-2。

3.7.4.3 基础设施整治规划

（1）道路整治

村庄道路路面须硬化。硬化路面中，村庄主要道路红线宽度为10~12m，进山主要道路红线宽度为5.5~7m，环村路红线宽度为5.5~6m，入户道路红线宽度为5.5m。根据地块排水方向，道路一般单侧设置排水沟渠，无排水沟渠一侧不做路牙，则雨水可直接渗透进入道路绿化中。

3.7 相关案例

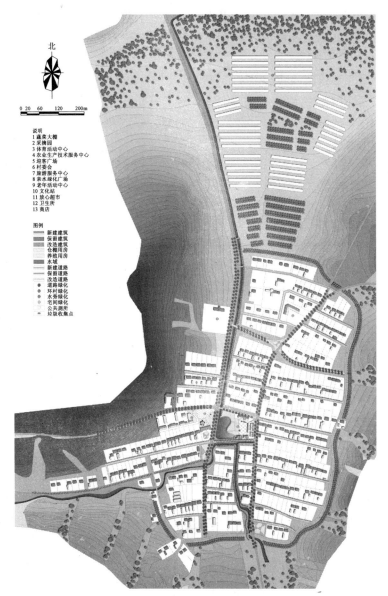

图 3.7.4-2 沈阳市法库县丁家房镇帮牛堡村人居环境整治规划图

村内主要道路采用沥青或沥青混凝土路面，环村路和入户道路采用砂石路面，步行道路可铺砖石。道路标高应低于宅基地标高。

主要道路两侧行道树植株间距为10~12m，可不设树池。入户道路两侧树木植株间距为5m，树木间可种植低矮灌木。

村庄道路断面应设置横坡，坡度介于1%~3%之间。村庄纵坡坡度不小于0.3%，不大于5%。

道路整治中需消除断头路，规划在村庄南部、东部和北部建设环路，连接东部各入户道路。为减少成本，道路铺装采取砂石混合路面。村庄西侧入户的断头路则在端头建设直径为6m的圆形回车场地。

道路整治的内容中还包括村内路灯的设置。规划在村内南北向主要道路的东侧、东西向主要道路的南侧设置路灯，间距为40m一盏。规划在环村路和入户道路上单侧设置庭院灯，间距为30m一盏。东侧的环村路上可不设路灯。

沈阳市法库县丁家房镇帮牛堡村边沟整治规划图见图3.7.4-3。

（2）给水工程

帮牛堡村现状居民用水主要以农户宅基地内的自备井为主，井深一般20~30m，目前水质较好。对于帮牛堡这样暂无条件实施集中供水的村庄，环境整治规划中仍保留农民分散自备井水源，但须加强对分散水源的管理，防止水质污染。结合院落整治，水井周围20~30m的范围之内要尽可能清除污染源，保证水质清洁无污染。

（3）排水工程

村庄污水排放仍然保持现状模式，即生活污水直接排放于宅基地内的渗井。

雨水排放充分利用现有明渠和路边沟，完善其他等级道路边沟，边沟分为上口宽为1m和0.5m两种，边沟需加盖板。村庄雨水通过明渠和路边沟部分排入村中的河道。

3.7 相关案例

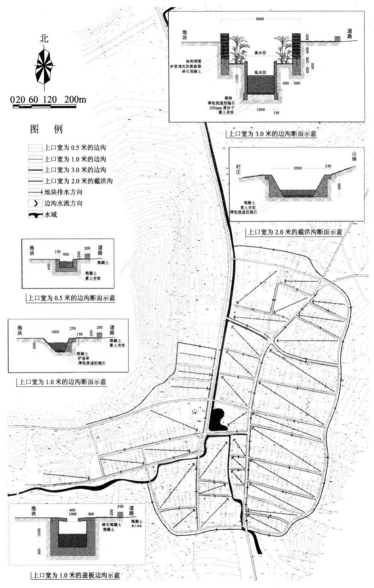

图 3.7.4-3 沈阳市法库县丁家房镇帮牛堡村边沟整治规划图

(4) 电力电信工程规划

电力规划：村庄暂不设置变电站（所），全村配电线路仍接上一级变电站。供电线路的电压等级按所在地区规定的电压标准确定。村庄内部现状供电线路的布置应作适当调整，避免线路从住宅上空穿越，同时应尽量减少线路交叉和穿越。

电信规划：全村电话普及率争取达到100%。电信电缆仍采用架空方式，并结合电信电缆同杆架设有线电视电缆。实现有线电视户户通。

(5) 燃气供热

考虑到帮牛堡村现状建设条件的局限，近期环境整治暂无能力建设集中供热设施及秸秆气化站。因此，规划确定，近期农户依然维持各家各户燃烧柴草的方式代替燃气供应及采暖。但应尽量减少柴草堆对村庄村容环境的影响。在无条件集中堆放柴草的情况下，柴草必须堆于自家宅基地内，禁止堆放于道路或其他公共用地内。有条件的情况下，可考虑集中生产压缩柴草球来替代燃烧原始柴草，减少对环境的影响。

(6) 公共服务设施

规划在现状村委会、现状迎宾广场、村委会南面的空地以及村委会东面地块的区域范围内建设村庄公共活动中心。

村委会选址不变，在原址上进行建筑翻新改造。村委会南面的空置地可在近期建设成为公共绿地，供村民休闲活动使用。

在旅游高峰时期，迎宾广场可以与西侧的旅游服务设施结合，作为游客的集散中心和管理服务中心。旅游服务设施的主要形式为农家乐，功能包括接待、住宿及餐饮娱乐。

村委会东面地块结合现状蓄水池形成绿化活动广场，并围绕广场设置村民公共服务设施，包括卫生所、老年活动中心、文化站、图书室、商店等。

现状小学在整治规划中仍然保留，直到统一搬迁至镇区为止。这期间小学的活动场地还可以作为村民体育活动的场地。

(7) 环卫设施

村庄现状无公共厕所。规划在集中公共活动中心东北角设置1处公共厕所，厕所形式为旱厕。随着集中供水工程的建设，可将旱厕逐步改造为水冲式厕所。

村庄现状无集中垃圾收集点，生活垃圾多被农户倾倒于道路边沟或河沟中。整治规划中，建议根据合理服务半径设置垃圾收集点，由丁家房镇有关部门统一收集运往法库县垃圾处理厂进行集中处理。垃圾收集点的服务半径不大于70m。

(8) 防灾减灾设施和措施

在村庄主要排水河道流经村庄建设用地最北端的地方设置水闸，在枯水季节可以起到蓄水的作用，保证村庄较长时期内有较好的水面景观，而在洪涝季节则可以有序地组织排水。

沿村庄距离环路中心线外侧5m的位置设置上口宽为2m的截洪沟，在雨季可以组织周围山体上汇流下来的雨水进入截洪沟，顺截洪沟的排水走向快速的排入主要排水河道，从而避免大量雨水汇集到村庄内及道路上，造成村庄内部的洪涝灾害。

村庄环境整治期间暂无能力实施集中供水，因而消防用水主要由河流水塘储水代替。整治道路宽度均不得低于3.5m，以保证消防车能够顺利通过。

沈阳市法库县丁家房镇帮牛堡村基础设施整治规划见图3.7.4-4。

3.7.4.4 环境面貌整治

(1) 绿化环境整治

村庄绿化整治体系分为环村绿化、道路绿化、滨水绿化、公共绿地、宅间绿化和院落绿化六个层次。

环村绿化沿外围环路的外侧布置，绿化带的宽度要求不小于10m，绿化配置以具备防风防沙作用的高大乔木为主。

道路绿化沿村庄主要道路布置，绿化配置以高大乔木和灌木沿道路两侧规律种植为主。

滨水绿化沿村内主要水体布置，绿化配置以树形优美、高度适宜的中小型乔木和灌木沿水体两侧种植为主，树下种植草皮。

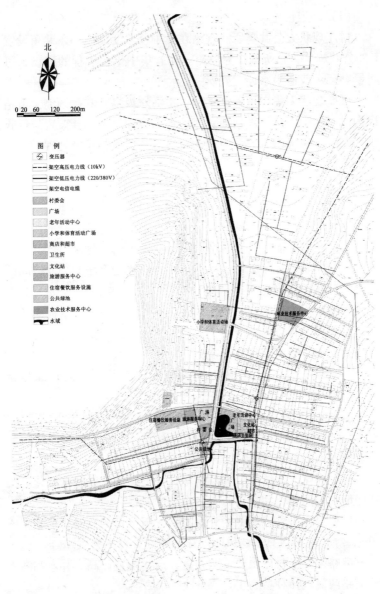

图 3.7.4-4 沈阳市法库县丁家房镇帮牛堡村基础设施整治规划图

公共绿地共有三处。公共活动中心处的亲水绿化广场规模较大，约 0.3hm²，为村民主要的户外休闲活动场所，绿化配置要求结合景观水面，将乔木、灌木和草坪相结合，考虑植物的色彩搭配和高低错落，使整片绿地具备较为强烈的视觉观赏性与活动实用性。村委会前绿化广场由原先空置地改造而成，规模较小，面积约 0.12hm²，种植以草皮为主。村庄南部入口广场由原先林地和闲置地改造而成，将入口景观节点及村民活动场所合为一体，面积约 0.16hm²。绿化配置与中心绿地相类似。

宅间绿化主要沿各条宅间入户道路单侧布置，绿化配置以高度适宜的中小型乔木和灌木间隔种植为主，树下种植草皮。

院落绿化由村民按照自家喜好布置，可结合小片蔬菜种植，突出农家院落的特点。

沈阳市法库县丁家房镇帮牛堡村绿化整治规划图见图 3.7.4-5。

（2）水系整治

村庄水系整治主要对村内的主要排水河道、季节河河道和中心湖面进行整治（图 3.7.4-6）。

主要排水河道需对河道底部进行清理疏通，铲除垃圾，并根据排水方向使河底标高满足排水方向，以防止雨季洪水倒流淹没村内道路。在河道流经村庄建设用地最北端的地方设置水闸，在枯水季节可以起到蓄水的作用，保证村庄较长时期内有较好的水面景观。河道护坡的整治提倡刚性护坡与柔性护坡相结合的模式，既可以满足防洪要求，又可以达到良好的景观效果，同时还为村民创造了亲水场所。

季节河河道整治首先要改变雨季水体随意漫流的状况，根据水体主要流经的通路加深季节河河道。河道底部可放置少量中等大小的石块，在暴雨季节可起到减缓洪水流速的作用。河道底部也可以种植一些容易生长的草类植物，在枯水季节可以使季节河河道有较好的景观效果。

中心湖面的整治是在现状水塘的基础上进行的，目的是在村庄中心位置创造一处景观优美的水面，同时也可以起到蓄水的作用。

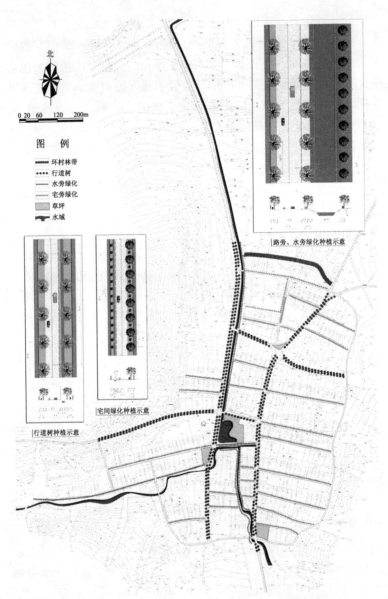

图 3.7.4-5 沈阳市法库县丁家房镇帮牛堡村绿化整治规划图

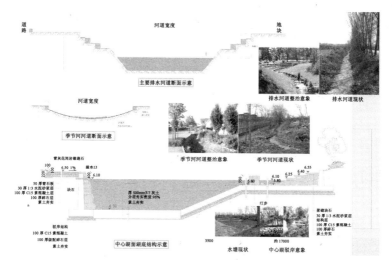

图 3.7.4-6　沈阳市法库县丁家房镇帮牛堡村水系整治规划图

(3) 农房整治

将现状农户住宅按照建筑质量分为三类，对其进行分类整治。整治重点为第三类建筑。一、二类建筑可酌情依照农户意愿自行整治。

三类住宅主要指主体结构有残缺、外观破损严重的住宅。对于此类住宅的改造应针对破损结构的修复、门窗修缮以及室内环境的改善。同时应结合院落环境的整治，改善宅院卫生状况，提高院落空间的使用效率，美化宅前环境，提升居住生活品质（图 3.7.4-7）。

(4) 大门、院墙整治

大门、院墙的整治力求体现浓郁的乡村风情，兼顾美观与实用。采用地方性的砖、石为基本材料，构成实体墙面，间以绿化和木材组成的虚体墙面，一方面能够打破围墙的密实感，另一方面可随季节变更呈现丰富的色彩变化。院门基本采用木门的形式，可用瓦顶或花架作为顶部装饰。通过自然与人工相结合的设计手法使院门和院墙散发乡村的自然气息和勃勃生机（图 3.7.4-8）。

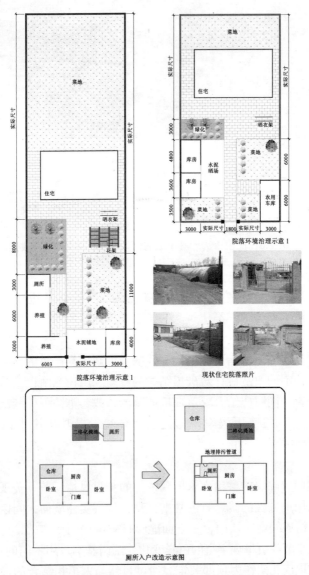

图 3.7.4-7　沈阳市法库县丁家房镇帮牛堡村院落整治示意图

3.7 相关案例

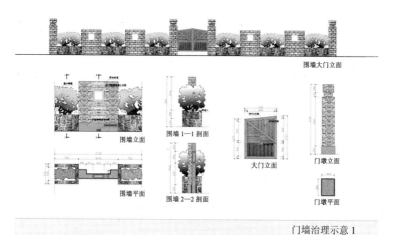

门墙治理示意 1

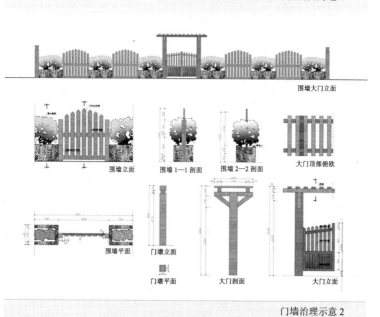

门墙治理示意 2

图 3.7.4-8　沈阳市法库县丁家房镇帮牛堡村门墙整治示意图

(5) 节点详细规划

村庄环境整治期间重点进行两处节点的建设。其一为中心公共活动区,其范围包括村委会、迎宾广场、村委会南侧公共绿地以及公共活动中心,面积约为 $1.8hm^2$。另一处建设为村庄南入口节点。该节点位于入口干道东侧,面积约为 $0.16hm^2$(图3.7.4-9)。

环境整治投资估算见表3.7.4-1。

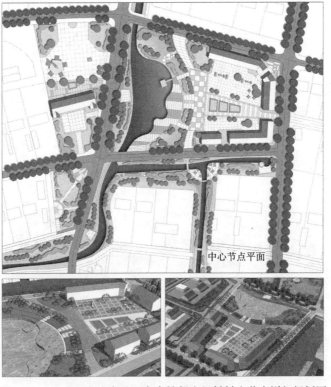

中心节点平面

图3.7.4-9 沈阳市法库县丁家房镇帮牛堡村村庄节点详细规划图

环境整治投资估算   表 3.7.4-1

序号	项目名称和内容	单位	工程量	单价	总价(万元)
1	乡道改造(边沟盖板,单侧路灯,道路绿化)	m	1220	150元/m	18.3
2	主要道路改造(单侧边沟)	m	3470	50元/m	17.4
3	环路改造	m	1780	80元/m	14.2
4	入户道路道路(砖石道路,单侧边沟)	m	1940	60元/m	11.6
5	东部环路外侧排洪沟	m	900	50元/m	4.5
6	季节河治理	m²	2090	25元/m²	5.2
7	中心水塘治理	m³	6000	30元/m³	18.0
8	行道树(主要道路两侧)	株	420	50元/株	2.1
9	宅间行道树(入户道路一侧)	株	500	40元/株	2.0
10	环村防风绿化带建设	株	300	50元/株	1.5
11	水旁绿化	株	330	30元/株	1.0
12	村委会前绿地	m²	3000	30元/m²	9.0
13	滨河绿化治理	m²	15000	40元/m²	60.0
14	南入口节点绿化广场治理	m²	1600	50元/m²	8.0
15	中心活动区亲水绿地	m²	2900	30元/m²	8.7
16	中心活动区硬质广场建设	m²	1100	80元/m²	8.8
17	中心区老年活动室建设	m²	450	350元/m²	15.8
18	中心区文化站建设	m²	400	350元/m²	14.0
19	中心区卫生室建设	m²	250	350元/m²	8.8
20	中心区商店建设	m²	200	350元/m²	7.0
21	宅间绿化	m²	2000	30元/m²	6.0
22	集中垃圾收集点	处	22	800元/处	1.8
23	村委会改造	m²	350	200元/m²	7.0
24	公共厕所	处	1	20000元/处	2.0
25	庭院治理	户	150	1000元/户	15.0
26	农宅改厕	户	50	500元/户	2.5

续表

序号	项目名称和内容	单位	工程量	单价	总价（万元）
27	整理电力线、电信线路			50000元	5.0
28	村民住宅中三类住宅改造	m^2	1500	100元/m^2	15.0
29	围墙大门	m	12000	100元/m	120.0
30	橡皮坝	m	10	1000元/m	1.0
	合计				408.6

3.7.4.5 规划评析

该规划从改善帮牛堡村最基本的生产生活条件和人居环境为目标，所确立的整治目标立足现状，符合农村特点，规划内容全面，并突出重点。规划特色在于对村庄空间设计、农房整治、设施配置以及村庄环境塑造等方面的整治均结合了该村庄发展农村旅游业的产业特点。

第4章 镇区总体规划

4.1 镇区总体规划编制概况

4.1.1 镇区总体规划的作用

镇区总体规划的作用是：以镇域总体规划为依据，综合研究和确定镇区的性质和空间发展结构，预测人口和用地规模，统筹安排镇区各项建设用地，合理配置各项基础设施和公共设施，处理好远期发展与近期建设的关系，指导镇区合理发展。镇区总体规划的期限一般为 20 年。

由于乡和镇同为我国宪法规定的最低行政区划，其行政体制具有很大的相似性。因此，乡集镇总体规划对乡而言具有相同的作用。本章针对镇区总体规划编制的内容也适用于乡集镇总体规划的编制。

4.1.2 镇区总体规划编制的前期准备、主要内容及编制审批程序

（1）镇区总体规划编制的前期准备

镇区总体规划编制阶段应收集的基础资料包括：

1）地质资料。工程地质，即镇区所在地域的地质构造（断层、褶皱等），地面土层物理状况，规划区内不同地段的地基承载力以及滑坡、崩塌等基础资料；地震地质，即镇区所在地区断裂带的分布及地震活动情况，规划区内地震烈度区划等基础资料；水文地质，即规划区地下水的存在形式、储量、水质开采及

补给条件等基础资料。

2）测量资料。主要包括镇区平面控制网和高程控制网、镇区地下工程及地下管网等专业测量图以及编制规划必备的各种比例尺的地形图等。

3）气象资料。主要包括温度、湿度、降水量、蒸发量、风向、风速、日照、冰冻及灾害性天气等基础资料。

4）水文资料。主要包括江河湖海水位、流量、流速、水量、洪水淹没界线等。山区乡镇应收集山洪、泥石流等基础资料。

5）历史资料。主要包括乡镇的历史沿革、城址变迁、建设区的扩展以及镇区规划历史等基础资料。

6）经济与社会发展资料。主要包括乡镇国民经济和社会发展现状及长远规划、土地利用与基本农田保护规划等有关资料。

7）人口资料。主要包括现状及历年镇域和镇区常住人口、暂住人口、人口的年龄构成、劳动力构成、自然增长人口、机械增长人口、从事农业生产劳动人口分布比例等资料，人口普查资料，镇区周边地区人口数量、中心村和基层村人口等。

8）土地利用资料。主要包括现状及历年镇域土地利用分类统计、用地增长状况、建设区内各类用地分布状况、基本农田保护区等。

9）工矿企事业单位的现状及规划资料。主要包括用地面积、建筑面积、产品产量、产值、职工人数、用水量、用电量、运输量及污染情况等。工业园区发展现状及发展设想，主要包括工业园区现状（性质、规模和主要企业类型）、工业园区发展的设想、工业园区规划资料。

10）交通运输资料。主要包括对外交通运输、镇内交通的现状和发展预测（用地、职工人数、客货运量、流向、对周围地区环境的影响以及镇区道路的路幅、横断面形式、公交线路条数及具体走向、公交站场位置及用地规模、公共停车场布点及用地面积、加油站布点、用地面积等）。

11）各类仓储资料。包括用地、货物状况以及使用要求的现状和发展预测。

12）镇区居住设施资料。包括各主要居住地段的分布，各类型住宅建筑的面积，居民住宅建筑质量、人口分布等。

13）行政、经济、社会、科技、文教、卫生、商业、金融、涉外等机构及人民团体的现状和规划资料。主要包括发展规划、用地面积和职工人数等。

14）建筑物现状资料。主要包括现有主要公共建筑的分布状况、用地面积、建筑面积、建筑质量等，现有住宅的情况以及住房建筑面积、居住面积、建筑层数、建筑密度、建筑质量等。

15）工程设施资料（指市政工程、公用事业的现状资料）。主要包括给水、排水、电力、电信、燃气、供热等工程设施的场站及其设施的位置与规模，管网系统及其容量，防洪工程，消防设施等。

16）园林、绿地、风景区、文物古迹、古民居保护等资料。

17）人防设施及其他地下建筑物、构筑物等资料。

18）环境资料。主要包括环境监测成果，各厂矿、单位排放污染物的数量及危害情况，镇区垃圾的数量及分布，其他影响镇区环境质量有害因素的分布状况及危害情况，地方病及其他有害居民健康的环境资料。

19）镇区及周边区域旅游业现状及发展设想。主要包括旅游资源分布、特色及旅游线路；旅游设施——宾馆、饭店、娱乐场所等的布局、数量、等级；旅客源数量及淡旺季分布。

以及其他相关资料，包括年度政府工作报告、近 5~10 年统计年鉴、5~10 年经济发展规划、地方志等。

(2) 镇区总体规划编制的主要内容

1）从镇域及上一级区域研究镇区的发展条件，确定镇区性质和发展方向，划定镇区规划区范围；

2）在分析土地资源状况、建设用地现状和经济社会发展需要的基础上，提出规划期内镇区人口及用地发展规模；

3）确定镇区建设与发展用地的空间布局、功能分区，确定居住、公共建筑、生产、公用工程、道路交通系统、仓储、绿地等建筑与设施建设用地的空间布局，做到联系方便、分工明确，划清各项不同使用性质用地的界线；

4）确定镇区对外交通系统的布局以及车站等主要交通设施的规模和位置，确定镇区道路系统的走向、红线宽度、断面形式、主要交叉口形式，确定主要广场、停车场的位置、容量；

5）综合协调并确定镇区供水、排水、供热、供电、电信、燃气、消防、环卫等设施及其工程管线的具体安排，按照各专业标准规定，确定空中线路、地下管线的走向与布置；

6）确定园林绿地系统的发展目标及总体布局；

7）确定环保和防灾等方面的发展目标，并综合安排各项设施的总体布局；

8）确定需要保护的风景名胜、文物古迹、传统街区，划定保护和控制范围，提出保护措施；

9）确定旧镇区改造和用地调整的原则、方法和步骤；

10）对中心地区和其他重要地段的建筑体量、体型、色彩提出原则性要求；

11）编制镇区近期建设规划，确定近期建设目标、内容和实施部署；

12）进行综合技术经济论证，提出规划实施步骤、措施和方法的建议。

（3）镇区总体规划的编制审批程序

镇区总体规划的编制工作一般分为以下 5 个阶段：项目准备、现状调查、纲要编制、成果编制和上报审批。

镇区总体规划由镇人民政府组织编制。镇区总体规划的纲要阶段成果评审，由镇人民政府组织召开专门的纲要审查会，对规划方案和重大原则进行审查，提出明确的审查意见及修改意见，形成正式的会议纪要。规划编制机构根据会议纪要对纲要进行修改，由委托方报请上级人民政府规划行政主管部门批复。审查批复后的纲要成果作为编制规划正式成果的依据。

镇区总体规划由上一级人民政府审批。镇区总体规划编制完成后，审批机关应当组织专家和有关部门进行审查。在报上一级人民政府审批前，应当先经镇人民代表大会审议，代表的审议意见交由本级人民政府研究处理。同时，镇人民政府应当依法将规划草案予以公告，并采取论证会、听证会或者其他方式征求专家和公众的意见。公告的时间不得少于30日。镇人民政府报送审批镇区总体规划，应当将本级人民代表大会常务委员会组成人员或者镇人民代表大会代表的审议意见和根据审议意见修改规划的情况一并报送。应当充分考虑专家和公众的意见，并在报送审批的材料中附具意见采纳情况及理由。

镇人民政府应当组织有关部门和专家定期对镇区总体规划实施情况进行评估，并采取论证会、听证会或者其他方式征求公众意见。镇人民政府应当向本级人民代表大会常务委员会、镇人民代表大会和原审批机关提出评估报告并附具征求意见的情况。当符合我国的《城乡规划法》规定的规划修改条件时，可以按照规定的权限和程序修改镇区总体规划。修改镇区总体规划前，镇人民政府应当对原规划的实施情况进行总结，并向原审批机关报告；修改涉及其中强制性内容的，应当先向原审批机关提出专题报告，经同意后，方可编制修改方案。修改后的镇区总体规划，应当依照《城乡规划法》所规定的审批程序报批。

4.2 镇区职能、性质与规模

4.2.1 镇区职能与性质

4.2.1.1 镇区职能

镇区职能是指城镇镇区在地区的政治、经济、文化生活中所承担的任务和作用。其内涵包括两方面：一是镇区在区域中的作用；二是镇区为其自身发展（包括农村）服务的作用。镇区职能表现为城镇结构的各部分相互联系、有机统一的主要社会功效。

按在城镇生活中的地位，镇区职能一般可划分为4大类，18小类，见表4.2.1-1。

城镇（镇区）职能分类　　　　表4.2.1-1

职 能 大 类	职 能 小 类
中心职能	1. 片区性中心城镇
	2. 地区性中心城镇
	3. 地方性中心城镇
综合职能	1. 区域性综合城镇
	2. 地方性综合城镇
专门化职能	1. 工业城镇
	2. 矿业城镇
	3. 交通枢纽城镇
	4. 专业商贸城镇
	5. 兵团农场服务城镇
	6. 边贸城镇
	7. 卫星镇
特殊职能	1. 文化旅游城镇
	2. 康疗休闲城镇
	3. 革命纪念地城镇
	4. 边防城镇
	5. 军事职能城镇
	6. 科学研究城镇

（1）一般性综合职能城镇。是一定区域内重要的经济、文化中心，为区域内商业服务、集市贸易的中心，以及农副产品集散地和工业集中地。

（2）以某种专门化经济职能为主的城镇。是大型工矿企业所在地，或是交通枢纽、区域性专项物资集散地，如工矿镇、港口镇、专业商贸镇等。

（3）特殊职能的城镇。少数以风景、疗养、保护和革命纪念地为主要性质的小城镇，如依附风景区的旅游服务镇、新型主题型城镇、革命纪念地城镇、特殊科研基地城镇等。

4.2.1.2 镇区性质

镇区性质是指镇区在一定区域内政治、经济和文化生活等方面所处的地位和所担负的主要职能。镇区性质是标明镇区类属的概念，反映城镇特定的性质。它是由组成镇区基本因素的性质所决定的。

（1）确定镇区性质的依据

镇区性质的确定，可以通过对乡镇地理、资源、地区经济和社会发展计划、乡镇历史和现状等资料进行分析，从它在区域政治、经济、文化生活中的地位和作用，以及促使它历史形成和发展的基本因素等两方面去认识。

1）乡镇地理

乡镇所在地区的地理和自然条件，对乡镇的形成和发展有重要的影响。因此在确定镇区性质时必须了解区域的地形、地貌、水文、地质、气象及地震等自然条件，了解地理环境的容量、交通运输现状和发展方向以及城镇网络的分布及发展趋向等。这对乡镇发展用地选择、工业企业的设置、布局起着决定性作用。

2）乡镇资源

通过对乡镇所在区域的各项资源条件进行全面分析和评价，并与国内相关地区作对比，搞清城镇发展在资源供应方面的有利条件与限制因素。这对因地制宜、扬长避短地确定区域与乡镇的发展方向和发展重点有重要意义。对乡镇发展有直接影响的资源有农业资源、水资源、森林资源、风景资源、矿产资源、能源资源、人力资源等。

3）区域经济结构与经济联系

区域经济结构包括生产结构、消费结构、就业结构等多方面内容。将区域生产结构与资源结构、消费结构相结合，可以认识经济结构现状的利弊，明确经济结构调整的重点和方向。经济联系是生产力布局和地域经济结构特点与差异的反映，全面分析区内和区际的经济联系，尤其是产、运、销之间的地域联系，可以为调整生产力布局和区域经济结构提供重要依据。

4) 国民经济和社会发展规划

乡镇发展应以国民经济和社会发展规划以及上一层面的区域规划为依据。如在乡镇或乡镇附近有无大型工矿企业项目，有无规划的交通干线或其他大型基础设施，经济和社会发展规划或区域规划对乡镇有无特殊规定和要求等。这些都会对乡镇发展产生重要的影响，是确定镇区性质的重要依据。

5) 乡镇历史与现状资料

乡镇的历史是一面镜子，对今后的发展有重要的借鉴作用。应了解乡镇产业发展的社会经济背景和区位地理条件，乡镇职能、规模和影响范围的历史演变以及引起乡镇发展变化的内外部原因等。

乡镇现状是发展的基础，通过重点分析生产、生活水平和设施现状，各类用地的使用特征和比例，各个系统的运转质量和效能，找出影响乡镇发展的主要矛盾，明确发展前景。掌握乡镇发展历史和现状是正确确定镇区性质的基本前提。

(2) 镇区性质的分析与论证

正确拟定镇区的性质，应综合分析乡镇的主要因素及其特点，现状的经济结构状态；明确其主要职能，并根据乡镇经济发展的趋势，分析乡镇经济发展的潜力和优势，指明它的发展方向。

镇区性质是由推动乡镇形成与发展的主导基本因素所决定，由该因素组成的基本部门的主要职能所体现。因此确定镇区性质时，应综合分析乡镇发展的主导因素及其特点，明确它的基本部门及其主要职能。

镇区性质确定的一般方法是采用"定性分析"与"定量分

析"相结合,以定性分析为主,定量分析为辅。

1) 定性分析

定性分析就是运用科学理论去把握客观现象本质的规定性。通过全面分析乡镇在地区政治、经济、文化生活中的地位和作用,探寻促使乡镇形成和发展的基本因素,从而确定乡镇的主要功能。多数乡镇是通过分析其在地区内经济优势、资源、与邻近乡镇经济联系和分工等来确定乡镇的主要发展方向,并以此带动乡镇所属地区的经济协调发展,取得较好的经济效果。

2) 定量分析

定量分析就是在定性分析的基础上对乡镇的职能,特别是对经济职能作进一步的定量分析,采用一定的技术指标,从数量上去表达和论证主导的职能或生产部门。定量分析中通常采用的技术指标有各类产业或各个生产部门的产量、产值、职工人数、用地等。通过不同产业或部门之间上述指标的相互比较,计算分析它们在乡镇经济职能中所占的比重,一般情况下,当某项指标超过总量的20%~30%时,可确定其为主导部门。

(3) 镇区性质的表述方法

性质表述形式:区域地位作用+产业发展方向+城镇特色或类型,构成镇区规划性质的要素见表4.2.1-2。

构成镇区规划性质的要素   表4.2.1-2

外向功能	行政关系	产业结构	环境、历史文化及资源特征
地域交通与物资储运中心	建制镇(镇政府驻地)	地域的政治、经济、科技、文化中心	历史文化名镇
	集镇(乡政府驻地)		风景旅游城镇
区域性专项物资集散地		以某种工业为主导的城镇	矿山城镇
科技城	中心镇(建制镇服务功能的性质、非一般行政建制)	地域的文教科技医疗卫生服务中心	能源工业城镇(水电站、坑口电站)

续表

外向功能	行政关系	产业结构	环境、历史文化及资源特征
康疗休闲中心	商贸集镇（非乡镇政府驻地，而非农民集聚的居民点）	农业经济资源加工工业基地	滨江城镇
大都市的卫星镇			山区城镇
国防军事基地		兵团农场城镇、国营农场城镇	
国际口岸城镇			革命纪念地

4.2.2 镇区规模预测

4.2.2.1 镇区人口规模

镇区人口规模是指在一定时期内镇区人口的总数。镇区人口总数应为镇区所辖地域规划范围内常住人口的总和，即居住在规划镇区范围内的户籍人口（包括非农业人口和农业人口）和居住半年以上的外来非户籍人口。它是编制镇区总体规划的基础指标和主要依据之一，影响着镇区规划用地的大小、建筑类型和层数高低及其比例、生活服务设施的组成和数量、交通运输量和交通工具的选择及道路的标准、市政公用设施的组成和标准、镇域内的镇村布局等一系列重大问题。

（1）镇区合理人口规模分析

镇区人口规模的确定，不能就镇区本身而论，而是应该通过县域规划和乡镇域总体规划来确定。首先，在确定镇区人口规模时，应进行县域城镇体系的合理性分析，着重分析在各自的条件、职能、分工的基础上形成的城镇规模结构。在县域城镇体系的分析中，要注意分析城镇体系与资源储量及其合理分布相适应，与县域工农业生产和人口分布相适应，以取得最佳的城镇体系规模结构，使各级城镇能带动区域社会经济发展。

其次，要进行农村剩余劳动力转化的分析。由于农村经济体制的改革，大量农村剩余劳动力从农业中解放出来并转入非农产业，镇区人口的机械增长成为镇区人口增长的主要来源。因此，要分析城镇的行政范围内农业发展情况，农业用地和所需劳动力的数量，计算农村剩余劳动力的规模。还要根据县域城镇体系的分析合理分配农村剩余劳动力人口数，明确重点发展的城镇（集镇），确定镇区的规模。

第三，要进行建设条件的"门槛"分析。在一定的经济技术条件下，镇区不可能无限制地发展，在镇区的发展中会受到某些因素的制约，如水资源条件、用地条件、环境容量限制等，即镇区发展的门槛。跨越这种发展的门槛将会一次性增加镇区发展的投资成本。镇区人口规模的确定应尽量避免跨越这种门槛。

（2）镇区人口规模预测

对乡镇而言，人口增长速度和发展规模受自然增长率和机械增长率所支配。人口的自然增长是有计划的，机械增长则是由社会经济发展条件和国家及地方的政治经济形势所决定的，实质上是一个劳动力的扩大再生产过程。因此，镇区人口规模的预测应综合考虑人口自然增长规律和经济发展规律，具体预测方法有多种，且每种方法都各有利弊。应针对乡镇不同的具体情况，选取一种较为适宜的方法为主，同时以其他方法进行验算、校核。

1）综合分析法

综合分析法是目前我国各地进行城镇规划时普遍采用的一种预测方法。其特点是，在预测人口时，将自然增长和机械增长两部分叠加。计算公式为：

$$Q = Q_0(1+k)^n + P$$

式中　Q——总人口预测数（人）；

　　　Q_0——总人口现状数（人）；

　　　k——规划期内人口的自然增长率（%）；

　　　P——规划期内人口的机械增长数（人）；

　　　n——规划期限（年）。

现状人口数以人口调查分析的结果为准，人口自然增长率和机械增长率则在历年人口变化分析的基础上，综合考虑今后发展的需要与可能而定。

2）经济发展平衡法

依据"按一定比例分配社会劳动"的基本原则,根据国民经济与社会发展规划的相关指标和合理的劳动构成,以某一类关键人口的需求总量乘以相应系数得出镇区人口总数。经济发展平衡法的关键是分析乡镇劳动力的需求、劳动力的合理利用和劳动力的再生产。在市场经济条件下,应综合分析预测社会经济发展的速度、规模和水平,并以此来决定劳动力的需要量。

经济发展平衡法依赖详尽科学的社会经济发展研究和预测,依赖深入透彻的人口构成与人口变化的调查和分析,以劳动力需求和劳动平衡为基本前提,合理确定乡镇人口劳动构成,并由此预测镇区人口规模。它适用于对市场经济条件下以经济为主导功能、新建或有较大发展的镇区或开发区进行人口规模预测。

基本的计算公式为:

$$镇区人口发展规模 = \frac{经济发展总量}{人均劳动生产率} \times \frac{1}{劳动人口的百分比}$$

式中 经济发展总量——规划期末的经济发展总量;

人均劳动生产率——规划期末可能达到的劳动生产率;

劳动人口的百分比——规划期末劳动人口的百分比。

3) 劳动平衡法

劳动平衡法建立在"按一定比例分配社会劳动"的基本原理基础上,以社会经济发展规划确定的基本人口数和劳动构成比例的平衡关系来预测镇区人口规模。

$$\frac{镇区人口}{发展规模} = \frac{基本人口规划数}{基本人口的百分比}$$

$$= \frac{基本人口规划数}{1-(服务人口的百分比+被抚养人口的百分比)}$$

上式中,被抚养人口的比重,可从人口年龄构成分析中得到;服务人口的比重,可综合考虑城镇居民的生活水平、镇区规模、作用和特点等来确定。因此,掌握了在镇区基本因素部门工作的职工的规划人数后,镇区人口规模就可以利用上式计算得到。

根据现阶段年龄构成和劳动构成统计资料的汇总分析，城镇被抚养人口的比例，远期一般可控制在42%~52%；服务人口的比例可控制在17%~22%；基本人口的比例可控制在31%~36%。

4）区域分配法（城镇化水平法）

以区域国民经济发展为依据，对县（市）域总人口增长采用综合平衡法进行分析预测，然后根据区域经济发展水平预测城镇化水平，将县域城镇人口根据区域生产力布局和城镇体系规划分配给县（市）域内各个乡镇的镇区或集镇。

$$P = P_0 - (P_1 + P_2 + P_3 + \cdots P_{n-1})$$

式中　　P——规划镇区人口；

　　　　P_0——县（市）域规划城镇总人口；

　　　　P_n——县（市）域范围内除规划城镇外其他镇区（或集镇）人口。

上述四种镇区人口规模预测方法都只预测了镇区的常住人口，而镇区人口规模的预测还需考虑流动人口的因素。流动人口数量直接涉及乡镇交通、商业、服务业等设施的规模与布置。因此，镇区总体规划必须充分预计流动人口的变化，根据具体情况将流动人口数量按一定比例折算计入镇区人口规模。

4.2.2.2　镇区用地规模

镇区用地规模是指规划期末镇区建设用地范围的大小。镇区用地规模受城镇性质、经济结构、人口规模、自然地理条件、用地布局特点、新建项目的用地指标和乡镇发展历史的影响。用地计算范围应当与人口计算范围相一致。

（1）镇区规划用地规模确定

镇区规划用地规模的预测应根据镇区规划预测的人口规模和镇区用地定额指标综合确定，镇区的规划人口以镇区总人口来计算，根据不同镇区的人均建设用地定额指标，计算出镇区的规划用地规模。即：

镇区用地规模 = 预测的镇区人口规模 × 人均建设用地指标

根据《镇规划标准》，规划人均建设用地指标划分为四级。确定某一镇区的规划人均建设用地指标等级时，必须根据现状人均建设用地的水平，按照表4.2.2-1的规定确定。所采用的规划人均建设用地指标应同时符合指标级别和允许调整幅度的双因子限制要求。

人均建设用地指标分级　　　　　　　　表4.2.2-1

级　别	一	二	三	四
人均建设用地指标（m²/人）	60~80	80~100	100~120	120~140

注：1. 新建镇区的规划人均建设用地指标应按第二级确定；当地处现行国家标准《建筑气候区划标准》GB 50178的Ⅰ、Ⅶ建筑气候区时，可按第三级确定；在各建筑气候区内均不得采用第一、四级人均建设用地指标。
2. 对现有的镇区进行规划时，其规划人均建设用地指标应在现状人均建设用地指标的基础上，按表4.2.2-2规定的幅度进行调整。第四级用地指标可用于Ⅰ、Ⅶ建筑气候区的现有镇区。

规划人均建设用地指标　　　　　　　　表4.2.2-2

现状人均建设用地指标（m²/人）	规划调整幅度（m²/人）
≤60	增0~15
60~80	增0~10
80~100	增、减0~10
100~120	减0~10
120~140	减0~15
>140	减至140以内

注：规划调整幅度是指规划人均建设用地指标对现状人均建设用地指标的增减数值。

（2）建设用地构成比例

建设用地构成比例是人均建设用地指标的辅助指标，是反映规划用地内部各类用地数量的比例是否合理的重要标志。镇区总体规划中的居住、公共设施、道路广场以及绿地中的公共绿地4类用地占建设用地的比例宜符合表4.2.2-3中的规定。

4.2 镇区职能、性质与规模

建设用地比例　　　　　　表 4.2.2-3

类别代号	用地类别	占建设用地比例（%）	
		中心镇镇区	一般镇镇区
R	居住用地	28~38	33~43
C	公共设施用地	12~20	10~18
S	道路广场用地	11~19	10~17
G1	公共绿地	8~12	6~10
四类用地总和		64~84	65~85

对于通勤人口和流动人口较多的乡镇，其公共设施用地所占比例可选取规定幅度内的较大值。对于邻近旅游区及现状绿地较多的镇区，其公共绿地所占建设用地的比例可大于所占比例的上限。

(3) 镇区用地分类

镇区用地应按土地使用的主要性质划分为：居住用地、公共设施用地、生产设施用地、仓储用地、对外交通用地、道路广场用地、工程设施用地、绿地、水域和其他用地9大类，30小类，见表4.2.2-4。

镇用地的分类和代号　　　　表 4.2.2-4

类别代号		类别名称	范围
大类	小类		
R		居住用地	各类居住建筑和内部小路、场地、绿化等用地；不包括路面宽度等于和大于6m的道路用地
	R1	一类居住用地	以一~三层为主的居住建筑和附属设施及其间距内的用地，含宅间绿地、宅间路用地；不包括宅基地以外的生产性用地
	R2	二类居住用地	以四层和四层以上为主的居住建筑和附属设施及其间距、宅间路、组群绿化用地
C		公共设施用地	各类公共建筑物及其附属设施、内部道路、场地、绿化等用地
	C1	行政管理用地	政府、团体、经济、社会管理机构等用地

续表

类别代号		类别名称	范围
大类	小类		
C	C2	教育机构用地	托儿所、幼儿园、小学、中学及专科院校、成人教育及培训机构等用地
	C3	文体科技用地	文化、体育、图书、科技、展览、娱乐、度假、文物、纪念、宗教等用地
	C4	医疗保健用地	医疗、防疫、保健、休疗养等机构用地
	C5	商业金融用地	各类商业服务业的店铺，银行、信用、保险等机构，及其附属设施用地
	C6	集贸市场用地	集市贸易的专用建筑和场地；不包括临时占用街道、广场等设摊用地
M		生产设施用地	独立设置的各种生产建筑及其设施和内部道路、场地、绿化等用地
	M1	一类工业用地	对居住和公共环境基本无干扰、无污染的工业，如缝纫、工艺品制作等工业用地
	M2	二类工业用地	对居住和公共环境有一定干扰和污染的工业，如纺织、食品、机械等工业用地
	M3	三类工业用地	对居住和公共环境有严重干扰、污染和易燃易爆的工业，如采矿、冶金、建材、造纸、制革、化工等工业用地
	M4	农业服务设施用地	各类农产品加工和服务设施用地；不包括农业生产建筑用地
W		仓储用地	物资的中转仓库、专业收购和储存建筑、堆场及其附属设施、道路、场地、绿化等用地
	W1	普通仓储用地	存放一般物品的仓储用地
	W2	危险品仓储用地	存放易燃、易爆、剧毒等危险品的仓储用地
T		对外交通用地	镇对外交通的各种设施用地
	T1	公路交通用地	规划范围内的路段、公路站场、附属设施等用地
	T2	其他交通用地	规划范围内的铁路、水路及其他对外交通路段、站场和附属设施等用地

续表

类别代号		类别名称	范围
大类	小类		
S		道路广场用地	规划范围内的道路、广场、停车场等设施用地,不包括各类用地中的单位内部道路和停车场地
	S1	道路用地	规划范围内路面宽度等于和大于6m的各种道路、交叉口等用地
	S2	广场用地	公共活动广场、公共使用的停车场用地,不包括各类用地内部的场地
U		工程设施用地	各类公用工程和环卫设施用地以及防灾设施用地,包括其建筑物、构筑物及管理、维修设施等用地
	U1	公用工程用地	给水、排水、供电、邮政、通信、燃气、供热、交通管理、加油、维修、殡仪等设施用地
	U2	环卫设施用地	公厕、垃圾站、环卫站、粪便和垃圾处理设施等用地
	U3	防灾设施用地	各项防灾设施的用地,包括消防、防洪、防风等
G		绿地	各类公共绿地、防护绿地;不包括各类用地内部的附属绿化用地
	G1	公共绿地	面向公众、有一定游憩设施的绿地,如公园、路旁或临水宽度等于和大于5m的绿地
	G2	防护绿地	用于安全、卫生、防风等的防护绿地
E		水域和其他用地	规划范围内的水域、农林用地、牧草地、未利用地、各类保护区和特殊用地
	E1	水域	江河、湖泊、水库、沟渠、池塘、滩涂等水域,不包括公园绿地中的水面
	E2	农林用地	以生产为目的的农林用地,如农田、菜地、园地、林地、苗圃、打谷场以及农业生产建筑等
	E3	牧草和养殖用地	生长各种牧草的土地及各种养殖场用地等
	E4	保护区	水源保护区、文物保护区、风景名胜区、自然保护区等
	E5	墓地	
	E6	未利用地	未使用和尚不能使用的裸岩、陡坡地、沙荒地等
	E7	特殊用地	军事、保安等设施用地;不包括部队家属生活区等用地

资料来源:《镇规划标准》(GB 50188—2007)。

4.3 镇区空间发展方向和空间布局结构

镇区的合理空间布局是建立在对镇区用地的自然环境条件、建设条件、现状条件等进行综合分析的基础上,根据各类建设用地的具体要求,遵循有关用地选择的原则选择适宜的用地,进行镇区用地的功能组织。通过分析镇区的用地组织结构和现状的布局形态,确定镇区规划用地的发展方向和布局形态,使得镇区的总体规划布局能够保证其在不同建设阶段的健康发展。

4.3.1 镇区用地条件分析

镇区建设用地的条件评定是进行镇区总体规划的一项必要的基础工作。其主要内容是在调查收集各项自然环境条件、建设条件等资料的基础上,按照规划与建设的需要,以及整备用地在工程技术上的可能性与经济性,对用地条件进行综合的分析评价,以确定用地的适宜程度,为镇区发展用地的选择与功能组织提供科学的依据。

用地条件分析包括了多方面的内容,主要体现在用地的自然环境条件、建设条件和镇区现状条件等三个方面。对这三个方面条件的分析与评价应以全面、系统的思想和方法综合做出。

(1) 镇区自然环境条件的分析

镇区自然环境条件主要是指工程地质、水文、气候和地形等方面的内容,这些要素不仅为镇区提供了必需的用地条件,同时也对镇区用地选择、布局、结构、形式、功能的充分发挥有着很大的影响。

1) 工程地质

工程地质条件的分析主要指对镇区用地选择和工程建设有关的地质方面的分析,包括对土质与地基承载力、冲沟、滑坡与崩塌的分析。

一是土质与地基承载力。由于地质构造和土质的差异,以及受地下水的影响，地基承载力相差悬殊，故需全面了解建设用地范围内各种地基的承载能力。特别要注意有些地基土在一定条件下常常因改变其物理性质和形状而出现问题，如湿陷性黄土受湿后结构下陷，易导致建筑的损坏；膨胀土受水膨胀、失水收缩都会带来危害；沼泽地处于水饱和状态，地基承载力较低。

二是冲沟。为自然形成的排洪沟，形成切割用地，增加工程量，造成水土流失。

三是滑坡与崩塌。滑坡是指在斜坡上大量土石沿坡滑下；崩塌是指山坡岩层和土层的层面雨后相对滑动，造成山坡体失去稳定而塌落。

四是岩溶。即喀斯特现象，多数为石灰岩，在地下水的溶解和侵蚀下，岩石内部形成空洞。

五是地震地质。地震的突然爆发不仅造成地表建筑物的破坏和倒塌，而且还会引起地裂缝、喷水、冒砂等现象。地震地质分析内容包括地震地质环境和活动断层分布以及历史上遭遇过的地震灾害特点。

2）水文及水文地质条件

水文条件：江河湖泊等水体可作为乡镇水源，还在水运交通、改善气候、稀释污水、排除雨水以及美化环境等方面发挥作用。但某些水文条件也可能带来不利的影响，如洪水侵犯、水流对河岸的冲刷以及河床泥沙的淤积等。

水文地质条件：包括地下水的存在形式、含水层厚度、矿化度、硬度、水温以及动态等条件。

3）气候条件

影响镇区规划与建设的气象要素主要有太阳辐射、风向、温度、湿度与降水等几个方面，其中以风向对镇区总体规划布局影响最大。

4）地形条件

地形条件对镇区平面结构和空间布局，对道路的走向和线型,对镇区各项工程设施的建设,对镇区的轮廓、形态和景观风貌等,均有一定的影响。

自然环境条件的分析见表4.3.1-1。

自然环境条件的分析　　　　表4.3.1-1

自然环境条件	分　析　因　素	对规划与建设的影响
地质	土质、地基承载力、风化层、冲沟、滑坡、岩溶、地震、崩塌、矿藏	规划布局、建筑层数、工程地基、工程防震、设计标准、工程造价、用地指标、村镇规模、工业性质、农业
水文	江河流量、流速、含沙量、水位、洪水位、水质、水温、地下水水位、水量、流向、水压、泉水	村镇规模、工业项目、村镇布局、用地选择、给排水工程、污水处理、堤坝、桥涵工程、港口工程、农业用水
气象	风向、日辐射、雨量、湿度、气温、冻土深度、地温	村镇工业分布、环境保护、居住环境、绿地分布、休假疗养地布置、郊区农业、工程设计与施工
地形	形态、坡度、坡向、标高、地貌、景观	规划布局结构、用地选择、环境保护、管路网、排水工程、用地标高、水土保持、村镇景观
生物	野生动物种类和分布、生物资源、植被、生物生态	用地选择、环境保护、绿化、郊区农副业、风景区规划

由于不同的地理位置和地域差异的存在,自然环境要素对规划和建设的影响有所不同。例如,有些情况下气候条件影响比较突出,而有些条件下则可能地质条件比较重要。且一项环境要素往往对规划和建设有着正负两方面的影响(如地下水位高,虽有利于开采地下水源,但不利于施工)。因此,应着重分析主导因素,研究其作用规律及影响程度。

镇区用地的适用性评价一般分为三类(有时也可分为四类、五类)。

1）一类用地。即适于建设的用地，地形坡度在10%以下；土质的地基承载力大于$15t/m^2$；地下水位低于建筑物基础，一般埋深1.5~2m；未被洪水淹没过；无沼泽；无冲沟、滑坡、崩塌、岩溶等。

2）二类用地。即基本可以建设的用地，介于一类与三类用地之间（地基承载力为$10~15t/m^2$，地形坡度为10%~20%，地下水位埋深为1~1.5m）。

3）三类用地。即不适于建设的用地，地基承载力小于$10t/m^2$，泥炭层或流沙层大于2m；地形坡度大于20%；洪水淹没经常超过1~1.5m；有冲沟、滑坡；地下水位埋深小于1m。

(2) 镇区建设条件的分析

镇区建设条件主要有以下几点：

1）镇区所在地区的经济地理条件。如周围村镇和农村地区的经济联系，工业与矿产资源基地的关系等。

2）交通运输条件。如公路、铁路、水运条件。

3）供电条件。电网供电条件，或邻近是否有发电厂可以供电，高压输电线路的位置等。

4）供水条件。是否有充足的水源，水质、水量等方面能否满足镇区生产与生活的需要，以及镇区用水与航运、农业用水等方面的矛盾。

(3) 镇区现状条件分析

现状条件一般指镇区生产、生活所构成的物质基础和现有的土地使用情况，如建筑物、构筑物、道路交通、名胜古迹、工程管线等。镇区现状条件的分析就总体布局来说主要着重于：

1）镇区布局是否围绕着城镇的性质和特点展开。

2）镇区各项设施之间及在功能关系上、用地的规模与分布等方面是否合理，它们存在哪些矛盾。

3）镇区用地的分布同自然环境是否协调，以及镇区布局对镇区环境所造成的影响等。

4.3.2 镇区空间发展方向分析

(1) 镇区空间发展方向选择的基本要求

1) 空间发展方向要为合理布局创造条件。镇区各类建筑与工程设施,由于性质和使用功能要求的不同,其对用地也有不同的要求。所以首先应尽量满足各项建设项目对自然条件、建设条件和其他条件的要求,并且还要考虑各类用地之间的相互关系,才能使布局合理。

2) 要充分节约用地,尽可能不占用耕地,严禁占用基本农田。

3) 空间发展方向要尽可能与现状或规划的对外交通相结合,使镇区有方便的交通联系,同时应尽可能避免铁路与公路对镇区的穿插分割和干扰,使镇区布局保持完整统一。

4) 要符合安全要求。一是要不被洪水淹没;二是要注意滑坡;三是要避开高压线走廊。

5) 要符合卫生要求。首先,要有质量好、数量充沛的水源。其次,村镇用地不能选在洼地、沼泽、墓地等有碍卫生的地段。此外,在已建有污染环境的工厂附近选地,要避开工厂的下游和下风向。

(2) 镇区空间发展方向选择的方案比较

镇区空间发展方向的选择,由于受到许多因素的相互制约,所以,其方案可能不是惟一的,各个方案都有不同的优缺点。情况比较复杂时,需要将各个方案进行详细的比较,判断哪个方案最为合理。方案比较的内容通常有以下几个方面:

1) 占地情况。包括占地的数量和质量。

2) 搬迁情况。需要搬迁的居民户数、人口数,拆迁的建筑面积,所占用地的生产现状及建设征地后的影响,补偿费用和农业人口的安排情况。

3) 水源条件。水源的质量、数量,水源距离以及乡镇建设可能产生的影响。

4) 环境卫生条件。日照、通风、排水、绿化条件,分析各方案在环境保护方面的措施是否有遗留问题,以及由此所产生影响的程度。

5)交通运输条件。对外交通如公路、水运及水陆联运方面,对内的道路交通是否方便,年运输费用的比较,工程投资是否节省。

6)工程设施的合理性比较。道路走向、长度、桥梁座数,给排水管线的走向、长度,是否需要设置防洪工程。

7)对原有设施的利用状况。可利用项目和可利用程度。

8)主要近期建设项目造价比较。

上述几个方面,以占地和水源为主要因素,是方案取舍的主要条件。但也要根据当地实际情况,具体问题具体分析。

4.3.3 镇区空间布局结构

4.3.3.1 镇区空间布局的要点

空间布局结构是镇区主要功能用地的构成方式及用地功能组织方式,是镇区总体布局的基础与框架。总体规划布局要体现镇区居民生产、生活、游憩和交通等组成镇区的四大主要内容。确定布局结构的要点有以下四点:

(1)合理选择城镇中心:结合镇域、镇区综合考虑并选择适中的位置作为全镇公共活动中心,集中配置兼为镇区内、外服务的公共设施。

(2)协调好住宅建筑用地与生产建筑用地之间的关系,要有利生产、方便生活;还要处理好村民住宅与农副业生产基地的方便联系;有污染的工业用地与住宅用地之间设置必要的绿化带加以隔离。

(3)对外交通便捷,对内道路系统完整,各功能区之间联系方便。

(4)有利于近期建设和远期发展,不同发展阶段用地组织结构要相对完整。

4.3.3.2 镇区空间布局形态

(1)集中布局

1）块状式

也称饼状式或同心圆式，是城镇布局由镇区中心逐渐向外扩展而成，是镇区布局常见的结构形态模式。这种结构形态的特点是用地集中紧凑，建成区连片、交通由内向外，中心单一、生产与生活关系紧密，是一种经济且高效的布局形式。但在不断外延发展的过程中，要注意防止工业、居住相互干扰，注重保护自然生态环境（图4.3.3-1）。

图4.3.3-1 上海市奉贤区四团镇——块状式布局

2）带状式

主要是受自然地形、地貌的局限或受交通条件的影响而形成。这种布局一般以主要道路为轴组织居住与生产，具有与自然的亲和性，生态环境较好。但要尽量避免两端延伸过长，宜将狭长的用地划分为若干段，配置生活服务设施，分别形成一定规模的综合区及中心（图 4.3.3-2）。

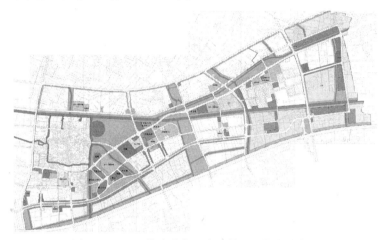

图 4.3.3-2　上海市奉贤区奉城镇——带状式布局

3）双城式

是一种由两个独立组团整合组建为整体协调发展的镇区空间布局形态。采用这种形态进行规划布局应该力求两个组团合理分工、互为补充、协调发展，避免各自为政、盲目扩大规模（图 4.3.3-3）。

4）集中组团式

因地形条件、用地选择或用地功能组织上的需要，镇区按地形地物或交通干道划分若干组团。每个组团生产、生活基本配套并相对独立（图 4.3.3-4）。

(2) 分散布局

1）分散组团式

因地形和用地条件限制以及镇区空间发展需求，镇区由分散的若干组团组成，各组团间保留一定的空间距离，环境质量较好。采用这种布局时应组织好组团间的交通联系，节约城镇建设投资及管理运行费用，避免用地规模过大（图 4.3.3-5）。

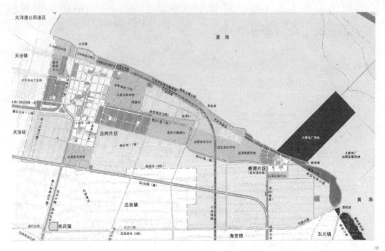

图 4.3.3-3 江苏省启东市吕四港镇——双城式布局

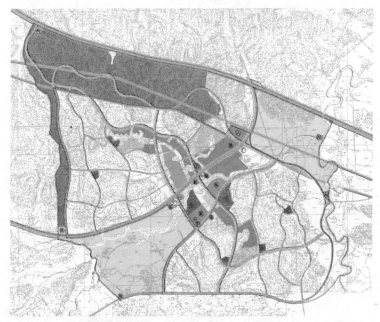

图 4.3.3-4 湖南省长沙市宁乡县全民乡集镇——集中组团式布局

图 4.3.3-5　上海市青浦区金泽镇——分散组团式布局

2）多点分散式

因受地形和矿产资源分布的影响，以采掘加工为主的工矿镇分散建设，生产、生活就地简单配套所形成的布局空间形态。这种布局形态过于分散，对生产、生活和城镇建设发展不利（图4.3.3-6）。

4.3.3.3　镇区的发展方式

镇区的发展方式，不仅受周围地形、资源、运输条件以及影响镇区布局结构的其他因素的制约，还同镇区的发展速度有关。镇区的发展方式归纳起来，大致有以下几种形式：

（1）由分散向集中发展，联成一体

在几个邻近的居民点之间，如果生产和生活联系比较紧密，经常会形成行政联合。在此基础上，通过规划手段加以引导和处理，使之连成一体，就可能组成一个完整的镇区。其发展方式可考虑以居民点中某一规模较大、基础设施较好的一个为中心，组成新镇区。

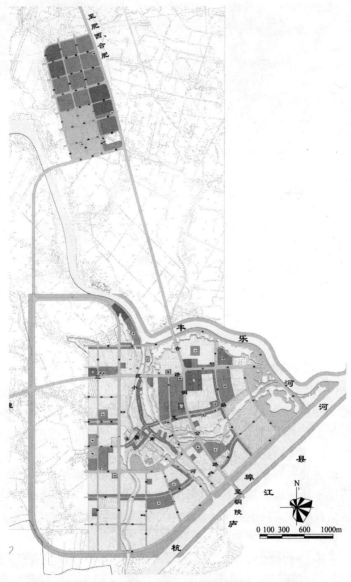

图 4.3.3-6 安徽省肥西县三河镇——多点分散式布局

(2) 集中紧凑连片发展

连片发展是集中式布局的发展方式。集中式布局是在自然条件允许、村镇企业生产符合环境保护要求的情况下,将镇区各类主要用地集中连片布置。这种布局的优点是用地紧凑,便于行政领导和管理,便于集中设置较为完善的公共服务设施,并可节省工程管线和基础设施的投资。集中式布局是镇区应该尽可能采用的布局形态。

(3) 成组团分片发展

由于资源分布分散,交通干线分隔,或是自然地形条件所限,有一部分镇区呈现分散的布局形态。分散的布局形态较理想的形式是生产、生活配套,成组成团的布局。一般来说,镇区的人口规模较小,如果布局分散会出现许多问题,联系不便,也不易集中设置公共中心,基础设施的投资也会较高。因此,一般要避免采用这种发展方式。

(4) 集中与分散相结合的综合式发展

在多数情况下,以遵循综合式发展的途径比较合理。在镇区用地扩大和各功能区发展的初期,为了充分利用老镇区原有设施,尽快形成镇区面貌,规划布局以连片式为宜。但发展到一定阶段,或是镇区企业发展方向有较大改变,或是受地形条件限制,则应着手进行新镇区开拓的准备工作,构成以旧镇区为中心,由一个或若干个组团式居民点组成的村镇群。

4.4 镇区功能用地布局规划

用地布局是镇区总体规划的核心内容。通过镇区用地选择,安排好各类建设用地的功能分区,镇区道路骨架、绿化系统以及未来镇区的发展方向,以取得镇区建设经济效益、环境效益和社会效益的最佳统一。镇区功能用地布局既要满足各项功能用地自身的一般要求,又要研究不同用地之间的内在联系以及与城镇整体的相互关系。镇区用地功能组织是为镇区长远合理发展奠定基础的全局性工作，是保障乡镇健康、协调运转的基础，是指导乡镇建设和管理的基本依据。

4.4.1 居住用地

镇区居住用地应选择在环境安静、卫生及与生产地点联系方便又不互相干扰的地段。居住用地一般布置在大气污染的常年最小风向频率的下风侧以及水污染源的上游。应具有适合建设的工程地质与水文地质条件，不受洪涝灾害威胁，防止滑坡、崩塌，注意山洪排泄。居住用地位于丘陵和山区时，应优先选用向阳坡，并避开风口和窝风地段。新建居住用地应优先选用靠近原有居住用地的地段，以利于形成一定规模的居住区，便于生活服务设施的配套安排，避免居住用地过于分散。

镇区居住用地的布置一般有两种方式：

（1）集中布置

镇区的规模一般不大，在有足够的用地且用地范围内无人为或自然障碍时，常采用这种方式。用地的集中布置可节约市政建设的投资，方便镇区各部分在空间上的联系。

（2）分散布置

若用地受自然条件限制，或因工业、交通等设施分布的需要，或因农田保护的需要，则采取居住用地分散布置的形式。这种形式多见于地形复杂地区的镇区。

一般地，镇区由于人口规模小，居住用地的组织结构不会像城市那样层次分明。较大的镇区可能有一、两个相当于城市居住小区的居住单元，但大多数镇区的居住用地则往往由若干个规模不等的居住组团组成。

4.4.2 公共设施用地

镇区公共设施项目的配置应符合表4.4.2-1的规定，各类公共建筑人均用地面积指标见表4.4.2-2。

4.4 镇区功能用地布局规划

公共设施项目配置❶ 表 4.4.2-1

类 别	项 目	中心镇	一般镇
1. 行政管理	党政、团体机构	●	●
	法庭	△	
	各专项管理机构	●	●
	居委会	●	●
2. 教育机构	专科院校	△	
	职业学校、成人教育及培训机构	△	△
	高级中学	●	△
	初级中学	●	●
	小学	●	●
	幼儿园、托儿所	●	●
3. 文体科技	文化站（室）、青少年及老年之家	●	●
	体育场馆	●	△
	科技站	●	△
	图书馆、展览馆、博物馆	●	△
	影剧院、游乐健身场	●	△
	广播电视台（站）	●	△
4. 医疗保健	计划生育站（组）	●	●
	防疫站、卫生监督站	●	●
	医院、卫生院、保健站	●	△
	休疗养院	△	
	专科诊所	△	△
5. 商业金融	百货店、食品店、超市	●	●
	生产资料、建材、日杂商店	●	●
	粮油店	●	●
	药店	●	●
	燃料店（站）	●	●
	文化用品店	●	●

❶ 资料来源：《镇规划标准》(GB 50188—2007)。

续表

类别	项目	中心镇	一般镇
5. 商业金融	书店	●	●
	综合商店	●	●
	宾馆、旅店	●	△
	饭店、饮食店、茶馆	●	●
	理发馆、浴室、照相馆	●	●
	综合服务站	●	●
	银行、信用社、保险机构	●	△
6. 集贸市场	百货市场	●	●
	蔬菜、果品、副食市场	●	●
	粮油、土特产、畜、禽、水产市场	根据乡镇的特点和发展需要设置	
	燃料、建材家具、生产资料市场		
	其他专业市场		

注：●——应设置的项目；△——可设置的项目。

各类公共建筑人均用地面积指标[1]   表 4.4.2-2

村镇层次	规划规模分级	各类公共建筑人均用地面积指标（m²/人）				
		行政管理	教育机构	文体科技	医疗保健	商业金融
中心镇	大型	0.3~1.5	2.5~1.0	0.8~6.5	0.3~1.3	1.6~4.6
	中型	0.4~2.0	3.1~12.0	0.9~5.3	0.3~1.6	1.8~5.5
	小型	0.5~2.2	4.3~14.0	1.0~4.2	0.3~1.9	2.0~6.4
一般镇	大型	0.2~1.9	3.0~9.0	0.7~4.1	0.3~1.2	0.8~4.4
	中型	0.3~2.2	3.2~10.0	0.9~3.7	0.3~1.5	0.9~4.6
	小型	0.4~2.5	3.4~11.0	1.1~3.3	0.3~1.8	1.0~4.8

注：集贸设施的用地面积应按赶集人数、经营品类计算。

  镇区公共设施用地应按其性质和使用要求布置，除学校和卫生院以外，镇区的公共设施用地宜集中布置在位置适中、内外联系方便的地段。行政办公机构一般位于镇区中心地段，宜相对集

---

[1] 由于《镇规划标准》(GB 50188—2007)中未给出新的指标，本处沿用《村镇规划标准》(GB 50188—93)中的指标，仅供参考。

中独立布置，应避免车辆对生活和公共活动的干扰，并考虑相应的停车场用地。商业服务业用地及设施的建设是镇区总体规划的重点，应按服务半径均匀分布，等级较高的商业设施可集中布置在镇区中心区，形成商业中心。集贸市场和专业市场用地的布置应利于人流货流的集散，并按市场的行业分类进行布置，做到既有利于镇区的商业活动，又不干扰镇区的交通和居民的生活。小商品市场应考虑与公共中心联系方便，农贸市场应与菜市场结合布置，其他生产资料市场应相对集中布置在交通方便地段。文化娱乐设施可结合绿化布置并位于交通方便地段，注意人流疏散和车流交通的组织。学校等教育设施用地的布置应避开喧闹区，设在安静、安全、卫生的地段；幼托、敬老院宜布置在接近绿地、环境良好地段，亦可结合住宅组团布置。医疗卫生设施用地对环境要求较高，一般布置在镇区中心大街一端并位于住宅建筑用地的下风向，远离水源保护区。在不影响各自使用功能和互不干扰的前提下，宜将性质相近的公共设施项目进行组合。

规模较大的镇区可以根据不同的公共生活内容组织若干个公共活动中心，集中组织各类公共设施。规模较小的镇区一般没有必要作进一步的细分，镇级公共设施集中布置在镇区中心。镇区公共活动中心的布置方式有：

（1）布置在镇区中心地段；
（2）结合原中心及现有建筑；
（3）结合主要干道；
（4）结合景观特色地段；
（5）采用围绕中心广场，形成步行区或步行街等形式。

4.4.3 生产设施用地

镇区的各类生产设施用地布局应根据各类用地的性质和特点进行。工业生产用地应相对集中安排在靠近电源、水源和对外交通方便的地段，生产上有协作的工业生产项目应邻近布置，相互有干扰的项目应适当分隔。工业小区的用地选择应在主导风向的下风或侧风位和河流的下游,其中一类工业用地对居住环境影响较小,可靠近居住区布置;二类工业用地对居住环境有一定影响,应安排在一类工业用地的下风位;三类工业用地对生活居住有严重影响,对大气、水体、土壤污染严重,或有相当的危险性,应安排在远离镇区的独立地段或工业小区下风位的一端。一般饲养场地应满足卫生和防疫要求,宜布置在乡镇常年风向的侧风位以及通风、排水条件良好的地段,并与镇区保持500m的防护距离。兽医站宜布置在镇区边缘。

镇区工业用地布置应特别注意与镇区总体布局的关系,一般而言,工业用地与镇区可能形成如下几种关系:

(1) 工业用地包围镇区

工业用地按工业性质和污染程度,合理的分散在镇区的周围,镇区内部可能还有分散的工业点和工业小区。这种方式可避免工业运输对镇区的干扰,但容易造成工业包围镇区,使镇区没有发展余地,或者发展后形成工业用地与其他功能用地的混杂。一般镇区的工业不宜采用这种布局方式。

(2) 工业用地与其他用地交叉布置

工业用地布置结合地形,与其他用地呈间隔式交叉布置。这种方式有利于充分利用地形,并根据工业污染的不同情况,分别考虑风向和河流上下游等关系合理布置工业用地。但这种方式不容易组织好交通,容易造成交通与镇区的相互干扰。

(3) 有机结合的组团布置

镇区总体布局中将镇区规划形成几个组团,每个组团内既有工业企业又有生活居住区,使生产与生活有机地结合起来。这种方式较好地解决了工业用地与其他功能用地之间的联系,但要求工业企业对环境的污染较小。

4.4.4 绿地

镇区一般规模较小,与近郊自然环境联系比较密切。因此,其绿地系统的布置应以美化、完善生活居住环境为主。可考虑布置开放式的与镇区生活居住环境相结合的集中绿地如小公园、小游园等，集中绿地也可与公共中心、文化娱乐设施相结合，形成购物、文娱游憩有机结合的公共活动区。

此外，镇区绿地应充分利用镇区的水系、农田、林地、鱼塘、文物古迹，还应将外围的风景林地、蔬菜基地、交通走廊隔离绿带、林网化农田和基本农田融合沟通，形成绿色开敞空间系统与人工建筑系统协调发展。

镇区绿地布局可归纳为以下四种基本形式：

(1) 点状

指相对独立的小面积绿地，面积 $0.5 \sim 1.0 hm^2$ 不等，是见缝插绿、降低镇区建筑密度、提高镇区绿化水平、美化城镇景观的较好形式。

(2) 块状

指有一定规模的公园或大面积公共绿地，向公众开放，具有游憩功能，并兼具景观、环境、教育、防灾等功能。综合性公园面积一般在 $5 \sim 10 hm^2$ 左右，服务半径 $1000 \sim 5000 m$，为全乡镇服务。

(3) 带状

指沿带状道路、河流等设置的绿地。带状绿地宽度一般不小于 $8m$，对缓解交通压力、改善生态环境、创造镇区景观形象和风貌特色有显著作用。

(4) 混合状

指上述几种方式结合较完整的综合性布局形式，整体效果较好，是一般镇区应该采取的形式。

4.5 镇区近期建设规划

4.5.1 镇区近期建设规划的作用

近期建设规划是镇区总体规划的重要组成部分，是城镇镇区近期建设项目安排的依据，是落实镇区总体规划的重要步骤。近期建设规划要明确近期内实施镇区总体规划的发展重点和建设时序；确定镇区近期发展方向、规模和空间布局，明确镇区重要基础设施和公共设施、生态环境建设安排，提出自然遗产与历史文化遗产保护的措施。

4.5.2 镇区近期建设规划的主要内容

（1）编制近期建设规划前，应当对镇区总体规划和上一轮近期建设规划实施情况进行总结，论证近期内镇区国民经济和社会发展条件，确定镇区近期发展目标。

（2）确定近期资源开发和生态环境、历史文化遗产保护的对策和措施；确定近期内区域性重大基础设施的布局和建设时序。

（3）提出近期内镇区人口及建设用地发展规模，调整和优化用地结构，确定镇区建设用地的发展方向、空间布局和功能分区。

1）提出近期小城镇重点发展区域及开发时序，确定镇区的发展规模。

2）确定近期新增建设用地和存量土地的数量、新建项目占用土地情况、相应的用地空间分布的范围和面积，列出用地平衡表。

3）提出近期内各功能分区用地调整的重点，将用地结构调整与经济结构调整、产业层次升级结合起来，合理安排各类城镇建设用地。

4）综合部署近期建设规划确定的各类项目用地，重点安排镇区基础设施、公共服务设施、经济适用房、危旧房改造等公益性用地。

（4）提出重要基础设施和公共服务设施的建设安排。

1）确定近期内将形成的对外交通系统布局以及将开工建设的车站、港口等主要交通设施的规模、位置。

2）确定近期内将形成的镇区道路交通综合网络以及将开工建设的镇区道路的走向、断面，主要交叉口形式，主要广场、停车场的位置、容量。

3）综合协调并确定近期城镇供水、排水、防洪、供电、通讯、燃气、供热、消防、环卫等设施的发展目标和总体布局，确定将开工建设的基础设施的位置和用地范围。

4）确定近期将建设的公益性文化、教育、体育等公共服务设施的位置和用地范围。

5）提出近期镇区河湖水系的治理目标、园林绿地系统的发展目标和总体布局。

（5）提出近期历史文化遗产保护、自然遗产保护、生态环境保护、防灾减灾等方面的规划目标以及相应的实施措施。

（6）结合本地区资源、环境和财力的实际情况，进行综合技术经济论证，提出规划实施的步骤、措施、方法与建议。

4.6 镇区总体规划案例——广东省惠州市陈江镇区总体规划

4.6.1 概况

陈江镇地处广东省惠州市西南部，东江中下游潼湖盆地东部，东临仲恺高新技术开发区。全镇土地面积 $83km^2$。陈江镇南接镇隆镇，西连沥林镇，北与潼湖经济区交界，区位优势显著，是惠州西部的交通枢纽，交通完善，陆、空、水运输条件均十分优越。

4.6.2 城镇性质和城镇规模

（1）性质与功能定位

惠州市内以电子、轻工工业为主导产业的中心镇，是未来惠州城市西南片区的中心。

（2）人口规模

2001年镇区现状总人口为8.65万人，规划2005年镇区总人口为11万人，2010年镇区总人口为14万人，2020年镇区总人口为20万人。此外，2001年镇区的现状户籍农业人口为2.25万人。随着规划期内对"城中村"的改造，农业人口向非农业人口的直接转化，预计2005年、2010年和2020年户籍人口中分别有2万人、1.2万人、0.3万人农业人口转为非农业人口。

规划镇区各项人口的预测值见表4.6.2-1。

各规划阶段镇区的人口规模预测（万人）　表4.6.2-1

		2001年	2005年	2010年	2020年
总人口		8.65	11.00	14.00	20.00
其中	户籍人口	2.70	3.27	7.47	17.09
	其中 非农业人口	0.45	1.27	6.27	16.79
	农业人口	2.25	2.00	1.20	0.20
	无户籍常住人口	5.95	7.73	6.53	2.91

（3）城镇建设用地规模

远期（2020年）规划城镇建设用地控制在22.8km^{2}以内，人均城镇建设用地维持在114m^2/人。

4.6.3　空间拓展选择

镇区近期重点向北、向东发展，兼顾向南发展，远期重点向西发展（图4.6.3-1）。

（1）北进

镇区北部用地平坦、地域开阔，并通过陈江路与镇区联系，是城镇中近期发展的主导方向和近期开发重点地段。

（2）南控

镇区南部是山地丘陵区和梧村水库，而且接近镇界，规划城镇在南部镇域范围内适度发展。

（3）西拓

镇区西侧沿357省道和陈江镇域其他村镇相联系，现状用地条件较好,可用地面积充足,发展潜力大,作为近期陈江镇区和工业用地的主要发展地段。

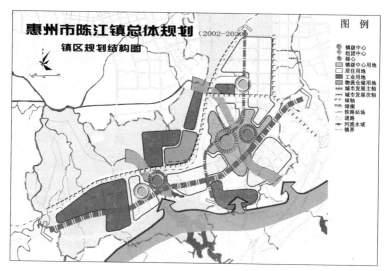

图 4.6.3-1　广东省惠州市陈江镇镇区规划结构图

（4）东调

仲恺大道以东现状分散布置了很多工业用地,用地比较混杂,规划重点是调整内部结构,梳理道路骨架,调整工业用地,做好与仲恺高新技术开发区的衔接。

4.6.4　镇区用地布局规划

（1）规划结构

陈江镇镇区的空间格局可概括为"一心、三翼、两轴、四组团"。该结构具有集聚与舒展的双重自由度,便于分期开发实施。

"一心":指在陈甲路两侧形成全镇的行政、商业、金融、文化娱乐体育中心,远期将作为惠州市西南片区的公共设施中心,其辐射面将涉及周边地区。

"三翼":是指镇区分别沿陈江大道、惠樟公路向西、向北伸展,在西、北部各建设一镇区次中心。在火车站以西设一工业组团。

"两轴"：仲恺大道（惠樟公路）是东西向横贯镇区的道路，并向北连接惠城区，向西通往东莞市，规划尊重现状，依然将其作为城镇发展的核心功能主轴线，沿线串结陈江镇各主要核心功能区；陈江大道则是一条纵贯南北的道路，向北联系镇域北部其他村镇，向南则与205国道相连，规划作为城镇的功能次轴。

"四组团"：指通过河流、道路、防护绿地分割而成的中心组团（综合功能区）、五一组团（综合功能区）、轻工业园区组团（蔚盛工业园）、火车站工业园区组团（图4.6.4-1）。

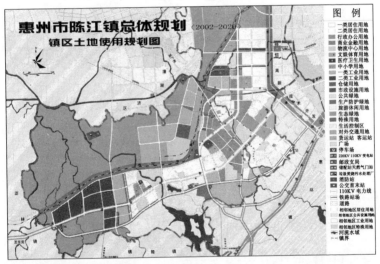

图4.6.4-1　广东省惠州市陈江镇镇区土地使用规划图

（2）居住用地规划

规划至2020年城镇居住用地达到505.2hm^2，占城镇总建设用地22.2%，人均居住用地25.3m^2。

陈江镇规划区内的居住用地分布在镇区的5个组团。

五一居住组团，占地170hm^2，规划居住人口7.0万人，该组团为五一村村民安置用地及五一工业园和仲恺高新技术开发区的配套生活区，住宅区以新建多层住宅楼为主，远期建设成二类居住用地。

城东居住组团，占地125hm²，规划居住人口5.0万人，一类、二类居住用地约各占一半，按照现代化居住小区形式组织设计和开发；现有住宅应作适当改建，配置公共设施、增加绿地、完善市政设施。

张屋居住组团，占地115hm²，规划居住人口4.0万人，以二类居住用地为主，该区为近期开发重点，可较快形成比较完整的现代化居住小区。

松江居住组团，占地45hm²，规划居住人口2.0万人，以二类居住用地为主，该区为近期开发重点，可较快形成比较完整的现代化居住小区。

城西居住组团，占地55hm²，规划居住人口2.0万人，该居住区以二类居住用地为主，主要为轻工业园区生活区，东部结合梧村河两侧公园的优美环境，以一类居住用地开发为主。

（3）公共设施用地规划

规划镇区公共设施用地356.4hm²，占规划城镇建设用地15.6%，人均17.8m²。

用地布局规划

根据"一镇四组团"的城镇布局形态，规模期末形成以1个镇级中心为主体，2个区级中心为基础，若干小区网点为补充的多层次梯级结构城镇公共设施服务体系。镇级中心：指中心镇区的商贸、金融、信息中心、行政文体中心。区级中心：指五一组团、轻工业园区组团2个区级中心。居住小区网点：结合居住小区的新开发和旧镇区改造，完善居住小区级公共服务设施配套，充分保证公共服务设施的覆盖面，最大限度方便居民日常生活的需要。

行政办公用地

在仲恺大道西侧、银岭路北侧交叉处新设一大型行政中心，形成惠州西南片区级行政中心。在陈江大道、银岭路西北侧交叉处设一镇级行政中心，形成陈江镇级行政办公用地集中的行政中心。在五一组团（五一工业园）、轻工业园区组团（蔚盛工业园）各建设一管理中心。在火车站东侧，拟建主楼为高层的综合体建筑，具有办公、信息、展览贸易、商业等多项功能。

商业金融用地

陈江镇区沿陈甲路两侧继续保持商业中心的地位，远期陈江镇区可形成陈江镇火车站、陈甲路沿线的商业中心为第一级，以五一组团、轻工业园区为第二级的商业系统。

文化娱乐用地

建立镇、区、小区三级文化娱乐设施网络。在行政文体中心，结合广场绿地，将惠爱小学改建成一镇级综合性娱乐中心，在五一组团、轻工业园区组团 2 个区级中心设区级文化娱乐设施，配建居住小区文化娱乐设施，形成一个项目齐全、规模适宜、配置合理的文化娱乐设施体系。

在 5 个居住组团结合公建中心或公共绿地，各配建文化活动中心 1 处，用地面积 $8000 \sim 12000 m^2$，建筑面积 $4000 \sim 6000 m^2$，内容包括青少年、老年活动中心、小型图书馆、影视厅等。

每 1 万人居住小区结合绿地配建文化活动站 1 处，包括青少年和老年活动站，建筑面积 $150 \sim 300 m^2$。

体育设施用地

规划体育设施总用地 $16.1 hm^2$，人均用地 $0.8 m^2$。

规划在仲恺大道以西新建 1 处惠州西南片区级体育中心，在轻工业园区组团设 1 处区级体育中心。

每 1 万人居住小区规划建设中，应配建小型活动场地和简易体育运动设施。

医疗卫生用地

医院按 10 床/千人计，全镇共需 2000 床位。

在中心组团、五一组团、轻工业园区组团各规划 1 所综合医院，加上现有的陈江医院，规划期末（2020 年）综合医院达到4所。

每1万人左右居住小区设1处社区卫生服务中心,用地面积3000m^2,建筑面积2000~3000m^2,内容包括卫生保健站、老年人康复中心、卫生防疫点等。

医疗卫生设施规划总用地24.9hm^2,人均用地1.2m^2。

教育科研用地

按照国家规定,平均校园面积,高中不少于20m^2,初中不少于12m^2,小学不少于8m^2。至2020年,规划期末,教育科研用地达到57.7hm^2,占城镇建设用地2.5%,人均2.9m^2。

规划结合居住区开发,新建3所中学、1所技校。现状仲恺中学予以扩建。

(4)工业仓储用地规划

规划镇区形成4个相对集中的工业区:五一工业园、火车站工业园、蔚盛工业园、大欣工业园。

调整镇区内工业用地,实现镇区用地布局的"优二进三"。镇区内火车站附近现有企业,原则上近期大部分保持现状,远期置换为第三产业用地。

结合铁路的货场和物流中心的建设,在火车站东侧设置1处大型储运中心。

配合西区铁路货站汽车及货运站的建设,设立1处仓储用地。

规划工业用地516.5hm^2,占城镇建设用地的22.7%,人均25.8m^2。规划仓储用地20.1hm^2,占城镇建设用地的0.9%,人均1.0m^2。

陈江镇区规划建设用地平衡表见表4.6.4-1。

陈江镇区规划建设用地平衡表 表4.6.4-1

用地代号		用地名称	面积(hm^2)	占城镇建设用地比例(%)	人均城镇建设用地(m^2/人)
R		居住用地	505.2	22.2%	25.3
	其中	一类居住用地	73.2	3.2%	3.7
		二类居住用地	432.0	18.9%	21.6

续表

用地代号		用地名称	面积（hm²）	占城镇建设用地比例（％）	人均城镇建设用地（m²/人）
C		公共设施用地	356.4	15.6%	17.8
	其中	C1 行政办公用地	34.0	1.5%	1.7
		C2 商业金融用地	208.7	9.2%	10.4
		C3 文化娱乐用地	14.7	0.6%	0.7
		C4 体育用地	16.1	0.6%	0.8
		C5 医疗卫生用地	24.9	1.1%	1.2
		C6 教育科研设计用地	57.7	2.5	2.9
M		工业用地	516.5	22.7%	25.8
	其中	一类工业	365.5	16.0%	18.3
		二类工业	151.0	6.6%	7.6
W		仓储用地	20.1	0.9%	1.0
T		对外交通用地	68.0	3.0%	3.4
G		绿地	430.6	18.9%	21.5
	其中	公共绿地	254.8	11.2%	12.7
		防护绿地	175.0	7.7%	8.8
S		道路广场用地	336.0	14.7%	16.8
U		市政公用设施用地	33.9	1.5%	1.7
D		特殊用地	13.6	0.6%	0.7
合计		城镇建设用地	2280.0	100%	114.0
		不准建设区	2640.9		
		控制发展区	699.1		
合计		城镇规划区	5620		

注：规划镇区人口含居住在镇区的户籍人口（农业人口、非农业人口）和非户籍常住人口（暂住一年以上人口），规划镇区人口以20万人计。

4.6.5 规划控制体系

（1）"三区"地域控制体系

不准建设区：规划陈江镇不准建设区为陈江地区区域生态绿

地、北部山地、农田及南部梧村水库旅游休闲区。在规划期内不准建设区必须保持土地的原有用途,除国家和省的重点建设项目、管理设施外,严禁在不准建设区内进行非农建设开发活动。

非农建设区(城镇建设区):包括陈江镇中心区、工业区及幸福、社溪2个乡村居民点等全部非农建设用地范围。非农建设区内可以进行经依法审批的开发建设活动。

控制发展区:陈江镇域范围内除不准建设区和非农建设区以外,规划期内原则上不用于非农建设的地域为控制发展区,为中心镇远景发展建设备用地。控制发展区应保持现状土地使用性质,非经原规划批准机关的同意,原则上不得在控制发展区内进行非农建设开发活动。陈江镇域的控制发展区主要位于广梅汕铁路以西、以北的观田、东升、澄海三个村。

(2)"六线"规划控制体系

城镇拓展区规划控制黄线:"黄线"是用于界定城镇新区、工业新区等新增非农建设用地范围的控制线。陈江镇城镇拓展区主要位于广梅汕铁路以西、以北的远景发展备用地。

道路交通设施规划控制红线:"红线"是用于界定陈江镇道路及重要交通设施用地范围的控制线。

市政公用设施规划控制黑线:"黑线"是用于界定陈江镇各类市政公用设施及高压走廊用地范围的控制线。

水域岸线规划控制蓝线:"蓝线"是用于界定陈江镇较大面积的水域(梧村水库)及主要排洪河道的控制线。

生态绿地规划控制绿线:"绿线"是用于界定陈江城镇公共绿地和开敞空间范围的控制线。陈江镇城镇建设区以外的区域绿地等必须同样进行严格控制和保护的开敞地区,也应一并纳入"绿线"管制范畴。

历史文物保护规划控制紫线:"紫线"是用于界定文物古迹、传统街区及其他重要历史地段保护范围的控制线。陈江镇文物古迹只有北部幸福村的仲恺纪念碑,规划对其进行严格保护。并在其周边50m范围内,划定为建设控制区,避免对纪念碑造成视线等的干扰。

"三区"用地控制表见表4.6.5-1。广东省惠州市陈江镇城镇规划区内三区控制范围图见图4.6.5-1。

"三区"用地控制表　　　　表4.6.5-1

编号	名称	面积（hm²）	占城镇规划区（%）
1	不准建设区	2640.9	47.0
2	非农建设区	2280.0	40.6
3	控制发展区	699.1	12.4
合计	城镇规划区	5620.0	100.0

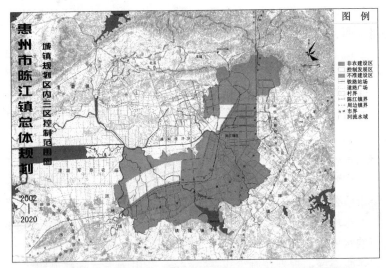

图4.6.5-1　广东省惠州市陈江镇城镇规划区内三区控制范围图

4.6.6　规划评析

该规划在论证确定城镇性质和规模的基础上，对镇区空间发展方向进行了详细的分析，提出镇区各个方向上的发展程度和发展重点，并据此确定的镇区规划空间结构和各类功能用地布局完整、合理，符合功能发展的需要，又具有分期开发实施的灵活性。

　　本规划的特色还在于确定了城镇发展的规划控制体系，即"不准建设区"、"非农建设区"和"控制发展区"的"三区"地域控制体系和"黄线"、"红线"、"黑线"、"蓝线"、"绿线"和"紫线"的"六线"控制体系，保障了城镇的可持续发展。

第5章 镇区详细规划

5.1 镇区控制性详细规划

5.1.1 镇区控制性详细规划的作用

镇人民政府根据镇区总体规划的要求，组织编制镇区控制性详细规划，报上一级人民政府审批。镇区控制性详细规划体现具体的相应规划法规，是镇区具体规划建设管理的科学依据，也是镇区总体规划和修建性规划之间的有效过渡和衔接。

5.1.2 镇区控制性详细规划编制的前期准备与编制审批程序

镇区控制性详细规划的编制工作阶段一般分为以下五个阶段：项目准备，现场踏勘与资料收集，方案阶段，成果编制，上报审批。

方案阶段的成果汇报评议由规划编制机构向委托方汇报规划方案构思，听取有关专业技术人员、建设单位和规划管理部门意见，并对按双方交流达成的修改意见修改后的方案再次交流、修改，直至双方达成共识，转入成果编制阶段。

正式成果编制完成后，由上一级人民政府规划行政主管部门组织专家评审，再报上一级人民政府审批。

5.1.3 镇区控制性详细规划的主要内容

(1) 详细规定规划用地范围内各类用地的界限和适用范围，

规定各地块建筑高度、建筑密度、容积率、绿地率等控制指标。

（2）规定各类用地内适建、不适建、有条件可建的建筑类型。

（3）规定交通出入口方位、停车泊位、建筑后退红线距离、建筑间距等。

（4）确定规划范围内的路网系统及其与外围道路的联系，确定各条道路的红线位置、控制点坐标和标高。

（5）确定绿地系统。

（6）确定各单项工程管线的走向、管径、控制点坐标和标高以及工程设施的用地界限。

（7）根据需要确定编制修建性详细规划的面积、范围。

（8）制定相应的规划实施细则。

5.1.4 镇区控制性详细规划案例——山东省东营市广饶县大王镇镇区 C 地块控制性详细规划

5.1.4.1 概况

广饶县大王镇位于山东省中北部，东营市南部边缘，广饶县城东南侧 13km 处。东临寿光市，南接淄博市临淄区，西靠广饶县广饶镇、李鹊镇，北与广饶县稻庄镇相邻，总面积 $122km^2$。大王镇镇区 C 地块规划用地范围东至青垦路、南至规划外环十二号路、西至泰山路南延伸段、北至潍高路和逢春路，用地共 $101hm^2$。

规划范围内潍高路北侧用地基本建成，由居住、医疗卫生、办公、工业、仓储等用地构成；潍高路南侧用地现状主要是耕地和农业生产用地，沿小王路（又名商业街）两侧新建有沿街商业，但人气寥寥；潍高路、青垦路西南位置为现状大王镇客运站。

5.1.4.2 规划结构与功能布局

（1）规划结构

规划形成"一脉、一街、两片、多组"的空间形态与结构

(图 5.1.4-1)。

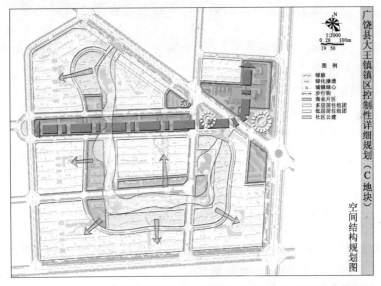

图 5.1.4-1　山东省东营市广饶县大王镇镇区（C 地块）空间结构规划图

"一脉"：公共开放绿化空间。通过中央绿带和水系来优化社区的整体环境，并结合地块绿化控制通道将绿化渗透到每块社区组团空间中。沿绿脉组织社区公共服务设施，实现社区服务的便捷共享。

"一街"：步行商业街区。在小王路南北设置单行道，全面改造现状小王路商业，重新开发，改线形的商业街模式为块状的商业街区模式；并根据大王镇历史上为古齐国领地，建筑风格要体现地方特色，突出古齐文化，形成民族特色商业文化街。

"两片"：商业片和居住片。将商业步行街区和商贸核心区连接形成统一的商业片区，和对应商业片区的居住社区。

"多组"：统一而又多样的居住组团。居住社区内由于道路、绿带分隔自然形成多个居住组团。各组团在统一的社区构架下共享社区服务设施和绿化空间，组团间鼓励形成多样化的风貌。

山东省东营市广饶县大王镇镇区（C 地块）土地利用规划

图见图 5.1.4-2。

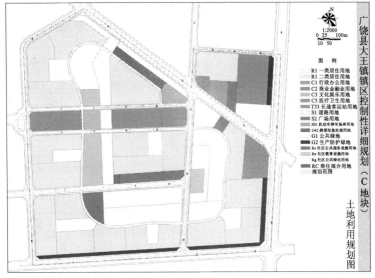

图 5.1.4-2　山东省东营市广饶县大王镇镇区（C 地块）土地利用规划图

（2）居住用地

规划将整个地块打造为现代化的商贸区和生态化的居住社区。居住地块被商业步行街区和商贸核心地块分隔成多个住宅片区，各片区内通过路网和绿化带分成不同的居住组团。外围住宅建筑多为 5 层多层建筑；沿中央公共绿带布置容积率较低的低层住宅，增加公共绿化带的空间开敞度；地块内部布置 4 层为主的建筑；此外，为塑造整体形象，在靠近商贸核心区块和大王镇客运站的位置规划局部布置 8 层中高层住宅。

由于地块面积较大，居住人口较多，规划共设置 8 班幼托（2 班托儿所、6 班幼儿园）二所、24 班小学一所。幼儿园和托儿所每处用地不得小于 $2500m^2$，可以结合在一起设计建设，以充分利用室外场地，服务半径约为 500m。规划幼托用地容积率不大于 0.7，建筑密度不大于 35%，绿地率不低于 35%，建筑层数不大于 3 层。

24班小学规划选址在十一号路北,临近公共绿化带位置,服务半径约为1000m。学校设300m跑道和篮排球场地。规划用地容积率不大于0.5,建筑密度不大于25%,绿地率不低于40%,建筑层数不大于4层。

社区公共服务设施用地主要沿十一号路布置。为社区提供各类社区级商业、邮电、文娱、医疗、治安、管理等便民服务。规划容积率不大于0.8,建筑密度不大于35%,绿地率不低于30%,建筑层数不大于3层。

(3) 行政办公用地

规划根据现状办公地块内建筑情况,采取保留现状的做法。除保留用地外,规划不再增加独立的行政办公用地。对新增的企业办公需求规划采取与潍高路、青垦路西北核心商贸建筑综合组群共建的方式解决。规划容积率不大于0.5,建筑密度不大于25%,绿地率不低于40%。

(4) 商业金融业用地

商业金融功能是规划意图强化落实的,除在潍高路、青垦路西北设置商贸核心区,建设商贸建筑综合组群(兼容办公)外,规划废止小王路在泰山路以东路段,在原商业街南北修建单行环道,全面改造升级小王路商业街,将其打造成为综合性的特色步行商业街区。规划容积率不大于1.2,建筑密度不大于45%,绿地率不低于25%,建筑层数多层不大于4层、中高层不大于12层。

(5) 文化娱乐用地

规划在小王路步行商业街区内结合社区道路设置文化娱乐用地,为整个社区提供文娱服务。规划容积率不大于0.6,建筑密度不大于35%,绿地率不低于40%,建筑层数不大于3层。

(6) 医疗卫生用地

规划保留现状民生医院用地及现状医院建筑。

(7) 对外交通用地

规划保留现状位于潍高路、青垦路西南位置的大王镇汽车站用地及现状建筑。对应总体规划确定的城镇规模，将客运站用地向南拓展至现状十一号路边界。该用地在近期未达到城镇远期客运流量前，除承担正常的客运业务外，可将其部分用地设置为公共停车场地，为社会服务。规划容积率不大于 0.35，建筑密度不大于 20%，绿地率不低于 30%，建筑层数不大于 5 层。

(8) 道路广场用地

为顺利衔接潍高路北的商贸核心区和潍高路南的步行商业街区，规划在花园南路以东、潍高路两侧结合公共绿地设置两块广场用地。广场之间通过下沉式设计和地下通道解决交通联系。同时，为了解决地块内商贸核心区和步行商业街区引发的大量社会机动车停放问题，规划在花园南路、潍高路西南位置设置一大型社会公共停车场，并结合花园南路、潍高路东南公共绿地地下空间设置地下社会停车场。此外，作为单向行驶道路的小王北路、小王南路规划设置单边停车，增加停车空间，尽可能地满足停车需求。

(9) 市政设施用地

规划在中心公共绿地以东、十一号路北侧设置一市政设施用地，安排垃圾转运站及其他需要配置的市政设施。规划容积率不大于 0.4，建筑密度不大于 30%，绿地率不低于 45%，建筑层数不大于 2 层。

(10) 绿地

规划结合潍高路沿线现状公共绿带设置潍高路公共绿带；在花园南路、潍高路东南设置中心绿地；在潍高路以南地块内设置环形公共绿带，将地块整体贯穿衔接。规划沿青垦路、十二号路设置防护绿化带。

5.1.4.3 用地控制规划

(1) 土地使用规划

1) 土地用途控制规划

在开发建设过程中，开发者不得随意改变地块的使用性质，但规划管理部门可根据发展需要有条件地依据规划，在"土地使用兼容性表"规定的基础上进行用地性质的调整。变更地块性质只能在同性质用地的范围里变动,如需在不同性质用地的范围内进行变动,必须经主管部门进行论证后方可变动(表5.1.4-1)。

土地使用兼容性表　　　　　表5.1.4-1

用地性质		R		C						
		R1	R2	C1	C2	C3	C4	C5	C6	C9
R	R1		-	-	+	-	-	-	-	-
	R2	+		-	-	+	-	-	-	+
C	C1	-	-		-	-	+	-	-	-
	C2	-	-	-		-	+	-	-	-
	C3	-	-	-	+		-	+	+	+
	C4	-	-	-	-	-		+	-	-
	C5	-	-	-	-	-	+		+	+
	C6	-	-	-	-	-	-	+		-
	C9	-	-	-	-	-	-	+	-	
备注	横列对纵列兼容: +表示兼容;-表示不兼容,S、U、G类用地不具有兼容性,G类用地可以被任意兼容。									
	表中用地性质代号符合《城市用地分类与规划建设用地标准》(GBJ 137—90)									

注：由于本书中所选用的镇区详细规划案例均为在《镇规划标准》(GB 50188—2007)颁布之前编制的,而原《村镇规划标准》中的用地分类存在较多问题,因此,在新标准颁布前所做的实际案例均沿用了城市用地分类的标准。

2) 地块划分

各地块内细分地块主要划分原则为：

① 以干路为界限划分大地块；

② 在大地块内根据用地性质划分小地块；

③ 根据地块开发主体需求规模确定居住组团大小,确定细分地块。

为了在具体开发中落实地块结构和设计意图,规划将社区公建、小学、幼托和公共绿地单独划出。在实际开发中,如果开发企业有实力，建议统一开发相邻多个地块，以求更佳的空间统一性。

3) 土地使用强度控制规划

规划区内土地使用强度按规定性指标和指导性指标来控制（表5.1.4-2）。

地块控制指标一览表❶　　　　表5.1.4-2

地块编号	用地性质	地块面积（m²）	容积率	建筑面积（m²）	建筑密度（%）	绿地率（%）	建筑限高（m）	机动车出入口方位	停车位（个）	居住户数（户）	居住人数（人）
C1-1	G1	4576	—	—	—	≥50	—	—	—	—	—
C1-2	G1	3019	—	—	—	≥60	—	—	—	—	—
C1-3	G1	9406	—	—	—	≥50	—	—	—	—	—
C1-4	R2	19423	≤0.95	≤18452	≤25	≥30	≤18	E/NW	≥38	154	492
C1-5	R2	23345	≤0.95	≤22178	≤25	≥30	≤18	SE/NW	≥46	185	591
C1-7	R2	23459	≤0.95	≤22286	≤25	≥30	≤18	E	≥46	186	594
C1-8	R1	19390	≤0.45	≤8726	≤25	≥50	≤9	W	≥32	32	128
C1-10	G1	14068	—	—	—	≥85	—	—	—	—	—
C1-12	R2	30411	≤0.75	≤22808	≤20	≥40	≤15	S/N	≥48	190	608
C1-13	S3	6700	≤0.2	≤1340	≤10	≥30	≤8	S/N	≥100	—	—
C2-1	C2	18710	≤0.9	≤16839	≤45	≥25	≤15	S/N	≥84	—	—
C2-2	C3	6185	≤0.6	≤3711	≤35	≥40	≤10	W	≥12	—	—
C2-3	G1	4100	—	—	—	≥85	—	—	—	—	—
C2-4	C2	18287	≤0.9	≤16458	≤45	≥25	≤15	S/N	≥82	—	—
C2-5	C2	9270	≤0.9	≤8343	≤45	≥25	≤15	S/N	≥28	—	—

❶ 由于篇幅所限，本书只节选了原规划案例中本表格的部分地块内容。

规定性指标包括：用地性质、地块面积、容积率、建筑面积、建筑密度、建筑后退、建筑限高、建筑层数、绿地率、出入口方位、停车泊位等11项。

指导性指标包括：人口容量（户数、人数）、建筑风格、建筑色彩等3项。

(2) 环境容量控制规划

环境容量控制是为了保证良好的城镇环境质量，按照建设用地所能容纳的建设量和人口聚集量，对土地开发做出合理的控制和引导，其中控制指标包括：容积率、建筑密度、人口密度、绿地率等。

1) 容积率

建设用地范围内居住用地（含商住混合用地）容积率为0.45~1.5，行政办公用地容积率为0.2~0.5，商业金融业用地容积率为0.3~1.25，文化娱乐用地容积率为0.25~0.6，医疗卫生用地容积率为0.7。根据地块面积大小可相应调整，具体由地块分图则详细规定。

容积率可以转让，转让只能在相邻地块间进行（相邻地块指同一街坊内的地块），转让只能在同种性质的地块或性质相容的地块之间进行，转让的数额不得大于两地块中容积率较小地块的40%。

2) 建筑密度

地块建设中建筑密度只能小于或等于地块指标控制表中关于建筑密度的规定值。

3) 绿地率

居住社区内的公共绿地面积指标：

组团不小于$0.5m^2$/人；小区不小于$1.0m^2$/人（规划已经单独划出小区级公共绿地）；居住社区内每块公共绿地面积应不小于$400m^2$，且至少有1/3绿地面积在规定的建筑日照间距范围之外。

山东省东营市广饶县大王镇镇区（C地块）用地指标图见图5.1.4-3。

5.1 镇区控制性详细规划

图 5.1.4-3　山东省东营市广饶县大王镇镇区（C 地块）用地指标图

规划范围内各地块绿地率按表 5.1.4-3 有关制定，且不得低于分图则中绿地率指标的规定值。

地块绿地率指标表　　　　　表 5.1.4-3

用地类型	用地代号	绿地率(%)
居住	R	≥30
行政办公	C1	≥40
商业金融业	C2	≥25
文化娱乐	C3	≥40
医疗卫生	C5	≥40
广场	S2	≥30
市政设施	U	≥45

（3）建筑控制规划

1）建筑间距

住宅建筑（南侧）与非住宅建筑（北侧）之间的最小间距

见表 5.1.4-4；非住宅建筑之间的最小间距见表 5.1.4-5。

住宅建筑（南侧）与非住宅建筑（北侧）之间的最小间距（m） 表 5.1.4-4

建筑类别 控制间距 建筑类别	多层、中高层住宅建筑				低层住宅建筑			
	平行布置	垂直布置	山墙		平行布置	垂直布置	山墙	
			两侧	单侧或无			两侧	单侧或无
多层非住宅建筑	15	9	6	—	10	—	6	—
低层非住宅建筑	9	6	6	—	9	—	—	—

非住宅建筑之间的最小间距（m） 表 5.1.4-5

建筑类别 控制间距 建筑类别	多 层 建 筑				低 层 建 筑			
	平行布置	垂直布置	山墙		平行布置	垂直布置	山墙	
			两侧	单侧或无			两侧	单侧或无
多层建筑	15	9	6	—	6	6	6	—
低层建筑	10	6	6	—	6	6	6	—

注：裙房高度小于 10m（含 10m）时，按低层间距控制，高度超过 10m，小于 24m（含 24m）时，按多层间距控制。

2）建筑退让

建筑物后退建筑用地边界距离，应符合分图则相关规定，且符合有关设计规范，除非有特别交代，地下建筑物的离界距离在确保施工安全的前提下不小于 3m。如果在两相临地块的地块边界线上设置共用道路，则建筑后退线必须至少距离南北向道路两侧 3m、东西向道路两侧 5m。如果地块合并开发，则合并地块间的原用地边界无需再建筑后退（图 5.1.4-6）。

建筑物后退城镇道路规划红线最小距离（m） 表 5.1.4-6

后退距离 建筑高度 道路宽度	小于 10m	10~18m	大于 18m
40m 以上	8	10	15
30~40m	6	8	10
20~30m	5	5	10
20m 及以下	3	3	10

注：高低组合的建筑后退距离按建筑不同高度分别控制。

道路平面交叉口四周的建筑物后退道路红线距离应符合相关规定，并应同时满足交叉口停车视距三角形控制要求。

各地块若需设置围墙，则居住地块围墙可设置在用地红线上，公建地块若需设置围墙至少退用地红线 1m。如两相临地块设置共用道路于地块边界线上，则地块围墙须退道路边线 1m。

（4）交通指标控制

1）出入口方向

规划主干道两侧一般不宜设置吸引大量车流、人流的地块出入口；次干道两侧可设置人流量较大的公建以及机动车、非机动车的停车场地和公交站点，规划在部分地块要求设置地下公共停车场，该地块必须严格执行配建。

地块出入口主要分为机动车出入口和人流出入口。机动车出入口除进出机动车外，非机动车和人流亦可正常出入。

地块出入口方向应符合分图则规定性指标中相关规定。地块出入口与城镇道路相交时，应尽量采用正交布局，若斜交则不宜小于 75°。

各地块机动车出入口位置距离城镇主干道交叉口不宜小于 80m，距离次干道交叉口不宜小于 50m，距离支路交叉口不宜小于 30m，距桥隧坡道的起止线距离不小于 30m；地块内红线宽度 12m 以上，道路机动车开口须退交叉口至少 12m。基地位于两条以上道路交叉口，出入口尽可能设置在级别较低的道路上。

存在较大交通流量的公建，如办公、商贸、步行商业街等布置在干道交叉口附近时须采取措施，使人流、车流出入口距交叉口距离不小于50m或组织单向交通。

商业地块的人行、车行出入口方向原则上实行"人车分流"制，规定主要人流和车流方向。保证环境的安全舒适，结合商业设施的布局，方便行人购物和休闲游憩。

2) 停车泊位

住宅建筑停车位最低控制指标见表5.1.4-7。公共建筑停车位最低控制指标见表5.1.4-8。

住宅建筑停车位最低控制指标　　表5.1.4-7

类别	小汽车	自行车
低层住宅	1辆/户	1辆/户
其他普通住宅	1辆/4户	1.5辆/户

公共建筑停车位最低控制指标　　表5.1.4-8

建筑类别	小汽车	自行车
办公	0.3辆/100m^2	3辆/100m^2
商业金融、服务业、市场、文娱等	1辆/300m^2	8辆/100m^2
餐饮	1.5辆/100m^2	10辆/100m^2
医院	1辆/500m^2	3辆/100m^2

(5) 城镇景观控制

1) 城镇景观规划

① 在尊重城镇建设目标，即"全国百强镇和绿都银镇"的同时，要严格控制镇区的轮廓线、制高点、视线通道、标志物、城镇雕塑以及其他景观要素。

② 景观绿化区（城镇公园、植物花苑、公共绿地及防护绿带）内的各项建设均需符合景观规划有关要求，需进行专项设计。

③ 在设计地区（或区段）的景观要素，要综合考虑整个城镇的整体效果，提高城镇的环境质量和艺术品质。

2）城镇建筑景观

① 抓好镇区标志性和重点建筑的设计、施工管理和周边环境设计，打造大王镇的城镇形象品牌。

② 沿街建筑立面和空间造型要符合详细规划或城市设计确定的原则和要求，并注意整体界面的统一协调，在统一中求变化，以形成丰富的城镇街道景观。

③ 同一住宅组群内建筑在符合分图则中相关规定的同时，在风格、造型、色彩方面宜协调统一，并宜形成标识性。

④ 各地块沿街界面原则上要求采取通透式围墙设计，形式要美化，与周围环境要协调。

3）城镇雕塑和建筑小品

① 设置城镇雕塑应符合城镇规划要求和设置规定，雕塑选址应不影响城镇交通，且要方便公众观赏。

② 雕塑和小品的设计，要体现区段特征和整个城镇的特征，应着重体现大王镇风貌和人文精神。

4）户外广告、招牌、指示牌、公用电话等

① 户外广告、招牌、指示牌、公用电话应当遵循安全美观的原则，并符合消防、通风、采光等要求，造型要与环境相宜。

② 在主要道路交叉口不应设置影响交通视线的广告和影响行车安全的闪烁照明。

③ 户外广告、招牌、指示牌、公用电话等设置建议进行专项设计。

5.1.4.4 规划评析

控制性详细规划的作用是在镇区总体规划的要求下具体指导地块的开发建设。该规划在延续镇区总体规划结构和功能布局的基础上，进一步将功能用地布局细化和具体化，做到各项功能设施用地规划的定位、定量和定边界，具体确定每一地块的开发控制指标，包括规定性指标和指导性指标，并提出了相应的规划实施细则。该规划从城镇整体景观、建筑景观、雕塑与建筑小品以及户外广告、招牌、指示牌与公用设施等方面对塑造城镇景观提出了具体的控制要求。

5.2 镇区修建性详细规划

5.2.1 镇区修建性详细规划的作用

镇区修建性详细规划以镇区总体规划和镇区控制性详细规划为依据,对镇区当前拟建设开发地区和已明确建设项目的地块直接做出建设安排的更深入的规划设计。

镇区修建性详细规划可直接指导镇区当前开发地区的总平面设计及建筑设计。

5.2.2 镇区修建性详细规划编制的前期准备与编制审批程序

镇区修建性详细规划的编制工作阶段一般分为以下五个阶段:项目准备,现场踏勘与资料收集,方案阶段,成果编制,上报审批。

镇人民政府可以组织编制重要地块的修建性详细规划。方案阶段的成果汇报评议由编制单位向委托方汇报规划方案构思,听取有关专业技术人员、建设单位和规划管理部门意见,并对按双方交流达成的修改意见修改后的方案再次交流、修改,直至双方达成共识,转入成果编制阶段。

正式成果编制完成后,由镇人民政府或上一级人民政府规划行政主管部门采用成果汇报会方式进行审查,镇区重要地块的修建性详细规划一般要经专家评审再上报审批。

5.2.3 镇区修建性详细规划的主要内容

(1) 建设条件分析及综合经济论证,找出现状存在的问题及规划应注意解决的主要问题和措施。

(2) 做出建筑、道路和绿地等的空间布局和景观规划设计,布置总平面图。

(3) 道路交通规划设计。
(4) 绿地系统规划设计。
(5) 工程管线规划设计。
(6) 竖向规划设计。
(7) 估算工程量、拆迁量和总造价，分析投资效益。

5.2.4 镇区修建性详细规划案例——上海市南汇区周浦镇镇区分地块详细规划

5.2.4.1 R3 线站场周边地块详细规划说明

（1）区位分析

R3 线站场周边地块位于上海市南汇区周浦镇年家浜路以南，罗南大道以西，六灶港以北，高压走廊以东，规划面积 52.3hm²。

上海市南汇区周浦镇镇区 R3 地块修建性详细规划总平面图见图 5.2.4-1。

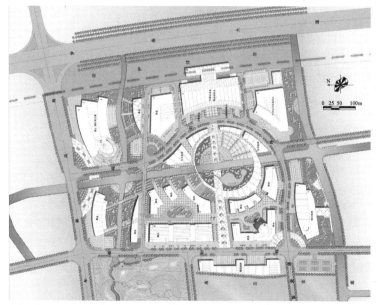

图 5.2.4-1　上海市南汇区周浦镇镇区 R3 地块修建性详细规划总平面图

该地块北侧及西南侧由上海市"四高"居住示范区康桥和周浦基地及周浦中心镇镇区居住用地包围；同时，该地块地处周浦中心镇镇区城镇公共发展轴——年家浜路的中部，紧邻轨道交通R3线站场、公交巴士换乘站和城市快速干道——罗南大道的周浦下匝道口，跨罗南大道，又与其东侧的上海国际医学园区、康桥工业区东区毗邻，是一个可为整个周康地区及其周边地区的交通、商贸、健身娱乐及文化休闲等多种需求提供服务的综合区。

（2）规划理念

深入诠释周浦中心镇镇区"生态·人文·健康"之多样化精益生活的社会经济环境发展目标，结合轨道交通R3线站场周边，进行商贸服务、文化休闲及居住等综合开发，打造地区性通勤交通枢纽点和商务服务门户，为周康地区以及周边更大范围的居住者、工作者提供交通便捷、功能完备的商贸服务、文化休闲、娱乐健身等多项服务，树立地区吸引点，带动和推进整个地区的发展。

上海市南汇区周浦镇镇区R3地块修建性详细规划空间形态示意图见图5.2.4-2。

图5.2.4-2　上海市南汇区周浦镇镇区R3地块修建性详细规划空间形态示意图

（3）结构布局

依据自然和道路分界，总体布局上形成商业综合区、R3站场及其综合服务区、娱乐健身区和商务办公及文化休闲综合区等四大功能分区，并进一步细分为十三个片区，即：

年家浜路南侧的商业综合区，以地块内部规划路和七灶港为界，细分为三块商业用地和一块酒店/酒店式公寓用地；

罗南大道西侧的 R3 站场及其综合服务区，从北向南又可细分为商业用地、R3 站场及商业综合体用地和 R3 站场配套办公用地三部分；

中部的商务办公及文化休闲综合区，以规划道路和姚渔港为界，自西向东分别为文化休闲用地、商务综合用地、公共绿化中心区以及另一块文化休闲用地；

整个地块西南为娱乐健身区，该区被高压走廊、规划路一分为二，西侧以室外运动为主，东侧以室内场馆运动为主。

规划注重整个地块的内向有机性和外向拓展性。以商业综合区、商务办公及文化休闲综合区和 R3 站场及其综合服务区的主体建筑，创造一个地标点和两个景观节点，增加该区域的地标性，强化城镇公共发展主轴年家浜路向东的延展态势，促进周康地区的一体化发展；同时，以高低有序的文化休闲和商务办公建筑群，结合地块中部姚渔港两岸，共同创造内向性的公共绿化中心，增强该区域的内聚性和整体性。

（4）道路交通

该地块周边道路有城市快速交通干道罗南大道、城镇交通性主干道年家浜路，以及支路繁荣路延长段、高压走廊及规划路和祝家港路延长段，其中罗南大道有下匝道与年家浜路相接，年家浜路下穿罗南大道。

该地块东侧为大容量的轨道交通 R3 线站场及其配套设施，能承载和快速疏散大量人流；与 R3 站场相结合，设置公交车换乘点、出租车换乘点以及大型机动车、非机动车的地面、地下停车场（库），共同组成交通换乘枢纽，以零距离换乘的理念，方便镇区和地区人流的出行，同时，满足商业综合区、商务综合区、娱乐健身区等人流的集聚和疏散需要。

规划内向性广场两个，外向性广场五个。内向性广场位于商务办公综合区内部。外向性广场分别为位于地块北部，规划路与年家浜路交叉处的入口区广场；位于 R3 站场及其综合服务区内的商业广场和站前广场；位于地块中部公共绿化中心区内的中心广场；位于地块西南，内部规划路与高压走廊及规划路交叉处的公共活动广场。对中心广场的设计强调合理分区、分规模、重特色，创造具有亲和力的公共活动场所；对入口区广场的设计增强标识性和导向性；对站前广场的设计加强秩序性；对商业广场和商务广场的设计注重不同气氛的渲染。

规划为有效组织车行交通和步行交通，特别对公交车流线和步行流线加以组织，公交车流线主要沿年家浜路、高压走廊及规划路和内部规划路双向组织；步行流线主要是围绕和衔接五个外向性广场和两个内向性广场组织，同时，对连接地块中部公共绿化中心区内的中心广场和 R3 站场站前广场这条东西走向的步道进行人性化设计，创造适宜的步行空间环境，形成步行空间主轴。

配合 R3 站场及其配套服务区、商业和商务办公区以及文化休闲和娱乐健身设施的需要，设置地面机动车停车场六处、地面非机动停车场两处以及地下集中停车库四处，可同时满足约 1150 辆机动车和 3100 辆非机动车的停车需要。

上海市南汇区周浦镇镇区 R3 地块修建性详细规划道路交通分析图见图 5.2.4-3。

（5）绿化景观

沿罗南大道一侧 100m 宽的防护绿带和地块西侧紧邻周浦中心镇高压走廊防护林带，作为外在的绿化渗透，使该地块的开发更具环境优势。

规划在商业综合区、商务办公及文化休闲综合区和 R3 站场及其综合服务区结合主体建筑的设计和建造，创造一个地标点和两个景观节点。

结合入口区广场的设计，形成该地块的入口门户景观区；结合中心广场的环境景观设计，形成整个区域的绿心；同时，将商务办公综合区的内向性广场，设计成为绿化休闲小广场。

5.2 镇区修建性详细规划

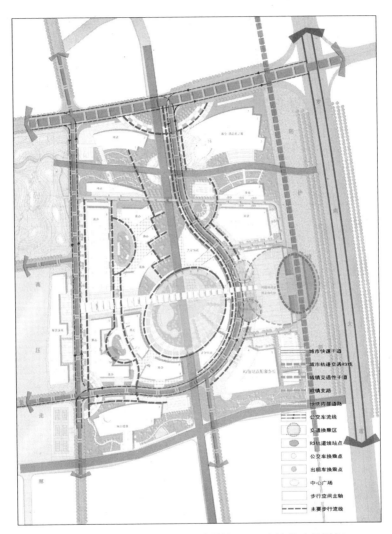

图 5.2.4-3　上海市南汇区周浦镇镇区 R3 地块修建性详细规划道路交通分析图

规划将入口门户景观区、中心广场及其绿心，与姚渔港两岸的滨水休闲绿带有机结合起来，共同形成贯穿整个地块的中心绿化渗透走廊。

将高压走廊防护林带、罗南大道防护绿带,与连接中心广场和 R3 站场站前广场的步道加以组织,形成东西走向中心林荫步道。沿七灶港和六灶港设计两条东西走向的滨水休闲绿化景观带。

将不同风格、不同景观的中心绿化渗透走廊、中心林荫步道、滨水休闲绿带与渗透区、地标点、景观节点等绿化景观要素有机组织起来,形成环境优雅、内涵丰富、供人们游憩休闲的综合区(图 5.2.4-4)。

R3 地块主要技术经济指标见表 5.2.4-1。

R3 地块主要技术经济指标　　表 5.2.4-1

colspan="3"	总用地面积	53.18hm²
其中		河道面积	3.26hm²
colspan="3"	总建筑面积	46.26 万 m²
其中		商业综合区建筑面积	8.12 万 m²
	其中	商业建筑面积	2.06 万 m²
		酒店建筑面积	6.06 万 m²
		R3 站场及其综合服务区建筑面积	9.75 万 m²
	其中	商业建筑面积	3.74 万 m²
		R3 站场建筑面积	3.55 万 m²
		站场配套办公建筑面积	2.46 万 m²
		娱乐健身区建筑面积	3.64 万 m²
		商务办公及文化休闲综合区建筑面积	24.75 万 m²
	其中	商务办公建筑面积	21.63 万 m²
		文化休闲建筑面积	0.72 万 m²
		餐饮休闲建筑面积	2.40 万 m²
colspan="3"	建筑占地面积	11.70 万 m²
colspan="3"	容积率	0.87
colspan="3"	建筑密度(%)	22
colspan="3"	绿地率(%)	35
colspan="3"	停车位	4217 辆
其中		机动车停车位	1147 辆
		非机动车停车位	3070 辆

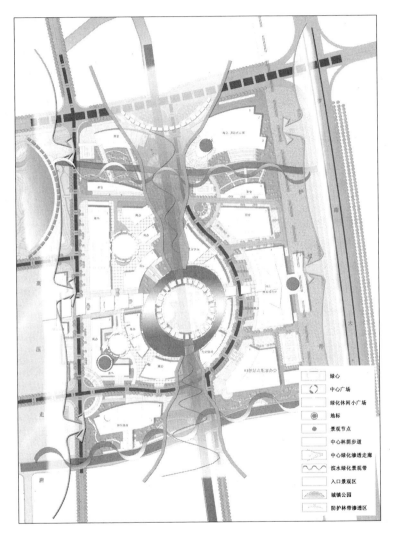

图 5.2.4-4　上海市南汇区周浦镇镇区 R3 地块修建性
详细规划绿化景观分析图

5.2.4.2　R3 线站场周边地块规划评析

该规划地块位于周浦城镇公共中心轴线，周边为上海市的居住示范区，交通便利，规划功能为地区性的综合服务区。根据该功能定位以及自然条件及道路分界，划分的商业综合区、R3站场及其综合服务区、娱乐健身区和商务办公及文化休闲综合区等四大分区功能明确，布局合理，注重了整个地块内在功能的有机性与向外的拓展性。规划充分考虑了周边大容量的轨道交通R3线站场及其配套设施能承载和快速疏散大量人流的特点，在规划中充分考虑与R3站场相结合，设置交通换乘枢纽和组织各类交通空间，方便换乘和组织镇区和地区人流的出行，同时满足商业综合区、商务综合区、娱乐健身区等人流的集聚和疏散需要。

规划还通过地标点设计和景观环境的塑造，强调了该区域的地标性，并重点对地块各入口区增强了标识性和导向性设计。

5.2.4.3　3号地块详细规划说明

（1）区位分析

3号地块位于秀浦路以南，周东路以西，周邓公路以北，咸塘港以东，规划面积22.3hm^2。该地块北侧为康桥半岛别墅区，西南与咸塘港隔岸相望为周浦老城区的所在，东侧为二类居住用地。沿船港从地块的北部穿过，将地块分为北部的商业、文化、娱乐用地和南部的二类居住用地（图5.2.4-5）。

（2）规划理念

深入诠释周浦中心镇"生态·人文·健康"多样化精益生活的内涵，将亲和自然的健康生活理念融入规划；同时，对周浦历史形成的水－绿－街相间的生态母题，以及主街－背弄的空间母题加以提炼，以生态生长的手法进行再创造。

（3）结构布局

在秀浦路和沿船港之间，结合特色商贸节点的总体定位，设置商业、文化和娱乐设施，建筑特色力求与其特定区位相吻合。

沿船港以南，借助沿船港的水景，考虑景观均好性，并结合小区道路功能、健康和休闲需要，形成一条起于沿船港，并与咸塘港相平行的林荫道，作为居住小区的生长元。

5.2 镇区修建性详细规划

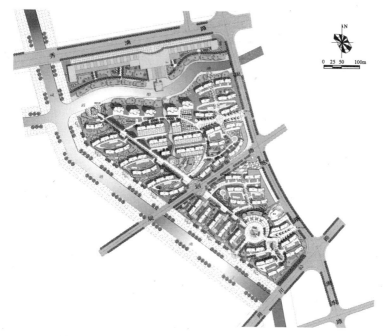

图 5.2.4-5　上海市南汇区周浦镇镇区 3 号地块修建性
详细规划总平面图

由自然和道路分界，小区南北两个分地块分别形成 3 个和 5 个居住组团。以小区生长元为基础，分别生长出南北走向的一条水脉和一条绿脉，将南北两个居住分地块中的组团有机组织起来。

结合水脉的生长原点，组织绿化景观和会所，形成北片居住分地块的中心；结合绿脉的生长原点，将会所、绿化景观与保留的教堂结合起来，形成南片居住分地块的中心。

以不同的手法，将周浦的生态母题和空间母题融入组团，形成不同风格的组团，提高不同组团的可识别性。其中，绿脉上的组团围绕各自的组团绿化，形成梅园春、兰园春、竹园春、菊园春四个组团；沿咸塘港和沿船港的组团，发挥滨水优势，形成水湾居、水岸居、水畔居三个组团；位于北片中心的水上居，依托水脉，展示周浦历史形成的典型的生态母题和空间母题（图 5.2.4-6）。

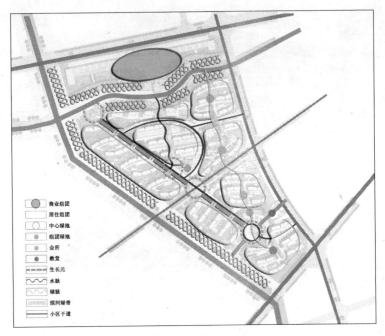

图 5.2.4-6 上海市南汇区周浦镇镇区 3 号地块修建性
详细规划功能结构图

(4) 道路交通

该地块周边的道路包括北侧的城镇交通性主干道秀浦路,东侧的城镇生活性干道周东路,南侧的城镇生活性干道周川公路,横穿地块中间的规划路为城镇支路。

地块内部道路分为三级,即小区级道路、组团级道路和宅前道路,宽度分别为 7m、5m 和 3m。配合总体构思,规划在周东路上设置南北两个分地块的主入口,在规划路上结合小区内林荫道设置相对的小区次入口。

小区内部采用人车混行的方式组织交通,但小区内的林荫道则适当考虑人车分行。沿咸塘港和沿船港,结合滨水休闲绿化景观带组织滨水步行道。

南北两个分地块分别结合会所和小高层布置集中地下停车

库；同时，各个组团设置数量不等的地面停车位。

(5) 绿化景观

该地块充分利用咸塘港和沿船港的水景，结合绿化、小品配置创造具有亲和力的滨水环境，以此向小区内部渗透，并且，通过沿咸塘港和沿船港的住宅设计，将这种渗透引向小区纵深，使得小区居民能最大限度地享受水环境。

结合建筑设计，以商业建筑的滨水段、南北分地块的两个会所以及保留的教堂，形成小区四个景观标志点。

沿船港与小区生长元——林荫道的交点作为沿船港滨水绿化的重要节点，同时，与南北两个居住分地块的次入口绿化空间及中心绿地，共同构成小区的楔形绿色通廊。该小区的绿化系统分为三级，即小区级绿化、组团级绿化和宅前屋后绿化。除上述小区级绿化外，各组团根据住宅的不同组合形式组织组团绿化和宅前屋后绿化。

上海市南汇区周浦镇镇区 3 号地块主要技术经济指标见表 5.2.4-2。

3 号地块主要技术经济指标　　　表 5.2.4-2

	项目	指标
	总用地面积	22.30hm²
其中	河道面积	1.37hm²
	内部水体	0.50hm²
	总建筑面积	21.95 万 m²
其中	住宅建筑面积	16.52 万 m²
	公共建筑面积	5.40 万 m²
	教堂建筑面积	0.03 万 m²
	建筑占地面积	5.50 万 m²
	容积率	0.95
	建筑密度（%）	24.7
	绿化率（%）	35
	停车位	696 辆
其中	机动车停车位	218 辆
	非机动车停车位	478 辆

5.2.4.4 3号地块规划评析

该规划地块的主要功能为北侧的商业、文化、娱乐用地和南侧的二类居住用地,两类功能由沿船港在地理空间上自然分开。在南部的居住区域的规划中,充分考虑了居住空间内部景观均好性的要求,以自然地形和道路等将居住区域划分为8个居住组团,以南北向的水脉和绿脉将居住组团有机串联,结合绿化、小品配置和建筑设计,形成小区景观标志点,并渗透到小区内部。

该地块内部的道路组织比较合理,结合居住组团的布局,将内部道路划分为小区级道路、组团级道路和宅前道路三级,小区内部以人车混行的方式组织交通,既满足小区内的交通出行需求,也充分考虑了林荫道、滨水步行道等景观通道需求。

上海市南汇区周浦镇镇区3号地块修建性详细规划空间形态示意图见图5.2.4-7。

图 5.2.4-7　上海市南汇区周浦镇镇区3号地块修建性详细规划空间形态示意图

第6章 小城镇城市设计与镇区改造规划

6.1 小城镇特色风貌与小城镇城市设计

6.1.1 小城镇特色风貌

(1) 小城镇特色的内涵

小城镇特色是指一个小城镇区别于其他小城镇的个性特征。小城镇特色有层次、内容之分。就层次而言,可以将小城镇特色分解为中国特色、地区特色和本镇特色三个层次。其中,中国特色对小城镇特色产生最深层、最隐含的影响;地区特色提供了设计、营造小城镇特色的自然和文化氛围;本镇特色对小城镇产生最具体、最直接的影响。就城镇特色的内容而言,可以体现在自然、历史、文化传统、社会、经济等某一方面,也可以是上述若干方面的整体表现。

(2) 构成小城镇特色风貌的要素

构成小城镇特色风貌的要素主要有自然环境、历史文化传统、建筑风貌和经济结构等方面。

自然环境是影响小城镇特色风貌的本质因素。自然环境对小城镇特色风貌的作用可以从自然环境背景和小城镇场所两个层面考察。前者主要指小城镇在大尺度自然环境中所处的自然地带、地理位置、地形地貌等,后者主要指小城镇周围的地理环境特征,尤其是指小城镇规划设计中的"基地"。

小城镇的历史文化传统是特有的,也是其他小城镇所不能复制的。小城镇特色风貌是文化传统的积累、历史文脉的延续。特色需要一个完整的文化背景作为支撑，文化是小城镇特色风貌最内在、最具有恒久力的内容。

小城镇的建筑布局形式和风貌构成了其不同的体形环境和空间特征，是小城镇特色风貌的物质景观和最直接表现，是小城镇内在特色的外在物质表现形式。

经济结构和产品结构也是小城镇特色风貌的构成要素，"一镇一品"或"一镇几品"，既避免了小城镇盲目发展，又错开了各城镇所需的资源结构，防止对相同资源的恶性竞争。同时，特色的形成也错开了小城镇之间的市场竞争，从而使小城镇各得其所，实现功能优势互补。

总之，小城镇特色风貌是在各要素综合基础上形成的，始终与地方性历史文化传统、地域经济和自然条件结合在一起。小城镇是地方文化和资源结构在地域空间的集中体现，自然环境和历史文化传统是其形成和发展的基因。地方的历史文化传统、自然环境既可构成小城镇特色风貌的底蕴，又可直接成为小城镇特色风貌的表现形式；在历史文化传统、自然环境基础上，浓缩、提炼而成的景观特色、产业特色，能够产生有形或无形的经济效益和社会效益。

6.1.2 小城镇城市设计

《城市规划基本术语标准》（GB/T 50280—89）中对城市设计的定义为：对城市体型和空间环境所作的整体构思和安排，贯穿于城市规划的全过程。《城市规划基本术语标准》还在条文说明中较详尽的指出："城市设计所涉及的城市体型和空间环境，是城市设计要考虑的基本要素，即由建筑物、道路、绿地、自然地形等构成的基本物质要素，以及由基本物质要素组成的相互联系的、有序的城市空间和城市整体形象，如从小尺度的亲切的庭院空间、宏伟的城市广场，直到整个城市存在于自然空间的形象。城市设计的目的，在于提高城市的环境质量、城市景观和城市整体形象的艺术水平，创造和谐宜人的生活环境。城市设计应该贯穿于城市规划的全过程。"

6.1.2.1 小城镇城市设计的特点

小城镇的城市设计与大中城市进行的城市设计本质上是一致的。但是由于小城镇处于城市和乡村之间，规模一般都较小，因此，其城市设计与大中城市还是有一定区别的。除了遵循城市设计应进行的各项工作程序和内容外，一般都较简单，工作量也较小，但必须特别注意小城镇的特殊性在城市设计中的体现，需要研究以下几个方面的内容：

（1）小城镇形态的可感知性与小城镇空间的可识别性研究

镇区总体规划往往对城镇形态与城镇主要空间的形成起到了决定性的影响。城镇的形态应该是可感知的，这是形成可识别城镇空间的基础，也体现了城镇的个性。城镇形态的可感知因素包括中心、标识物、边界、路径、空间与建筑物特征等几个方面。在镇区总体规划阶段的城市设计工作，可着眼于对城镇形态的可感知性研究，结合土地利用、交通规划等构建城镇整体布局意象。

（2）小城镇景观素材的挖掘、分析与强化

小城镇的景观素材主要有：山、水、植物、建筑物、艺术品、设施等。在镇区总体规划阶段的城市设计工作要提出强化这些景观要素，提出塑造城镇个性形象的方法与措施。

（3）小城镇的尺度问题

城镇的尺度是建立人与城镇、建筑和空间之间的尺度关系，以及在小城镇中建筑实体之间、空间之间及实体与空间之间的一种和谐的尺度关系。研究以人为中心的尺度如何运用及多大程度上运用的问题，以及随着城镇规模的扩大、机动交通的介入，城镇应该建立怎样的空间尺度关系，这些是应该作为小城镇城市设计中考虑的重要问题。

（4）小城镇的空间轮廓设计

包括对现有空间轮廓的分析、规划空间轮廓及其变化趋势、保护小城镇空间轮廓的完美、进行制高点的布局等，并研究小城镇轮廓与区域背景、自然背景的关系，积极构筑新景观，提供良好的景观点,有利于创造良好的小城镇空间轮廓线。

6.1.2.2 小城镇城市设计的层次及内容

小城镇城市设计可对应小城镇规划的不同阶段而划分为两个阶段:总体规划阶段的城市设计和详细规划阶段的城市设计,分别对应乡镇域总体规划、镇区总体规划阶段和控制性详细规划、修建性详细规划阶段。前一阶段主要以策略性城市设计为主,而后一阶段的小城镇城市设计更多地体现形态性城市设计的手法。

(1) 总体规划阶段的小城镇城市设计

总体规划阶段小城镇城市设计的任务主要是配合总体规划,首先对城镇的空间组织具有根本性影响的内容,如小城镇的发展背景、功能、形态、结构、活力、景观、公共环境设施及其发展意向进行研究和分析。在此基础上,选取一些能够体现小城镇空间环境特色的方面进行策略性城市设计。总体规划阶段小城镇城市设计的内容主要由以下几个方面构成:

1) 确定小城镇空间形态格局

根据小城镇所在的自然地理环境及历史形成的布局特征,结合总体规划要求的用地功能布局,构造整个小城镇的空间系统发展形态,拟定主要的发展轴线和重要节点。为小城镇各类性质、形态的空间建立起易于识别的、富有特色的整体空间形态系统。

2) 构造小城镇景观系统

构造小城镇景观系统包括组织重要的景观节点、观景点和视线走廊系统,提出视线走廊范围内建筑物位置、体量和造型的控制原则;提出公园绿地系统的布局,主要广场的位置、序列和层次,对滨水岸线的控制指引;对小城镇中的建筑布局,特别是高层建筑的布置提出控制要求。

3) 小城镇竖向轮廓设计

要根据小城镇的自然地形条件和景观、建筑特征,对小城镇整体建筑高度进行分区,确定高层建筑和制高建筑的布局。对历史文化名或小城镇中某些传统建筑保护区,更要慎重研究建筑高度的控制。小城镇竖向轮廓设计还包括对自然地形和植被的保护利用，对小城镇主入口、江河湖海沿岸和它的制高点、观景点视线所及的天际线、竖向轮廓进行设计控制。

4）小城镇道路、步行系统景观构造

从空间环境质量的角度提出小城镇的路网、道路线型、性质、交叉口及断面空间要求。对交通型道路，宜以行车的尺度、速度为参照进行空间组织，使之有助于沿路展示小城镇的景观形象；对于步行街区系统，则应以人行的尺度、速度为参照进行空间组织，并与人在小城镇中的活动特征相吻合。

5）提出小城镇建筑风格、色彩和标志物等的整体设计构想

总体规划阶段的小城镇城市设计中，应从塑造小城镇个性、特色的要求出发，结合小城镇的自然地理条件与历史传统特征，对小城镇的建筑艺术特色、建筑色彩控制、建筑风格的分区、建筑基调等进行确定。确定节点的布置及控制原则，并对主要标志物及其相应的开阔空间布局进行构思。

（2）详细规划阶段的小城镇城市设计

详细规划阶段的小城镇城市设计主要是把总体规划阶段的小城镇城市设计要求进一步深化、具体化，以人作为设计主体，将人进行各类活动的视觉要求对小城镇的环境空间做出具体安排。这一阶段小城镇城市设计的对象是小城镇的局部空间，主要内容包括：

1）建筑群体形态设计

建筑群体形态设计是以总体规划阶段的城市设计和地块的详细规划为依据，研究每个地块、建筑以及地块与地块、建筑与建筑相互之间的功能布局和群体空间组合的形态关系，区分主次、建立联系，使建筑群体有机和谐，为确定该地块建筑的体量大小、高低进退以及建筑造型提供依据。

2）小城镇公共空间设计

小城镇公共空间的设计实际上是与建筑群体形态设计同时进行的。小城镇公共空间通常由建筑群体围合形成，受到围合它的建筑物布局、形态、尺度的影响很大。小城镇公共空间的设计包

括空间系统组织、功能布局、形态设计、景观组织、尺度控制、界面处理等许多方面。小城镇公共空间包括大小广场、大小绿地、有趣味的街道或步行休闲空间等。

3）绿地与建筑小品设计

绿地和建筑小品的设计包括对绿地的布局和风格，植物的选择和配置，建筑小品的设计意图和布点提出设计要求。建筑小品包括雕塑、碑塔、柱廊、喷泉水池等。

4）广告、招牌等环境设施

环境设施包含的内容很广，一般是指小城镇中除建筑、构筑物、绿化、道路以外，用于休息、娱乐、游戏、装饰、观赏、指示、商务、市政、交通的所有人工设施，如座椅、花坛、喷泉、候车亭、售货亭、广告、招牌、电话亭等城镇家具，以及商品展示窗、公共厕所、邮筒、垃圾箱、导游牌、路灯等。

5）小城镇夜景设计

小城镇城市设计要对设计地段的照明设计提出设想和要求。对于广场、街道、建筑群和绿化小品的照明方式、照度、灯光形式和布置、色彩以及节日照明提出分区、分级照明设计方案。

6.1.3 小城镇城市设计案例——上海市青浦区朱家角镇城市设计

6.1.3.1 概况

朱家角镇位于上海市西部，距青浦新城约8km，距市中心约40km。其北与江苏省接壤，西紧临淀山湖，南与松江区相接。朱家角镇处于江、浙、沪两省一市交汇处，历来是重要的陆上交通枢纽。水上交通也十分发达，其中淀浦河是市级河道。朱家角镇镇域面积为138.28km^2，其中包含淀山湖的水域面积45.72km^2，是上海市的第一大镇。

朱家角镇区的西北两侧是规划的特色居住区和休闲度假区（已经建成水上运动场和东方绿舟），再往西则是浩瀚的淀山湖。镇区东侧是青浦新城总体规划的其他功能片区。朱家角镇的工业园区（规划用地面积为3km^2）位于A9高速公路以南区域。

6.1.3.2 规划结构和功能布局

朱家角镇区规划结构和功能布局可以归纳为"三区、四轴、五片"。

(1) 三个基准区域

朱家角镇区可以划分为三个基准分区，分别是古镇区、老镇区和新镇区，体现各个发展时期的不同特征，在交通方式、城镇格局、空间肌理、主导功能和风貌特色方面具有明显的可识别性。

朱家角镇区三个基准区域的属性特征见表 6.1.3-1。

朱家角镇区三个基准区域的属性特征　　　　表 6.1.3-1

	古镇区	老镇区	新镇区
时代特征	前工业时代	工业时代	后工业时代
交通方式	人力水运	水陆机动运输	私家汽车为主
城镇格局	步行为主尺度	人车并行尺度	车行为主尺度
空间肌理	低层高密度	多层中密度	低层低密度
主导功能	低层高密度 传统居住区 历史保护 观光型旅游产业	多层中密度 城镇居住区 镇域商业服务中心 休闲型旅游产业	低层低密度 特色居住区 大型公共设施 和开放空间 度假型旅游产业
风貌特色	与传统江南水乡风貌 基本一致	与传统江南水乡风貌 保持协调	与传统江南水乡风貌 有所呼应

(2) 四条发展轴线

人字河是前工业时代的古镇区发展轴线，展示江南水乡古镇的历史文化特色；祥凝浜路是工业时代的老镇区发展轴线，强化城镇商业服务功能；中央生态林荫大道（珠溪路）和淀浦河是后工业时代的朱家角镇区发展轴线，分别体现绿色生态和蓝色生态的未来发展理念。

(3) 五个功能片区

在三个基准分区和四条发展轴线的基础上，形成相互关联的五个功能片区，包括历史保护/传统居住/观光旅游综合片区、多层中密度城镇居住片区、低层低密度特色居住片区、公共/商业服务片区和休闲/度假旅游片区（表6.1.3-2）。

表6.1.3-2 朱家角镇区的五个功能板块

		基 准 分 区		
		古镇区	老镇区	新镇区
功能片区	居住功能片区	综合功能板块	传统居住	城镇居住	特色居住
	服务功能片区		历史保护	商业服务	公共服务
	旅游功能片区		观光旅游	休闲旅游	度假旅游

6.1.3.3 城市设计结构

朱家角镇区的城市设计结构包括景观轴线、景观节点、标志建筑和风貌片区四种景观要素，需要制定相应的设计控制要求。

上海市青浦区朱家角镇区城市设计结构图如图6.1.3-1。

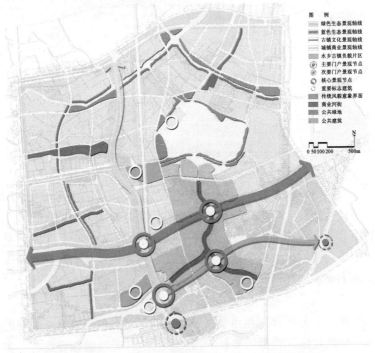

图6.1.3-1 上海青浦区朱家角镇区城市设计结构图

(1) 景观轴线

朱家角镇区的景观轴线包括绿色生态景观轴线，蓝色生态景观轴线，古镇文化景观轴线和城镇商业景观轴线。

绿色生态景观轴线：指南北贯穿镇区中央的珠溪路，道路两侧绿带宽度为 80~100m，不仅展现朱家角镇区的绿色生态景观，也是镇区未来的主要发展轴线。

蓝色生态景观轴线：指东西贯穿镇区中央的淀浦河，串接了古镇区、老镇区和新镇区，不仅具有重要的生态意义，而且展示朱家角镇区在不同发展时期的风貌特色。

古镇文化景观轴线：指南北贯穿古镇区的人字河，是展现朱家角镇区历史文化风貌的重要场所。

城镇商业景观轴线：指东西穿越古镇区和老镇区的祥凝浜路，东起 318 国道入口，西至珠溪路，不仅是朱家角镇区的商业功能轴线，也是城镇生活的社交场所。

(2) 景观节点

门户景观节点：位于镇区入口部位，是城镇形象的重要表征。朱家角镇区的主要门户景观节点位于珠溪路，作为生态景观轴线南端和 318 国道的交汇处，次要门户景观节点位于祥凝浜路，作为城镇商业景观轴线东端与 318 国道的交汇处，因为它们分别是城镇居民和外来游客进入朱家角镇区的主次门户。

核心景观节点：位于景观轴线的交汇处，是空间转接和视线汇聚的景观显突部位。朱家角镇区共有 4 处核心景观节点，分别是古镇文化景观轴线和蓝色生态景观轴线交汇处、古镇文化景观轴线和城镇商业景观轴线交汇处、绿色生态景观轴线和蓝色生态景观轴线交汇处、绿色生态景观轴线和城镇商业景观轴线交汇处。

(3) 标志建筑

朱家角镇区共有 6 个标志建筑，分别是大淀湖小岛上的度假旅馆建筑、古镇区南端小岛上的民俗博览建筑、绿色生态景观轴线和蓝色生态景观轴线交汇处东北侧的游艇俱乐部建筑、绿色生态景观轴线和城镇商业景观轴线交汇处西侧的行政中心建筑和小岛上的休闲度假建筑、绿色生态景观轴线转折部位和镇区几何中心部位的体育中心建筑。

(4) 风貌片区

根据朱家角镇区在各个发展时期形成的空间格局，结合河道、湖面、绿带和道路作为形态条件，朱家角镇区划分为五个风貌片区，包括三个基本风貌片区和两个叠加风貌片区。三个基本风貌片区是古镇区、老镇区和新镇区，两个叠加风貌片区是淀浦河沿线风貌片区和大淀湖周边风貌片区。基本风貌片区在城镇格局、街坊肌理和建筑形式方面具有明显的基本特征；叠加风貌片区覆盖在基本风貌片区之上，表达特定方面的城镇景观要求（图6.1.3-2）。

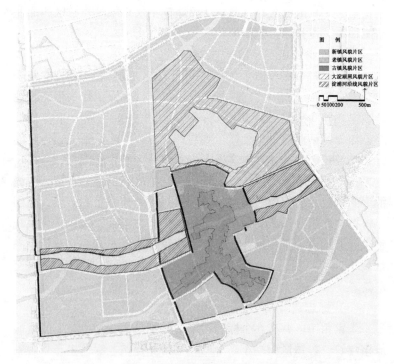

图6.1.3-2 上海青浦区朱家角镇区城市风貌分区规划图

6.1.3.4 风貌片区设计控制

(1) 古镇片区

古镇区包括历史文化风貌区的核心保护范围和部分建设控制重点区域,城市设计控制要求参见历史文化风貌保护规划控制的相关规定。

(2) 老镇片区

老镇区包括历史文化风貌区的部分建设控制重点区域和全部建设控制一般区域,城市设计控制要求参见历史文化风貌保护规划控制的相关规定。

在老镇区的其他区域,街坊肌理以多层中密度为主,建筑高度不超过4层。一般滨水界面和一般建筑外观的城市设计控制要求参见新镇片区的相关规定。

(3) 新镇片区

1) 城镇格局

尽可能保留河道现状,以自然水系为脉络,形成水体、绿带、道路并行的开放空间格局,突出基于水生生态环境的新江南水乡景观特色。

在新镇区加入一条环状的传统水乡风貌意象界面和四条带状的商业河街,结合河道和绿带,形成"一环四带"的连续空间体系,创造性地延续传统江南水乡风貌意象。

2) 街坊肌理

居住街坊的肌理以低层低密度为主,传统水乡风貌意象界面和商业河街采用低层高密度的肌理;通过开发地块的密度、强度、高度控制,确保街坊肌理特征。

3) 商业河街

在各个居住片区设置四条带状的商业河街,既作为小区级商业服务中心,也是传统江南水乡风貌的延续元素。

商业河街形成河道-步行街巷-商业建筑的带状平行格局。

步行街巷的宽度为4~6m,宜采用传统铺地材料(如石材和青砖)。

临街建筑应当面向街道空间，采用硬质滨水岸线，建筑底层必须作为商业用途；保持建筑界面的连续性和完整性，连续度和贴线度不小于75%。

临街建筑应当以坡顶形式为主，坡顶的投影面积占建筑投影总面积的比例不小于70%，建筑设计应当体现传统水乡风貌特征。

4) 传统水乡风貌意象界面

在规划指定的、具有重要公共视域价值的滨水地带，形成一条环状贯穿新镇区的传统水乡风貌意象界面。

建筑物应当直接临水而建和面向河道空间，采用硬质滨水岸线，保持临水建筑界面的连续性和完整性，连续度和贴线度不小于75%。在少数区段没有相邻河道的情况下，建议采取景观水体作为替代元素。

临水建筑应当以坡顶形式为主，坡顶的投影面积占建筑投影总面积的比例不小于70%，建筑设计应当体现传统水乡风貌特征。

5) 一般滨水界面

滨水绿带沿线的建筑物应当面向河道，形成错落有致的空间界面。在居住建筑地块的滨水绿带，绿地率不小于90%，以软质滨水岸线为主（不少于70%），体现自然景观为主的风貌特征；在公共建筑地块（如中学、小学和幼托）的滨水绿带，绿地率不小于60%，采用软质(不少于50%)和硬质相结合的滨水岸线形式，体现自然景观和人工景观并重的风貌特征。

6) 一般建筑外观

鼓励以创新的建筑设计理念和手法来体现"新江南水乡"的景观特色，但应与传统江南水乡风貌有所呼应，并注重相邻开发单元之间的和谐关系。

建筑造型宜采用局部坡屋顶形式，坡屋面的投影面积占整个屋面投影总面积的比例不小于30%。

(4) 淀浦河沿线风貌片区（蓝色生态景观轴线）设计控制

1)古镇区段

在古镇区的淀浦河两侧地带,传统风貌建筑临水而建,滨水岸线为硬质形式,已经形成传统江南水乡的典型滨水界面,应当加以保持和维护。

2)老镇区段

在老镇区的淀浦河两侧地带,现状的工业、仓库和居住用地将转变为休闲旅游设施用地。

在历史文化风貌区之内的滨水地带,形成传统江南水乡的典型滨水界面,传统风貌建筑应当临水而建,与古镇区的传统水乡风貌保持基本一致。在历史文化风貌区之外的滨水地带,要求设置不小于50m宽的滨水绿带,绿地率不小于60%;提供滨水休憩平台,采用软质(不少于50%)和硬质相结合的滨水岸线,体现自然景观和人工景观相结合的滨水风貌特征。

滨水地带沿线建筑应当面向河道,形成错落有致的空间界面。建筑形式和风格应当与古镇区的传统江南水乡风貌相协调。建筑造型应以坡屋顶为主,坡屋面的投影面积占屋顶投影总面积的比例不小于70%。

3)新镇区段

在新镇区的淀浦河两侧地带,道路和河道之间为滨水绿带,绿地率不小于90%;以软质滨水岸线为主(不少于70%),体现自然景观为主的滨水风貌特征。滨水绿带沿线的建筑物应当面向河道,形成错落有致的空间界面。

上海青浦区朱家角镇区滨河地带设计导引图见图6.1.3-3。

(5)大淀湖周边风貌片区

1)滨水绿带

在大淀湖周边设置公共绿带。滨水地块应当设置滨水绿带,宽度不小于15m,绿地率不小于90%;应当以软质滨水岸线为主(不少于70%),种植有助于净化水体的水生植物,体现自然景观为主的滨水风貌特征。

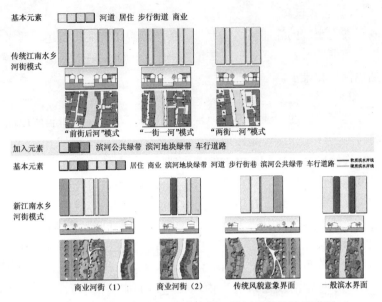

图 6.1.3-3　上海青浦区朱家角镇区滨河地带设计导引图

2) 生态廊道

当地块面湖一侧的用地边界长度超过 200m 时，宜每隔 200m 设置一条宽度不小于 20m 的生态绿化廊道，以缓解环湖地块开发产生的生态和景观影响。

3) 面湖界面

大淀湖周边的面湖建筑应当以坡顶为主，坡屋面的投影面积占屋顶投影总面积的比例不小于 70%；建筑物应当朝向湖面，形成错落有致的空间界面。

6.1.3.5　景观轴线设计控制

（1）绿色生态景观轴线

珠溪路作为生态绿化景观轴线已经建成，道路断面（三块板和四块板）变化丰富，两侧绿带宽度为 80~100m，成功地塑造了生态绿化景观风貌，应当加以保持和维护。

生态绿化景观轴线两侧的建筑界面应当错落有致，与生态绿带的自然景观风貌相协调。

（2）蓝色生态景观轴线

参见淀浦河沿线风貌片区的城市设计控制。

（3）古镇文化景观轴线

城市设计控制要求参见历史文化风貌保护规划控制的相关规定。

（4）城镇商业景观轴线

城市设计控制要求参见历史文化风貌保护规划控制的相关规定。

6.1.3.6 景观节点设计控制

（1）门户景观节点

1）主要门户景观节点

绿色生态景观轴线（珠溪路）和318国道的交汇处是朱家角镇区的主要门户景观节点，以绿色开放空间作为门户景观的表征元素，半径为100m的绿化广场已经建成，应当加以保持和维护。

2）次要门户景观节点

城镇商业景观轴线（祥凝浜路）和现状318国道的交汇处是朱家角镇区的次要门户景观节点，以大型商业建筑作为门户景观的表征元素，已经建成的大型商业建筑具有传统风貌特征，应当加以保持和维护。

（2）核心景观节点

1）核心景观节点（A）

核心景观节点（A）位于绿色生态景观轴线和城镇商业景观轴线的交汇部位，也是进入老镇区的主要门户。根据已经拟定的规划设计方案，景观表征元素为带状绿化广场，使绿色生态景观轴线渗透到老镇区。节点西侧的行政中心建筑和小岛上的休闲度假建筑作为标志建筑，有助于强化景观节点（A）的空间标识性和视觉主导感。

2）核心景观节点（B）

核心景观节点（B）位于绿色生态景观轴线和蓝色生态景观

轴线的交汇部位，景观表征元素为桥梁，是绿色生态景观廊道和蓝色生态景观廊道的最佳视点部位。节点东北侧的游艇俱乐部建筑作为标志建筑，有助于强化景观节点（B）的空间标识性和视觉主导感。

3）核心景观节点（C）

核心景观节点（C）位于蓝色生态景观轴线和古镇文化景观轴线的交汇部位，景观表征元素包括具有传统水乡风貌的桥梁（如放生桥）和建筑（如阿婆茶室和圆津禅寺等），形成具有传统江南水乡风貌的标志性景观，有助于强化景观节点（C）的空间标识性和视觉主导感。

4）核心景观节点（D）

核心景观节点（D）位于城镇商业景观轴线和古镇文化景观轴线的交汇部位，根据已经拟定的规划设计方案，将要复原祥凝浜，并将祥凝浜路的古镇区段改为步行街，以强化古镇区传统风貌和步行空间的连续性。在人字河和祥凝浜路的交汇部位将建造为具有传统风貌特色的"双桥"作为景观表征元素，有助于强化景观节点（D）的空间标识性和视觉主导感。

6.1.3.7 标志建筑设计控制

（1）建筑区位

标志建筑应当位于主要视线通廊的交汇或对景等显突部位，形成城镇空间的方向指认体系。

（2）建筑外观

无论是建筑单体还是建筑群体，标志建筑通常大于或高于周边的一般建筑，应当具有明显的外观特征，区别于周边的其他建筑，形成全方位的建筑造型，以强化各个地域的空间标识和视觉主导作用。

基于标志建筑对城镇景观的突出影响，应当执行特别的设计审议程序。

6.1.3.8 规划评析

该规划为总体规划阶段的城市设计，以策略性城市设计为主。该规划地域为典型的江南水乡特征，规划充分考虑了该特征，将城镇空间形态格局划分为"三个基准区域、四条发展轴线和五个功能片区"。规划有针对性地将该规划地域的城市设计结构确定为包括景观轴线、景观节点、标志建筑和风貌片区在内的四种景观要素，尤其是景观轴线包括绿色生态景观轴线、蓝色生态景观轴线、古镇文化景观轴线和城镇商业景观轴线，充分反映出规划区域的内在特征。对各种景观要素的建设均提出了具有针对性的设计控制要求。

6.2 镇区改造规划

6.2.1 镇区改造规划内容

镇区改造的类型主要有两种：一种是调整旧镇区的用地性质，使镇区用地总体布局结构随之变动，从根本上影响镇区各个功能区块之间的组织关系与发展态势，从全局的角度提高镇区发展的空间配置效益、经济效益、社会效益；另一种是保持用地性质与功能基本不变，扩大与改善镇区的环境容量与质量，增强镇区与城镇其他功能区之间的相互作用，进而提高镇区在城镇系统中的功效。具体应该采取哪一种类型的改造，应根据镇区总体规划与地块的实际情况综合比较决定。

首先需要明确几点工作方向：（1）确定是以保护、开发为主还是以改造为主；（2）确定再开发类型或改造类型是旅游型、工业型还是居住型；（3）确定每个地块的控规指标与设计指导思路。

主要的规划内容包括：

（1）调查规划用地的性质、状况和规模。

（2）依照镇区总体规划和保护规划，在尽可能保护传统街区道路及空间结构的前提下，整治街区道路系统，包括道路走向、道路横断面形式和道路等级、停车场等交通系统必备的内容。

(3) 确定道路系统的道路交叉口坐标和标高。

(4) 评估并整合现状，分类分级别确定需要保护、改造和重建的建筑。

(5) 更新用地性质，并确定功能区块用地规模及性质。

(6) 提出各地块的主要控制指标和建议指标，并对所提出的指标进行解说。

(7) 按有关规定确定规划区内的主要配套服务设施的规模、数量，并确定其用地位置和范围。

(8) 规划各项工程管网，包括给水、消防、污水、雨水、供电、电信工程等。

具体的实施内容可以概括为以下几点：

(1) 将居住区内或周边有害、有污染的工业或设施进行搬迁，或者彻底改变其生产内容与方向，形成没有污染的居住环境。

(2) 调查老街区中的旧建筑，对于损坏程度较高的实行拆除，对尚有保留价值的或者有历史意义的房屋进行维修、改善、更新或者拆除重建。

(3) 整顿道路交通，改善交通环境，包括拓宽、拉直、废弃道路以及开辟新道路等，还包括整修路面、增设公交线路、增设公交站点等。

(4) 合理调整居住区内商业、教育与公共服务设施的分布，设置统一规范的标志。

(5) 改善道路与小区绿化环境，在居住环境较为拥挤的地段开辟较大的公园、绿地，种植草坪与花卉。

6.2.2 镇区改造规划案例——上海市青浦区朱家角镇区旧城更新规划

6.2.2.1 基地概况

规划基地范围主要沿朱家角漕港河沿河两岸，东起放生桥，西至珠溪桥，两岸南北进深约 10~50m 不等，总规划范围面积 10.88hm²。

相比以往较为简单的以立面整治为主的旧城更新规划,该规划认为,朱家角镇沿漕港河两岸的更新问题不仅是一种简单的物质空间表面问题,其本质是沿河周边用地发展问题在物质外表所表现出的症状。

由于放生桥西侧漕港河沿线大部分地区处于朱家角镇老镇区,因此,该规划着重考虑了城镇衰退区域改造问题,并考虑其内在的综合性和复杂性,希望通过深入的城市设计及研究,探讨城镇内在的功能复兴,与传统城镇肌理相衔接的城镇发展策略,以及游客与居民公共活动的积极参与,提出一种切实可行的,既能延续城市传统文化价值,又能唤起活力复兴发展的更新规划策略,以此由里及表,由内而外地解决漕港河两岸的镇区更新改造问题(图 6.2.2-1)。

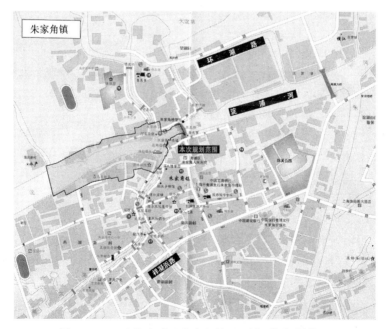

图 6.2.2-1　上海青浦区朱家角镇区旧城更新规划范围

6.2.2.2 现状问题分析

现状朱家角镇总体上由以下几个区块构成：

（1）古镇区：是朱家角城镇生长的根源，是从明清时期起保存至今的传统街区，代表了传统江南水乡城镇的典型街巷格局和建筑形式，位于保护规划明确规定的古镇核心保护区及风貌核心区范围内的地段。现状旅游开发比较完善，风貌较好。在规划基地范围中位于漕港河及西井河两岸，放生桥南北两侧。

（2）老镇区：既不属于古镇核心区的江南传统城镇生长模式，又不属于现代城市规划指导下的城镇发展，主要为形成于建国后至改革开放初期在原古镇外围搭建的民宅以及改革开放后逐步增建的厂房和仓库区域。由于这一时期处于国家经济情况最为困难的阶段，主要表现为大量的民房搭建，建筑质量较低。在规划范围内主要集中在古镇核心区的西侧，占据了最大部分规划区域。

（3）新镇区：指改革开放中后期，按现代城市规划方法，经整体设计、规模建设而成的城镇建成区，特别是在房地产开发模式下发展起来的具有一定规模、有相应物业管理的居民新村和小区，如规划范围中的西湖新村及其周边地带。

（4）未建区：指目前仍为农田或自然林木、自然驳岸占据的未经城镇开发地区，包含少量农民或渔民住宅。规划中主要集中在规划范围的最西侧，珠溪桥东岸。

朱家角镇各区块现状问题分析见表6.2.2-1。

6.2.2.3 发展规划目标与总体策略

根据朱家角镇总体规划，预期至2020年，朱家角镇镇区常住人口为5万人，通勤人口为1.5万~2万人。漕港河沿岸的发展目标就是成为朱家角镇同时拥有历史资源与现代活力的美好人居环境城镇的公共生活中心。

朱家角镇各区块现状问题分析　　表 6.2.2-1

	物　质	经　济	社　会	环　境
古镇区	（1）滨水岸线商业化私有化； （2）新建筑的协调问题； （3）已有多层建筑的视觉障碍问题； （4）建筑的搭建	（1）旅游商业单一，品质不高； （2）商业空间拓展与有限建筑格局的矛盾； （3）旅游住宿需求增长与有限旅馆建设的矛盾	（1）历史地区的生活化问题——现代生活品质提高与保护建筑的矛盾； （2）人口构成的剧变（本地居民外迁，外来专业商人涌入）； （3）地方特征的丧失——成为江南诸多旅游城镇中难以记住的一个； （4）旅游与居住的矛盾日益加剧——游客人数日增，而大部分居民并未享受开发带来的好处	（1）缺乏绿化及开敞空间； （2）狭窄河道的脆弱生态保持力及环境压力
老镇区	（1）建筑及市政设施混杂； （2）用地功能混杂（尤其是工业用地的插入）； （3）建筑与古镇区的高度控制问题； （4）少量优秀建筑的保护与发掘利用问题； （5）交通系统混乱； （6）滨水空间被工业仓储用地及搭建住宅占满	（1）长期缺乏高质量投资与开发； （2）工业的停产与拆迁问题	（1）普通地区的适居性改善问题； （2）外来务工经商人员大量租用房屋； （3）朱家角特征性的缺位； （4）旅游与居住这对矛盾争夺的边缘地区带来的社会不安定感； （5）居民下岗后带来的生活水平下降与社会问题； （6）潜在的更大的人口迁入压力； （7）新出现的艺术创作人群对活动场地的需求	（1）工业污染严重； （2）防洪问题； （3）污水、垃圾等市政设施不足； （4）绿化环境局限于封闭的单位内部，居住区绿化水平最低

续表

	物质	经济	社会	环境
新镇区	(1) 建筑风貌与古镇不协调； (2) 小区建设只注重内部环境，小区外部则处于无人管理状态		(1) 缺乏社区共同文化活动； (2) 缺乏与其他地块的交流和融入； (3) 朱家角特征性的缺位	(1) 缺乏与河流的感知和联系； (2) 完全城市化的小区内部缺乏与自然地带的接触
乡村区	(1) 农村住宅破败； (2) 原生态的未作防洪处理的岸线； (3) 交通可达性低	(1) 农业荒废； (2) 渔业停产； (3) 少量的脆弱的自办家庭作坊式工业	(1) 渔民转产带来的职业重新学习困难； (2) 随时准备拆迁征用带来的不安全感； (3) 水上活动的消失	(1) 传统田野系统的荒芜化； (2) 蔓延的水生植物如芦苇等； (3) 建筑与古镇区的高度控制问题； (4) 少量优秀建筑的保护与发掘利用问题
河流空间	(1) 滨水景观的不统一； (2) 天际线的混乱； (3) 平行河道交通中断，垂直河道的道路被堵塞； (4) 观景空间的缺乏	(1) 单纯的工业运输走廊； (2) 传统产业渔业的停产	(1) 水上活动消失； (2) 滨水活动的缺乏——仅局限于少量的洗衣洗菜活动	(1) 河水污染； (2) 水产减少

总体策略：

(1) 功能植入与设施建设结合，注重物质景观的功能支撑

不但注重表皮的美观，而且注重实质功能内容，呈现城镇景观风貌由内而外的真实性。

(2) 人文景观与物质景观共举，融合城镇空间与场所事件

物质空间建设以城镇中人的活动服务为目标，完整的景观应为鲜活的城镇生活注入良好的物质空间舞台。

(3) 旅游发展与居住环境共赢，协调旅游经济和地方产业

保证旅游与居住两大城镇职能的良性发展，体现游客与居民的活动规律与规划意愿，倡导形成旅游系统与居住系统双赢的、共享的城镇空间，体现为城镇景观功能与空间的融合性。

（4）现代功能与传统功能协调，自然景观与人文景观并重

必须保证对原有历史遗存及整体城镇水乡形象的尊重和严格保护，同时要满足新的生活内容的要求，实现城镇特征性与适居性的结合。

对目前未开发地带应特别注意原生态的保养和利用，同时应改善河流水质。

（5）近期建设与远期建设衔接，城镇历史与未来兼顾发展

朱家角镇是拥有悠久传统的古镇，也是向崭新未来进发的新市镇。在城镇建设中必须保证城镇肌理的延续，保证城镇开发处于有序的、合理的，且可修复、可更替的进程。针对问题的复杂性必须采取区别于完全保护与白板策略的新规划手法。

6.2.2.4 公共空间体系规划

（1）公共空间体系更新策略

针对现状，公共空间体系更新改造规划的策略主要分为两个方面：

1）点线结合，形成完整的空间网络系统。

这方面主要涉及的是物质性的空间。其一是整理路网，完善整个地块内的联系通道，使之形成环路，减少尽端路的存在，增加可达性；其二是增设空间节点（主要是开敞空间），在着力开发原有的公共空间的基础上，创造人们相聚、沟通、彼此交流的平台。建议布置在：现状的活跃地区和衰败地区之间，起带动作用，激发灰色地带的活力；主要居民活动区域和游客活动区域之间，同时给居民和游客提供休憩活动场所，提高空间的利用率，使两者更加容易产生融合行为；现状的废弃地，充分利用现有条件，尽量减少拆迁量，同时改善现状破败的面貌。

2) 激发整个地区的活力。

这方面更多是非物质性的设计。主要试图通过在空间体系中,尤其是空间节点及其周边增加功能用途,注入现有或新的活动事件,以增加空间的场所感,从而带动整个地区。

(2) 规划范围区/焦点地区空间整治

如图6.2.2-2~图6.2.2-7。

图6.2.2-2 现状潜在公共空间分析图

图6.2.2-3 公共空间需求分析图

6.2 镇区改造规划

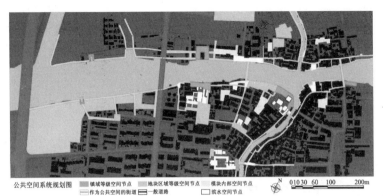

图 6.2.2-4 公共空间系统规划图

图 6.2.2-5 道路功能规划图

图 6.2.2-6 游客游览线路图

图 6.2.2-7　公共空间界面定性图

6.2.2.5　河流空间开发与滨河景观整治规划

（1）现状观景点及潜在观景点分析

观景点分析重点研究的对象是目前滨水可开放的公共地带对景观点的服务水平。包括沿河开敞空间及滨河建筑界面的豁口（指垂直河道交通与河流岸线的交汇处）两种空间形态。

1）可能观看放生桥的潜在观景点——目前基地中没有能够完整欣赏放生桥立面的观景空间，经过视线分析，潜在观景点位于现状堵住沿河通道的景观障碍建筑上，可将其拆除，结合未来步行桥规划，形成完整观看放生桥景观的黄金地段（图6.2.2-8）。

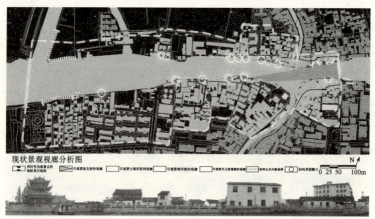

图 6.2.2-8　放生桥景观视廊分析图

2）现状可以观赏古镇界面观景点（图 6.2.2-9）

图 6.2.2-9　古镇界面景观视廊分析图

3）现状欠缺的漕港河北古镇界面观景点——此图为从北岸南望实景，沿河红色地带皆为各饭店商家搭平占据，沿河北望的公共观景点缺失。应设法使之开放（图 6.2.2-10）。

图 6.2.2-10　北古镇界面观景点实景图

4）现状可以观赏清华阁的观景点——阁楼选址地理位置优越，视口较多，观景点较为完善，但观景空间欠缺处理（图 6.2.2-11）。

图 6.2.2-11　清华阁景观视廊分析图

5）现状可以观赏天主堂塔楼的观景点（图6.2.2-12）。

图6.2.2-12 天主堂塔楼景观视廊分析图

6）现状滨河观景点系统（含街巷豁口及开敞空间）（图6.2.2-13）。

图6.2.2-13 现状滨河景观点系统视廊分析图

（2）规划滨水观景点系统分析

规划滨河观景点系统（含街巷豁口及开敞空间)(图6.2.2-14)。

规划确定的滨河六个核心景观主题是放生桥、古镇区、清华阁、天主堂、现代艺术工场、生态公园。以下为分别对各景观区域或景观节点的视线控制，包括了滨河公共地带、滨河界面豁口以及地标节点的控制（图6.2.2-15～图6.2.2-20）。

6.2 镇区改造规划

图 6.2.2-14　规划滨河观景点系统视线控制分析图

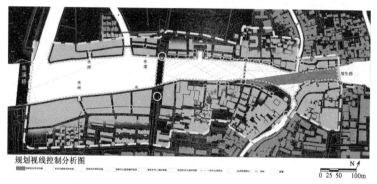

图 6.2.2-15　规划放生桥观景点视线控制分析图

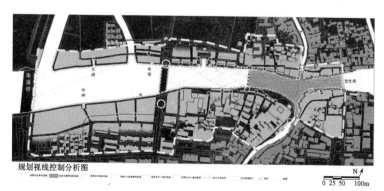

图 6.2.2-16　规划古镇界面观景点视线控制分析图

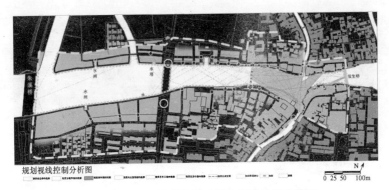

图 6.2.2-17　规划清华阁观景点视线控制分析图

图 6.2.2-18　规划天主教堂观景点视线控制分析图

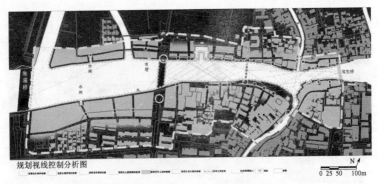

图 6.2.2-19　规划艺术广场观景点视线控制分析图

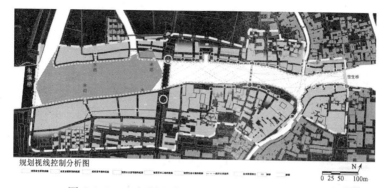

图 6.2.2-20 规划生态公园观景点视线控制分析图

6.2.2.6 规划评析

该规划以沿朱家角漕港河两岸地区的延续传统文化、增强发展活力与塑造地方特色为主要目的，探讨一种全新的规划理念和方法。该规划不是以往较为简单地以立面整治为主的旧城更新规划，而是从物质、经济、社会和环境等方面分析规划地区现存问题，确立改造规划的目标和总体策略，并侧重从规划地区的公共空间体系、河流空间开发与滨河景观整治等方面探讨具体的改造规划。

6.2.3 小城镇城中村改造规划

小城镇"城中村"是我国城镇化进程中的一个特有现象，加快小城镇的撤村建居，撤镇建街是城镇化的必然要求。目前"城中村"的现状与城镇风貌极不协调，成为城镇发展的主要障碍，亟需改造建设，使其融入城镇。由于"城中村"改造建设涉及经济、社会、城镇、政策等各个领域，涉及各利益主体和各有关部门的协调，所以迫切需要一套切实可行的建设标准、办法和政策。

目前"城中村"一般有三种类型。一种是位于老镇区内，用地比较拥挤，人口和用地规模一般不是很大。第二种是位于新建镇区内，多数是在原有村庄的基础上进行规划改造建设，人口、用地规模一般不大。第三种是撤村并乡或并镇后的新居民点,与城镇有一定距离,人口、用地规模一般较大。上述几种类型的"城中村"在改造规划时应分类指导,区别对待。

6.2.3.1 小城镇城中村改造模式

小城镇城中村的改造模式主要有三种模式,即:(1)统一规划,自行开发;(2)引入房地产商进行开发;(3)根据镇区总体规划需要采取货币和房屋补偿,就地或异地安置。这些模式都各有其优点,但都要尽可能地将社会改造融入其中。

(1)自行开发的模式

自行开发模式是以镇区总体规划为前提,如果村集体有明确的开发计划,则经所在地人民政府按照一定的标准审批该计划,并根据土地法有关规定限期开发,并在开发、拆迁补偿一体化原则的指导下,村集体解决安置拆迁补偿等一系列问题。

(2)政府主导,市场化运作的模式

"政府主导"的含义是政府把握城中村改造的方向,通过制定政策、规划及计划,对改造进行合理引导和适时、适度的宏观调控。"市场化运作"的含义是政府不直接投资进行商业性开发,主要通过政策吸引国内外有实力的投资者,或者鼓励村内股份合作公司投资于城中村改造项目,由市场选择谁来投资开发商业性的改造项目。在这种情况下,土地所有权仍是以国有为前提,收益可用于补齐拆迁、安置所需费用。在有条件的城中村,拆迁后土地转为国有的,在拆迁前将"拆迁、补偿、安置楼建设"作为招商的一个条件,由开发商垫资施行,由于其补偿标准较高,所以村民更加倾向于这种模式。

6.2.3.2 小城镇城中村改造规划措施

对"城中村"进行改造规划时,应该从建设现代化城镇出发,以改善"城中村"居民居住条件及环境和提高居民生活质量为目标,合理制定各项指标。制定的指标要与当地经济社会发展水平相适应,同时要统筹兼顾到各方利益。

"城中村"改造规划作为一个建设项目,在规划设计和制定政策同步进行时，宜首先共同进行项目的可行性研究。按照国家的法规、标准，参照其他城镇并结合本地实际情况，本着适度超前，又量力而行的原则，合理制定人均居住水平、安置建筑面积的标准。

实施"城中村"改造建设时应注意以下几点原则：第一，要与本地经济社会发展水平相协调。第二，要遵循市场经济规律，实施市场经济机制。第三，"城中村"里的居民大多是"失地农民"，在改造建设中应加以适当照顾和考虑。

(1) 遵循"控制在前"的原则

城中村的改造难以全面同时展开，但应及早统筹规划，严格控制，以避免问题的加剧造成后期改造的更大困难，同时也利于严格按规划实施改造进程。规划控制包括两个方面：一是镇区内城中村进行全面的统一规划和布置；二是对每个村的规划建设实施监督控制管理，对城中村内废置土地有效整合，对拆迁后空置地应按镇区总体规划和地块控制性详细规划严格控制。

(2) 实施有序渐进式改造为主的开发和建设

1) 整合道路交通网络，提高城中村交通可达性

城中村内大都存在道路等级低、狭窄、弯曲、不成系统等情况。改造措施应优先整合道路交通，提高区内交通可达性，在优化城市道路网络服务功能的基础上，实现内联方便、外联便捷。在市政建设带动下，优先进行城中村道路建设，强调道路建设与供水、污水、雨水、供电、电信等基础设施同步形成，带动道路两侧地块开发，以市政建设引导城中村改造开发时序。

2) 全面统筹整体规划，改造建设有序渐进

对于城中村内近期新建、改建和扩建项目，应偏重局部性物质环境改造的开发和建设，一方面改善城中村的生活质量，另一方面强化地块配套设施硬件配置，提升土地价值，便于下一步城中村整体项目开发。

(3) 实行村民身份的完全转型，为村民提供劳动培训补偿

一方面，城中村管理体制的转变实质是要求实现从现行的农

村管理体制向城市管理体制的转变。这种转变涉及行政、户籍、人口、土地、经济、教育、社会保障等方面。具体体现为"四转"：将农村居民转为城市居民；将村民委员会转为居民委员会；将原来属农民所有的集体土地转为国有土地；将原来由村委会管理的集体经济转为由集体法人股东和个人股东共同持股的股份公司。

另一方面，对于即将失去土地的村民，不仅要尽快提供与城镇居民相当的医疗保障、基本养老保障，还应该为他们将来的就业提供出路，以劳动培训作为失地补偿。政府应该担负"授人以渔"的职责，为村民组织各类技能培训班，提高文化素质和职业修养。

（4）倡导城镇社区新文化、新风尚

由于长期以来的城乡差别，村民在生活方式、思想观念和文化观念上都落后于城市居民，但他们社会网络联系密切，社区邻里感强。城中村改造应增加更多丰富多彩的城镇生活设施，并宜以社区为单位分散设置居住级非赢利型公建设施，结合地方民俗节日多方面开展社区文化活动。在规划实施和管理中保护好村民的社会网络，改变村民旧有的生活模式。

第7章 乡镇基础设施和社会设施规划

7.1 乡镇综合交通规划

7.1.1 乡镇道路交通的特点

乡镇道路交通特征是乡镇道路规划、设计的重要依据。在规划、设计道路时，需要研究新时期乡镇道路交通的特点，认识和掌握它的规律，使得乡镇综合交通规划有可靠的科学依据。

乡镇道路交通的主要特点主要表现在以下五个方面：

(1) 交通运输工具类型多、行人多

乡镇道路上的交通工具主要有卡车、拖挂车、拖拉机、客车、小汽车、摩托车等机动车，还有自行车、三轮车和一定数量的兽力车等非机动车。这些车辆的大小、长度、宽度差别大，特别是车速差别很大，在道路上混杂行驶，相互干扰大，对行车和安全均不利。乡镇居民外出除使用自行车和摩托车外，大部分为步行，这更加造成了交通的混乱。

(2) 道路基础设施差

乡镇往往由于历史的原因，大部分是自然形成的，其道路性质不明确，道路技术标准低，往往是人行道狭窄，或人行道挪作他用，甚至根本未分人行道，致使人车混行。由于乡镇的建设资金有限，在道路建设中过分迁就现状，尤其是在地段复杂的乡镇中，道路平曲线、纵坡、行车视距和路面质量等，很多不符合规定的标准。有些乡镇还有过境公路穿越中心区，这样不但使过境车辆通行困难，而且加剧了乡镇中心的交通混乱。

(3) 人流、车流的流量和流向变化大

随着市场经济的深入，乡镇企业发展迅速，乡镇居民以及迅速增多的"离土不离乡"、亦工亦农的非在册人口，使得乡镇中行人和车辆的流量大小在一个季节、一周和一天中均变化很大，各类车辆流向均不固定，在早、中、晚上下班时造成人流、车流集中，形成流量高峰时段。

(4) 交通管理和交通设施不健全

乡镇中交通管理人员少，体制不健全，交通标志、交通指挥信号等设施缺乏，致使交通混乱，一些交通繁忙道路常常受阻。

(5) 缺少停车场，道路违章建筑多

乡镇中缺少专用停车场，加之管理不够，各种车辆任意停靠，占用了车行道与人行道，造成道路交通不畅。道路两侧违章搭建房屋多，违章摆摊设点、占道经营多，造成交通不畅。

7.1.2 乡镇对外交通系统规划

乡镇对外交通的类型主要包括公路和水运两类，各种交通类型都有它各自的特点。公路交通机动灵活，设备简单，是适应能力较强的交通方式。水运交通运输量大，成本低，投资少，耗时长。此外，某些乡镇还有铁路作为对外交通的类型。铁路交通运输量大、安全，有较高的行车速度，连续性强，一般不受季节、气候影响，可保持常年正常的运行。

7.1.2.1 公路交通及布置

(1) 公路的分类

根据公路性质和作用及其在国家公路网中所处的位置，可分为国道、省道和县、乡道三类。

1) 国道：由首都通向全国各省、市、自治区政治、经济中心和 30 万以上人口规模城市的干线公路，或通向各大港口、铁路枢纽、重要工农业产地的干线公路，以及通向重要对外口岸和开放城市、革命纪念地、名胜古迹的干线公路，有重要意义的国防公路干线。这些公路组成国家的干线公路网。

2）省道：属于省内县市间联系的干道或某些大城市联系近郊城镇、休疗养区的道路。

3）县、乡道：它是直接服务于城乡、工矿企业的客货运输道路，与广大人民的生产、生活有密切的联系，是短途运输中的主要网路。

（2）公路的分级

按照公路的使用性质和交通量大小，分为两类五个等级。两类指汽车专用公路与一般公路，五个等级指高速公路、一级公路、二级公路、三级公路及四级公路。汽车专用公路包括高速公路、一级公路及二级公路，一般公路包括二级公路、三级公路及四级公路。各级公路的技术特征见表7.1.2-1。

各级公路的技术特征 表7.1.2-1

公路分级		功能	车道数	交通量（辆/年）	备注
高速公路		专供汽车分道高速行驶并控制全部出入的公路	4~8	折合成小客车25000辆以上	具有特别重要的政治、经济意义
一级公路		专供汽车分道快速行驶并部分控制出入的公路	4	折合成小客车10000~25000辆	联系重要的政治、经济中心
二级公路	汽车专用公路	专供汽车行驶的公路	2	折合成中型载重汽车4500~7000辆	联系政治、经济中心或矿区、港口、机场
	一般公路	运输量繁忙的城郊公路	2	折合成中型载重汽车2000~5000辆	联系政治、经济中心或矿区、港口、机场
三级公路		运输任务较大的一般公路	2	折合成中型载重汽车2000辆以下	沟通县以上城市
四级公路		直接为农业运输服务的公路	1~2	折合成中型载重汽车200辆以下	沟通县、乡镇、村

（3）各级公路主要技术指标

公路的技术标准是确保该公路达到相应等级的具体指标，不同等级的公路能够容许车辆行驶的数量、速度、载重量亦不相同。其主要技术指标，仍按现行的交通部标准《公路工程技术标准》(JTJ 01—88)的规定执行（见表7.1.2-2）。

各级公路主要技术指标汇总　　　　表7.1.2-2

公路等级	汽车专用公路								一般公路					
	高速公路				一		二		二		三		四	
地形	平原丘陵	重丘	山岭		平原微丘	山岭重丘	平原微丘	山岭重丘	平原微丘	山岭重丘	平原微丘	山岭重丘	平原微丘	山岭重丘
计算行车速度(km/h)	120	100	80	60	100	60	80	40	80	40	60	30	40	20
行车道宽度(m)	2×7.5	2×7.5	2×7.5	2×7.0	2×7.5	2×7.0	8.0	7.5	9.0	7.0	7.0	6.0	3.5	3.5
路基宽度(m) 一般值	26.0	24.5	23.0	21.5	24.5	21.5	11.0	9.0	12.0	8.5	8.5	7.5	6.5	6.5
路基宽度(m) 变化值	24.5	23.0	21.5	20.0	23.0	20.0	12.0	—	—	—	—	—	7.0	4.5
极限最小半径(m)	650	400	250	125	400	125	250	60	250	60	125	30	60	15
停车视距(m)	210	160	110	75	160	75	110	40	110	40	75	30	40	20
最大纵坡(%)	3	4	5	5	4	6	5	7	5	7	6	8	6	9
桥涵设计车辆荷载	汽车-超20级 挂车-120				汽车-超20级 挂车-120		汽车-20级 挂车-100		汽车-20级 挂车-100		汽车-20级 挂车-100		汽车-10级 挂车-50	

（4）不同类型机动车交通量的换算

因道路上行驶的车辆类型比较复杂，在计算混合行驶的车行道上的能力或估算交通量时，需要将各种车辆换算成同一种车。乡镇道路一般换算为小汽车，公路则换算成载重汽车。由于我国乡镇的交通量是以载重汽车为主体，因此乡镇宜以载重汽车作为换算标准（见表7.1.2-3、表7.1.2-4）。

以小汽车为计算标准的换算系数表　　表 7.1.2-3

车 辆 类 型	换算系数	车 辆 类 型	换算系数
小汽车	1.0	5t 以上货车	2.5
轻货车	1.5	中、小型公共汽车	2.5
3~5t 货车	2.0	大型公共汽车、无轨电车	3.0

以载重汽车为计算标准的换算系数表　　表 7.1.2-4

车 辆 类 型	换算系数
载重汽车（包括大卡车、重型汽车、三轮车、胶轮拖拉机）	1.0
带挂车的载重汽车（包括公共汽车）	1.5
小汽车（包括吉普、摩托车）	0.5

(5) 公路在乡镇中的布置

公路线路与乡镇的联系和位置分两种情况，即公路穿越乡镇和绕过乡镇。采用哪种布置方式要根据公路的等级、过境交通和入境交通的流量、乡镇的性质与规模等因素来确定。

1) 公路穿越乡镇

公路穿越乡镇造成公路与乡镇之间的相互干扰，但对过境公路穿越乡镇也不能盲目外迁，要根据实际情况综合考虑。对交通量不大的过境公路，可以适当拓宽路面，在镇区内路段可以改造为城市型道路，做到一路两用，但要结合乡镇用地布局的调整，严格控制公路两侧建设项目，尽量减少交通联系，并且不宜作为乡镇的生活性干道。

2) 过境公路绕过乡镇

对于等级较高、交通量较大的过境公路，一般应绕乡镇通过。过境公路与乡镇的联系有以下两种方式：

A. 将过境公路以切线方式通过乡镇。这种方式通常是将现状穿越乡镇中心区的过境公路改道，迁至乡镇边缘绕城而过。

B. 过境公路的等级越高且经过的乡镇越小，通过该乡镇的车流中入境的比重越小，过境公路宜远离乡镇为宜，其联系可采用辅助道路引入（图 7.1.2-1）。

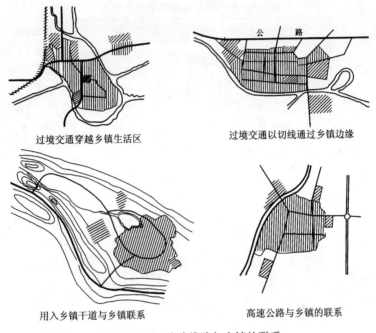

图 7.1.2-1 公路线路与乡镇的联系
资料来源：城市规划资料集第三分册《小城镇规划》，2005

(6) 长途汽车站

一般可分为客运站、货运站、混合站三类。其位置和用地规模应结合乡镇特点及乡镇干道系统规划统一考虑；布置的原则是既满足使用功能，又不对乡镇产生干扰，并与乡镇中的铁路站场、水运码头等其他交通设施有较好的联系，组织联运。

客运站的布置要解决好与镇区内干道系统和对外交通的联系，一般可布置在进入乡镇干道与对外公路交汇的地点或乡镇边缘，同时可以设置相应的公共服务设施，这样可以避免不必要的车流和人流进入镇区，减少对镇区的交通干扰。对于较大的乡镇，为方便旅客乘车，客运站也可以考虑布置在乡镇中心区的边缘地段，通过交通性干道来联系。

货运站的布置与货物的性质有关：供应乡镇居民的日常生活

用品的货运站，应布置在乡镇中心区的边缘地段，与镇内仓库有较为直接的联系；以供应工业区的原料或运输工业产品或以中转货物为主的货运站，可布置在仓库区，亦可布置在铁路货运站及货运码头附近，以便组织联运，同时货运站宜通过乡镇交通性干道对外联系。

一般乡镇由于规模不大、车辆不多，为便于管理，往往客运站与货运站合并布置。

规划客运站场的用地规模，应根据远期预测的客运量，推算出适站客运量（简称适站量），并据此确定站场各种用地规模。乡镇客运站用地规模一般在 0.3~1.0hm^2。

技术站和汽车保养修理场的用地规模，取决于保养检修汽车的技术等级和汽车数量。

7.1.2.2 水运交通及布置

沿江河湖泊的乡镇，在规划时要根据深水深用、浅水浅用的原则，综合乡镇用地的功能组织，对岸线作全面的安排。为发展水运优势，应将适宜于航运的乡镇岸线在规划时明确规定下来，在用地上要保证有一定的纵深陆域，用以布置仓库、堆场及陆地上的有关设施。同时，还要留出满足乡镇居民游憩生活需要的生活岸线。

（1）内河

1）航道等级。内河航道共分为 7 个等级，其航道分级与航道尺度见表 7.1.2-5。

内河航道分级与航道尺度　　　表 7.1.2-5

航道等级	驳船吨级(t)	船型尺度(m)(总长×型宽×设计吃水)	船队尺度(m)(长×宽×吃水)	航道尺度 (m)					弯曲半径
				天然及渠化河流			限制性航道		
				水深	单线宽度	双线宽度	水深	宽度	
I	3000	75×16.2×3.5	(1) 350×64.8×3.5	3.5~4.0	120	245			1050
			(2) 271×48.6×3.5		100	190			810
			(3) 267×32.4×3.5		75	145			800
			(4) 192×32.4×3.5		70	130	5.5	130	580

续表

航道等级	驳船吨级(t)	船型尺度(m)(总长×型宽×设计吃水)	船队尺度(m)(长×宽×吃水)	航道尺度（m）					弯曲半径
				水深	天然及渠化河流		限制性航道		
					单线宽度	双线宽度	水深	宽度	
Ⅱ	2000	67.5×10.8×3.4	(1) 316×32.4×3.4	3.4~3.8	80	150			950
			(2) 245×32.4×3.4		75	145			740
		75×14×2.6	(3) 180×14×2.6	2.6~3.0	35	70	4.0	65	540
Ⅲ	1000	67.5×10.8×2.0	(1) 243×32.4×2.0	2.0~2.4	80	150			730
			(2) 328×21.6×2.0		55	110			720
			(3) 167×21.6×2.0		45	90	3.2	85	500
			(4) 160×10.8×2.0		30	60	3.2	50	480
Ⅳ	500	45×10.8×1.6	(1) 160×21.6×1.6	1.6~1.9	45	90			480
			(2) 112×21.6×1.6		40	80	2.5	80	340
			(3) 109×10.8×1.6		30	50	2.5	45	330
Ⅴ	300	35×9.2×1.3	(1) 125×18.4×1.3	1.3~1.6	40	75			380
			(2) 89×18.4×1.3		35	70	2.0	75	270
			(3) 87×9.2×1.3		22	40	2.5~2.0	40	260
Ⅵ	100	26×5.2×1.8	(1) 361×5.5×2.0	1.0~1.2			2.5	18~22	105
		32×7×1.0	(2) 154×14.6×1.0		25	45			130
		32×6.2×1.0	(3) 65×6.5×1.0		15	30	1.5	25	200
		30×6.4(7.5)×1.0	(4) 74×6.4(7.5)×1.0		15	30	1.5	28	220
Ⅶ	50	21×4.5×1.75	(1) 273×4.8×1.75	0.7~1.0			2.2	18	85
		23×5.4×0.8	(2) 200×5.4×0.8		10	20	1.2	20	90
		30×6.2×0.7	(3) 60×6.5×0.7		13	25	1.2	26	180

2）通航水位。天然河流的设计最高通航水位应采用表7.1.2-6各级洪水重现期的水位。

天然河流设计最高通航水位的洪水重现期　表 7.1.2-6

航 道 等 级	洪水重现期（年）
Ⅰ~Ⅲ	20
Ⅳ、Ⅴ	10
Ⅵ、Ⅶ	5

注：对出现高于设计最高通航水位历时很短的山区性河流，Ⅲ级航道的洪水重现期可降低为 10 年一遇；Ⅳ、Ⅴ级可降低为 5 年一遇；Ⅵ、Ⅶ级可按 2~3 年一遇执行。

（2）河港

随着公路运输的发展，根据水运的特点，乡镇域河港目前以货运港和渔港为主，水上客运在逐渐减少，或转向以旅游服务为主。

1）河港分类

河港分类　表 7.1.2-7

分 类	名 称
按装卸货物种类分	综合港、货运港、客运港、其他港（如军港、渔港）等
按修建形式分	顺岸式港口、挖入式港口、混合式港口

2）河港组成

河港组成　表 7.1.2-8

区 域	组 成
水域	水域是船舶航行、运转、锚泊和停泊装卸的场所，包括航道、码头前水域港池及锚地
陆域	陆域包括码头及用来布置各种设备的陆地，供旅客上下船、货物装卸、堆存和转载之用

3) 河港位置选择

河港位置选择　　　　表7.1.2-9

因　素	要　求
乡镇总体规划相协调	通常布置在乡镇生活居住区的下游、下风，避免对生活区产生干扰，并将将来港口发展留有余地
水域条件	要对各种河流、各个河段分别进行分析，选择地质好、河床稳定、水流平顺、有较宽水域和足够水深的河段
岸线长度和陆域面积	应有足够的岸线长度和一定的陆域面积，且便于与铁路、公路、乡镇道路相连接，并有方便的水、电供应
避开有关建筑物	避开贮木场、桥梁、闸坝及其他水上构筑物或贮存危险品的建筑物
远离电线电缆	港区内不得跨越架空线和埋设水下电缆，两者均应距港区至少100m，并设有信号标志
特殊情况	对封冻河流的河港的选址，除按冰冻河流要求选择位置外，应注意避开经常发生冰坝区段及其上游附近区段

7.1.2.3　铁路交通及布置

铁路由铁路线路和铁路站场两部分组成。乡镇所在的铁路站大多是中间车站，规模较小，客货运合一，多采用横列式的布置方式。铁路站的布置往往与货场的位置有很大的关系，由于乡镇用地范围小，工业仓库也较少，为避免铁路分隔城镇、互相干扰，原则上铁路站场应布置在乡镇一侧的边缘，并将客站和货站用地布置在乡镇的同侧方向。客站宜接近乡镇生活居住用地，货站则接近工业、仓库用地。

站场用地规模取决于客、货运量及场站布置形式，并适当留有发展余地。站场用地长度上要根据站线数量及其有效长度来确定，可参见表7.1.2-10和表7.1.2-11。

7.1 乡镇综合交通规划

Ⅰ、Ⅱ级铁路站坪长度　　表 7.1.2-10

车站种类	车站布置形式	按远期采用的到发线有效长度（m）							
		1050		850		750		650	
		单线	复线	单线	复线	单线	复线	单线	复线
（1）中间站	①横列式无货物线	1350	1550	1150	1350	1050	1250	950	1150
	②横列式有货物线	1500	1650	1300	1450	1200	1350	1100	1251
（2）区段站	①横列式	1850	2150	1650	1950	1550	1850	1450	1750
	②纵列式	3000	3400	2600	3000	2400	2800	2200	2600

Ⅲ级铁路站坪长度　　表 7.1.2-11

车站种类	车站布置形式	按远期采用的到发线有效长度（m）			
		850	750	650	550
（1）中间站	①无货物线	1150	1050	950	850
	②有货物线	1300	1200	1100	1000
（2）区段站		1650	1550	1450	1350

场站用地宽度，根据各类车站作业要求、站线数量、站屋、站台及其他设备来确定。旅客列车到发线一般与部分货物到发线客货混用，但在计算时必须将旅客列车车量一并列入。对各类站场的用地规模应与铁路有关部门共同研究确定。

当车站客、货部分不能在城镇一侧而必须采用客、货站对侧布置，乡镇交通不可避免地跨铁路时，应保证镇区发展以一侧为主，货场和地方货源、货流同侧，以充分发挥铁路设备的运输效率，在乡镇用地布局上尽量减少跨越铁路的交通量。

当铁路线路不可避免地穿越乡镇时，应配合乡镇规划功能分

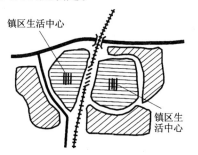

图 7.1.2-2　乡镇铁路布置与功能分区的配合图
资料来源：城市规划资料集第三分册
《小城镇规划》，2005

区，把铁路线路布置在各分区的边缘、铁路两侧各分区内均应配置独立完善的生活福利和文化设施，以尽量减少跨越铁路的交通。

通过乡镇的铁路两侧应植树绿化，这样既可以减少铁路对城镇的噪声干扰、废气污染及保证行车的安全，还可以改善乡镇小气候和城镇面貌。铁路两侧的树木不宜植成密林，不宜太近路轨，与路轨的距离最好在10m以上，以保证司机和旅客能有开阔的视线。有的乡镇可利用山坡或水面等自然地形作屏蔽，也能收到良好的效果（图7.1.2-3）。

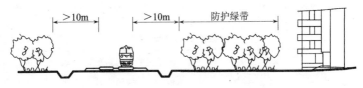

图7.1.2-3　乡镇中的铁路防护绿带

7.1.3　乡镇道路系统规划

乡镇道路系统规划应根据其道路现状及规划布局的要求，按照道路的功能性质进行合理布置。

7.1.3.1　乡镇道路系统规划的基本要求

乡镇道路系统应与乡镇现状、发展规模、用地规划及交通运输为基础，还要很好地结合自然地理条件、乡镇环境保护、景观布局、地面水的排出、各种工程管线布置以及铁路和其他各种人工构筑物等的关系，并且需要对现有道路系统和建筑物等状况给予足够的重视。在道路系统规划中，应满足下列基本要求：

（1）应满足交通流畅、安全和迅速的要求

1）在规划乡镇道路系统时，选线位置要合理，主次分明，功能明确。过境公路或与过境公路联系的对外道路，连接工厂、仓库、码头、货场等的交通性干道应避免穿越乡镇中心地段。

2）干道网的密度要适当，应与乡镇交通相适应，一般在乡镇中心地区向乡镇郊区逐渐递减，以适应居民出行流量分布变化的规律。但往往有些老乡镇中心地区密度过高、路幅又窄，应注意适当放宽路幅或禁止机动车通行或改为单行车道。同时，要尽量避免锐角交叉口，两条干道相交的夹角宜大于45°。

3）位于商业服务、文化娱乐等大型公共建筑前的道路，应设置必要的人流集散场地、绿地和停车场地。在以上大型公共建筑集中的路段，可以布置为商业步行街，禁止机动车穿越，路口处应设置停车场地。

(2) 规划干道路网骨架，要结合乡镇用地布局规划结构，形成完整的干道路网系统

1）要满足作为合理划分乡镇分区、片区、组团、街坊等用地的界线要求。

2）要满足乡镇对外交通联系的通道及乡镇各分区、片区、组团、街坊相互之间交通联系通道的要求。

(3) 充分结合地形、地质、水文条件合理规划道路走向

1）对于平原地区的乡镇，按交通运输的要求，道路线形宜平而直；对不合理的局部路段，可以采取"裁弯取直"或拓宽路面的措施予以改造。

2）对于山区的乡镇，特别是地形起伏较大的地段，一般宜沿较缓的山地或结合等高线自由布置道路。

3）在选择道路标高时，要考虑水文地质条件对道路的影响，特别是地下水对路面、路基的破坏作用，一般路面标高至少应距地下水最高水位 $0.7 \sim 1.0m$ 的距离。

(4) 有利于改善乡镇环境

1）要避免或减少汽车对乡镇居住的影响，一般应合理地确定干道系统密度，以保证居住与干道有足够的消声距离。限制过境车辆穿越镇区，对于已在过境公路两侧形成的建设用地，应进行必要的调整。道路两侧应有一定的宽度布置绿地或防护绿地。

2）乡镇主干路走向应有利于建筑取得良好的朝向。南方乡镇干道走向一般应平行夏季主导风向；临海临江的道路需临水，并留出必要的生活岸线，布置一些垂直岸线的街道；北方乡镇严

寒且多风沙、大雪，道路布置应与大风的主导方向成直角或一定的斜角；山地乡镇的道路走向要有利于组织山谷风。

(5) 应有利于组织乡镇景观

1) 乡镇街道要与沿街建筑群体、广场、绿地、自然环境、各种公用设施有机协调。

2) 乡镇街道的走向应注意运用对景和借景的手法把自然景色（山峰、江河、绿地）、宝塔、纪念碑、古迹及现代建筑等贯通起来，并与绿地、广场、建筑及小品等相配合，形成乡镇的景观骨架，体现乡镇的个性特色和艺术风貌。

(6) 有利于各种工程管线的布置

乡镇道路的纵坡要有利于地面排水，并应根据乡镇公共事业和市政工程管线规划，留有足够的空间和用地。乡镇道路系统规划还应与人防工程、防洪工程、消防工程等防灾工程规划密切配合。

7.1.3.2 乡镇道路系统的形式

乡镇干道系统可分为四种形式：方格网式（棋盘式）、环形放射式、自由式和混合式。（见图7.1.3-1和表7.1.3-1）

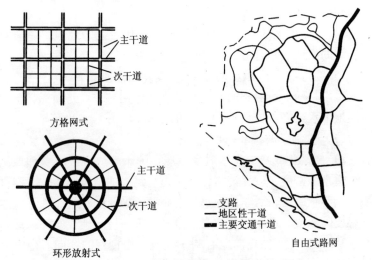

图7.1.3-1 乡镇道路系统形式

资料来源：城市规划资料集第三分册《小城镇规划》，2005

乡镇道路网形式及比较分析 表 7.1.3-1

形式分类	特征	优点	缺点
方格网状	道路以直线型为主，呈方格网状。平原地区适用	街坊排列整齐，有利于建筑物的布置和方向识别，车流分布均匀，不会造成对乡镇中心区的交通压力	交通分散，不能明显地划分主干路，限制了主、次干路的明确分工，对角方向的交通联系不便，行驶距离较长，曲线系数可高达 1.2~1.41
环形放射状	由放射干道和环形干道组合形成，放射干道担负对外交通联系，环形干道担负各区间的交通联系。平原地区适用	对外对内交通联系便捷，线形易于结合自然地形和现状，曲线系数不大，一般在 1.10 左右，利于形成强烈的乡镇景观	易造成乡镇中心区交通拥堵，交通机动性差，在乡镇中心区易造成不规则的小区和街坊
自由式	一般依地形而布置，路线弯曲自然。山区适用	充分结合自然地形布置乡镇干道，节约建设投资，街道景观丰富多变	路线弯曲，方向多变，曲线系数较大，易形成许多不规则的街坊，影响工程管线的布置
混合式	前几种形式组合而成。适用于各类地形	可以有效地考虑自然条件和历史条件，吸取各种形式的优点，因地制宜地组织好乡镇交通	

7.1.3.3 乡镇道路的功能分工

乡镇道路按其功能一般可以分为交通性道路和生活性道路。这两类道路既相对独立又有机联系，也可能是部分重合。

(1) 交通性道路

要求行车快速畅通，避免非机动车及行人频繁过街造成的干扰。交通性道路还必须与公路及工业、仓库、交通运输等用地有方便的联系，同时与居住、公共建筑等用地有较好的隔离，道路线型应顺直，并形成网络。

(2) 生活性道路

要求的行车速度相对低一些，不受交通性车辆的干扰，同居民区有方便的联系，同时对道路又有一定的景观效果要求。生活性道路一般由两部分组成：一部分为联系乡镇各分区（组团）

的生活性干道，另一部分是分区（组团）内部的道路。

生活性道路的人行道比较宽，并要考虑有较好的绿化环境，在规划时要因地制宜、结合地形地貌特点，采用活泼的道路线形，在组织好乡镇居民生活的同时，也要组织好乡镇的景观，以体现各地不同的乡镇特色和风貌。

7.1.4 镇区道路交通规划

7.1.4.1 乡镇镇区交通规划的阶段与内容

（1）道路交通量、OD调查

主要有居民出行调查、货物流调查、路况调查、车辆调查、对外交通调查、交通事故调查等。

（2）道路交通预测

根据乡镇规划发展的人口、用地规模、经济发展水平，从调查的数据出发，预测道路交通的增长情况，主要内容包括：

1) 出行产生：预测居民和车辆出行发生总量。

2) 出行分布：预测出行量在各发生区和吸收区的分布。

3) 交通方式划分：将预测的出行量按合理比例分配给不同道路、不同的交通方式，计算其共同所承担的交通量。

4) 交通工具与交通设施的增减。

（3）规划编制

根据预测交通流量流向编制道路网及客、货运交通规划。

7.1.4.2 镇区道路系统规划指标及规定

镇区道路规划技术指标见表7.1.4-1，镇区道路系统组成见表7.1.4-2。

镇区道路规划技术指标　　　　表7.1.4-1

规划技术指标	道路级别			
	主干路	干路	支路	巷路
计算行车速度（km/h）	40	30	20	—
道路红线宽度（m）	24~36	16~24	10~14	—
车行道宽度（m）	14~24	10~14	6~7	3.5

续表

规划技术指标	道路级别			
	主干路	干路	支路	巷路
每侧人行道宽度（m）	4~6	3~5	0~3	0
道路间距（m）	≥500	250~500	120~300	60~150

镇区道路系统组成　　表 7.1.4-2

规划规模分级	道路级别			
	主干路	干路	支路	巷路
特大、大型	●	●	●	●
中型	○	●	●	●
小型	—	○	●	●

注：表中●—应设的级别；○—可设的级别。

7.1.4.3 镇区自行车交通

（1）在自行车出行率较高的镇区，可由单独设置的自行车专用道、干道两侧的自行车道、支路和住宅区道路共同组成一个能保证自行车连续通行的网络。

（2）自行车专用道应按设计速度 20km/h 的要求进行道路线型设计。自行车道路的交通环境应设置安全、照明、遮阳等设施。

（3）为适应镇区自行车交通的不断发展，还应考虑自行车停车条件；对乡镇而言，重点是解决好中心区及车站的自行车停车问题。

7.1.4.4 镇区步行交通

镇区步行交通系统规划应以步行人流的流量和流向为基本依据，因地制宜地采用各种措施，科学合理地进行人行道、人行横道、商业步行街、滨河步道或林荫道的规划，并应与居住区、车站广场、中心区广场等步行系统紧密结合，构成完整的乡镇步行交通系统。

步行交通设施应符合无障碍交通要求。

(1) 人行道

沿人行道设置行道树、车辆停靠站、公用电话亭、垃圾箱等设施时，应不妨碍行人的正常通行。人行道布置如图 7.1.4-1。

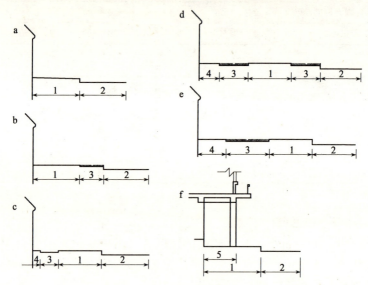

图 7.1.4-1 镇区人行道的布置
1—步行道；2—车行道；3—绿带；4—散水；5—骑楼

(2) 人行横道

在镇区的主要路段上，应设置人行横道或过街通道，其宽度不小于 2m，间距宜为 250~300m。当道路宽度超过 4 条机动车道路或人行横道长度大于 15m 时，人行横道应在车行道中间分隔带设置行人安全岛，最小宽度 1.25m，最小面积 5m²。

(3) 商业步行街

镇区设置商业步行街，必须根据具体情况，对步行街与镇区的相互关系作必要的研究；在此基础上，结合具体交通系统分析，合理组织交通及停车设施布局，从而达到改善镇区交通环境、增加步行空间、繁荣商业经济的目的。

商业步行街要满足送货车、清扫车、消防车及救护车通行的要求，道路宽度可采用 10~15m，其间可配置小型广场。道路与广场面积可按 0.8~1.0 人/m² 计算。街区的紧急安全疏散出口间隔距离不得大于 160m。路口处应设置机动车和非机动车停车场地，距步行街进出口距离不宜超过 100m。

7.1.4.5 镇区货运交通

镇区的机动车交通通常以货运车辆为主，货运交通的规划是在预测乡镇货运交通流量、流向的基础上选择货运组织方式，安排货运交通路线，确定主要货流所行经的交通干道网，选定货运站场、仓库、堆场位置以及交通管理设施。

货运交通规划受工业企业、仓库、专业市场及车站、码头等用地布置的影响很大，规划中要妥善地安排好这些货流形成点，尽量按交通流发生点或吸引点间交通量的大小及它们的相关程度规划好它们之间的位置，切忌主要交通流的绕行、越行和迂回，尽量减少交通流的重叠和过境交通流穿越镇区。

同时，还要考虑静态交通设施，应根据车辆增长预测，合理地布置社会停车场（库）的位置。停车场的容量根据乡镇交通规划作出预测。人、车流较集中的公共建筑、商业街（区），应留出足够的停车场（库）位置，在规划居住区和单位庭院时应考虑停车泊位。

7.2 乡镇给水排水规划

人们的生产、生活离不开水。乡镇给排水工程是乡镇的主要公用基础设施之一。通过给水工程向居民提供高质量的饮用水，能提高居民的生活水平，减少疾病，缩小城乡差距，同时为乡镇经济发展创造必要的条件；通过乡镇排水工程来收集、输送、处理和利用各种废水，保障广大居民的健康和正常生活，保护环境免受污染。

乡镇给水排水规划的主要任务是用可持续发展的观念，经济合理、长期安全可靠地供应人们生活和生产活动中所需要的水以及用以保障人民生命财产安全的消防用水，并满足人们对水量、水质和水压的要求；同时组织排除（包括必要的处理）生产污废水、生活污水和雨水。做到水有来源，排有去处，满足生产需要，方便居民生活，改善乡镇环境，为发展生产和提高人民生活水平服务。

乡镇给水排水规划必须以乡镇总体规划为依据，确定给水排水工程的规模并满足乡镇功能分区等方面的要求；以县域或地区的给排水为依据，宜实行集约经营和共建共享，达到节约投资和提高经济效益的目的。同时，给水排水工程规划又会反过来影响乡镇的总体规划。所以，在制定规划的过程中，必须注意给排水规划和总体规划之间的相互关系，求得和谐统一、规划合理。

7.2.1 乡镇给水规划

7.2.1.1 乡镇给水规划的一般原则

（1）给水系统规划的内容

乡镇简易给水系统见图 7.2.1-1。

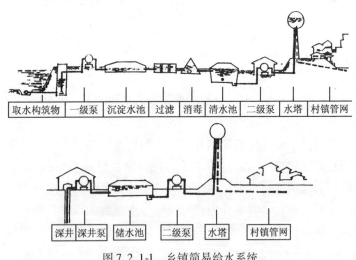

图 7.2.1-1　乡镇简易给水系统
资料来源：《村镇规划》第 2 版，2005

给水工程从提出到实施包括规划、设计、施工、运转 4 个阶段。规划是给水工程的第一步，是整个工程的基础。给水工程规划目标就是经济合理又安全可靠地向各乡镇用户供应满足使用要求的用水。集中式给水工程规划的主要内容有：

1）确定各项用水量标准，预测乡镇用水总量。

2）合理评估乡镇水资源的开发利用情况，做好乡镇用水的供需平衡，符合可持续发展的需要。

3）合理选择水源，确定取水口位置、取水方式和卫生防护方案。

4）确定给水系统的形式和组成。

5）选择水厂位置，确定水厂规模和水质处理工艺。

6）合理布置输配水干管和主要供水设施。

7）确定水源地的保护范围和保护措施。

8）进行必要的技术经济分析。

分散式给水工程规划主要包括确定用水量、水源及卫生防护、取水设施。本节主要阐述集中式给水工程规划的主要内容。

（2）给水系统规划的一般原则

乡镇给水工程规划应符合国家的建设方针和政策，在乡镇总体规划的基础上，提出技术先进、经济合理、安全可靠的方案。乡镇给水工程规划的一般原则如下：

1）乡镇给水工程规划应能在一定的设计年限内保证供应所需要的水量，并符合水质、水压的要求。当消防灭火或有紧急事故时能及时供应必要的用水。

2）给水工程规划必须正确处理各种用水之间的关系，使资源得到充分合理的利用。

3）乡镇给水工程应按近期需要设计，但也要考虑远期发展，留有余量，做到远近结合，全面规划。对于扩建、改建工程，应充分发挥原有工程设施的功能，提高其效能。

4）给水系统的布置（统一、分区、分质和水压等）应根据水源、地形、乡镇企业用水要求及原有给水工程等条件综合考虑后确定，必要时提出不同方案进行技术经济比较。

5）乡镇工业生产用水应根据生产工艺尽量重复使用，节约用水。我国是个水资源贫乏的国家，而且水资源分布地区差别很大。

6）给水工程规划应优先采用节水技术、新技术、新工艺。

7）选择水源时应在保证水量的前提下，采用优质水源以确保居民健康，即使有时基建费用高一些也是值得的。采用地下水源时，应慎重估计可开采的储量，以防过量开采造成地下水水位下降，甚至造成水源枯竭、地面下沉或水质变坏。

8）输配水工程是给水工程投资的主要部分，约占总投资的50%~80%，应做多方案比较。

9）给水工程规划，应执行现行的《镇规划标准》（GB 50188—2007），并符合国家与地方城乡建设、卫生、电力、公安、环保、农业、水利等有关部门的规定。

7.2.1.2 乡镇用水量预测

集中式给水的用水量应包括：生活、生产、消防、浇洒道路和绿化、管网漏水量和未预见水量。乡村居民点用水量基本上为生活用水量。农业用水量包括引水灌溉、养畜、水产养殖和放牧用水量等。

（1）乡镇生活用水量

1）居住建筑的生活用水量可根据现行国家标准《建筑气候区划标准》（GB 50178—93）的所在区域按表7.2.1-1计算。

居住建筑的生活用水量指标[L/(人·日)]　　表7.2.1-1

建筑气候区划	镇　　区	镇　区　外
Ⅲ、Ⅳ、Ⅴ区	100~200	80~160
Ⅰ、Ⅱ区	80~160	60~120
Ⅵ、Ⅶ区	70~140	50~100

2）公共建筑的生活用水量应符合现行国家标准《建筑给水排水设计规范》（GB 50015—2003）的有关规定，也可按居住建筑用水量的8%~25%进行估算。

3）综合生活用水量：乡镇给水工程统一供给的综合生活用

水量宜采用表7.2.1-2的指标预测，并应结合乡镇地理位置、水资源状况、气候条件、乡镇经济社会发展与公共设施水平、居民经济收入、居住生活水平、生活习惯，经综合分析与比较后选定相应的指标。

乡镇人均综合生活用水量指标[L/(人·日)] 表7.2.1-2

建筑气候区划	镇 区	镇 区 外
Ⅲ、Ⅳ、Ⅴ区	150~350	120~260
Ⅰ、Ⅱ区	120~250	100~200
Ⅵ、Ⅶ区	100~200	70~160

注：1. 表中为规划期最高日用水量标准，已包括管网漏失及未预见水量；
2. 有特殊情况的镇区，应根据用水实际情况，酌情增减用水量指标。

（2）乡镇生产用水量

1）乡镇工业用水量：一般按乡镇总用水量的50%~70%计算，或按规划经济增长率和规划年限估算，或按单位产品用水量计算和采用万元产值用水量估算，如表7.2.1-3和表7.2.1-4。

乡镇工业部分单位产品参考用水量 表7.2.1-3

工业项目		单 位	用水量（m³）	工业项目	单 位	用水量（m³）
水泥		t	1~3	酿酒	t	20~50
水泥制品		t	60~80	啤酒	t	20~25
制砖		万块	7~12	榨油	t	6~30
造纸		t	500~800	榨糖	t	15~30
纺织		万m	100~150	制茶	t	0.1~0.3
印染		万m	180~300	罐头	t	10~40
塑料制品		t	100~220	豆制品加工	t	5~15
屠宰		头	0.8~1.5	食品	t	10~40
制革	猪皮	张	0.15~0.3	果脯加工	t	30~35
	牛皮	张	1~2	农副产品加工	t	5~30

乡镇工业万元产值参考用水量　　　表 7.2.1-4

工业类别	用水量（m³/万元）	工业类别	用水量（m³/万元）	备 注
冶金	120~180	食品	150~180	表内万元产值系按 1985 年价格计算
电力	160~180	纺织	100~130	
石油	500~600	缝纫	15~30	
化学、医药	200~400	皮革	60~90	
机械	80~100	造纸	600~1000	
建材	180~300	文化用品、印刷	60~120	
木材加工	90~120	其他	100~150	

2）主要畜禽饲养用水量：可按表 7.2.1-5 进行计算。

主要畜禽饲养用水量　　　表 7.2.1-5

畜禽类别	单位	用水量	畜禽类别	单位	用水量
马	L/(头·日)	40~60	羊	L/(头·日)	5~10
成牛或肥牛	L/(头·日)	30~60	鸡	L/(头·日)	0.5~1
牛	L/(头·日)	60~90	鸭	L/(头·日)	1~2
猪	L/(头·日)	20~80			

3）农业机械用水量：可按表 7.2.1-6 进行计算。

主要农业机械用水量　　　表 7.2.1-6

机械类别	单 位	用 水 量
柴油机	L/(马力·h)	30~50
汽车	L/(辆·日)	100~120
拖拉机或联合收割机	L/(台·日)	100~150
农机小修厂机床	L/(台·日)	35
汽车、拖拉机修理	L/(台·日)	1500

4）水田用水量：一般为 400~600m³/(年·亩)，随着农业灌溉技术的提高，用水量会有所下降。

(3)乡镇消防用水量

应符合现行的《村镇建筑设计防火规范》(GBJ 39—90)的有关规定。

(4)乡镇浇洒道路和绿地用水量

可根据当地路面、绿化、气候和土壤条件确定。浇洒道路用水量一般为2~3次/日,1~1.5L/(m^3·次);浇洒绿地用水量采用1.5~2.0L/(m^3·日)。

(5)乡镇管网漏失水量及未预见用水量

可按最高日用水量的15%~25%计算,或按总用水量的10%~20%计算。

7.2.1.3 乡镇给水水源选择与水源保护

(1)乡镇给水水源选择

给水水源分为地下水和地表水两大类。乡镇生活饮用水源一般应首先考虑采用地下水,可参照表7.2.1-7确定。

地下水水源选择要求　　　表7.2.1-7

因素	要求
取水地点	应与乡镇规划的要求相适应
水量	水量充沛可靠,水量保证率要求在95%以上,不但满足规划水量要求,且留有余地
水质	水质良好,原水水质符合饮用水水质要求
用水地区	应尽可能靠近主要用水地区
综合利用	应注意综合开发利用水资源,同时须考虑农业、水利的需求
施工与运行	应考虑取水、输水、净化设施的施工、运转、维护管理方便、安全、经济,不占或少占农田

总之,其水源的选择应符合下列要求:

1)水量充足可靠,水源水质符合要求。

2)水源卫生条件好,便于卫生防护。水源的卫生防护按现行的《生活饮用水卫生标准》(GB 5749—2006)的规定执行。水源地一级保护区应符合现行的《地面水环境质量标准》(GB

3838—2002）中规定的Ⅱ类标准。

3）取水、净水、输配水设施安全经济，具备施工条件。

4）选择地下水作为给水水源时，应有确切可靠的水文地质资料，且不得超量开采；选择地表水作为给水水源时，应保证枯水期的供水需要，其保证率不得低于90%。

5）当乡镇之间使用同一水源或水源在规划区以外时，应进行区域或流域范围内的水资源供需平衡分析，并根据水资源平衡分析，提出保持平衡的对策。

6）水资源不足的乡镇，宜将雨、污水处理后用作工业用水、生活杂用水及河湖环境用水、农业灌溉用水等，其水质应符合相应标准的规定。靠近中心城市的乡镇，应考虑以中心城市水厂作为给水水源。

7）选择湖泊或水库作为水源时，应选在藻类含量较低、水较深和水域较开阔的位置，并符合现行的《含藻水给水处理设计规范》(CJJ 32—89)的规定。

（2）乡镇给水水源保护

1）选择地表水作为给水水源时，其枯水期的保证率不得低于90%。地面水取水点周围半径100m的水域内严禁捕捞、停靠船只、游泳和从事有可能污染水源的任何活动。

2）取水点上游1000m，下游100m的水域不得排入工业废水和生活污水；其沿岸防护范围内不得堆放废渣，不得设置有害化学物品仓库或设立装卸垃圾、粪便、有毒物品的码头。

3）供生活饮用的水库和湖泊，应将其取水点周围部分水域或整个水域及其沿岸划为卫生防护地带。

4）以河流为给水水源的集中式给水，必须把其取水点上游1000m以外一定范围的河段划为水源保护区，严格控制污染物排放量。

5）选择地下水作为给水水源时，不得超量开采。采取分散式取水时，水井周围30m范围内不得设置渗水厕所、渗水坑、粪坑、垃圾堆、废渣堆等污染源；在井群影响半径范围内，不得使用工业废水和生活污水进行农业灌溉和施用剧毒农药。

7.2.1.4 乡镇给水水质

生活饮用水的水质应按现行的《生活饮用水卫生标准》(GB 5749—2006)的规定执行。供水水质不能满足要求时,应采用适宜的净水构筑物和净水工艺流程进行处理。

7.2.1.5 乡镇给水水厂、泵站

(1) 乡镇的水厂设置应以乡镇总体规划和县(市)域城镇体系规划为依据;较集中分布的乡镇应统筹规划区域水厂,不单独设水厂的乡镇可酌情设配水厂。

(2) 乡镇水源地应设在水量、水质有保证且易于实施水源环境保护的地段。地表水水厂的位置应根据给水系统的布局确定,宜选择在给水半径合理、交通方便、供电安全、生产废水处置方便、周围无污染企业,在设计的乡镇防洪排涝标准下不被淹没、不形成内涝的地方,且靠近取水点;地下水水厂的位置应根据水源地的地点和不同的取水方式确定,宜选择在取水构筑物附近。

(3) 乡镇水厂用地应按规划期给水规模来确定,用地控制指标应按表7.2.1-8,并结合乡镇实际情况选定;水厂厂区周围应设置宽度不小于10m的绿化地带。新建水厂的绿化占地面积不宜少于总面积的20%。

乡镇水厂综合用地控制指标($m^2 \cdot d/m^3$)　　表7.2.1-8

建设规模(万m^3/d)	地表水水厂		地下水水厂
	沉淀净化	过滤净化	除铁净化
0.5~1	1.0~1.3	1.3~1.9	0.4~0.7
1~2	0.5~1.0	0.8~1.4	0.3~0.4
2~5	0.4~0.8	0.6~1.1	
2~6			0.3~0.4
5~10	0.35~0.6	0.5~0.8	0.3~0.4

注:1. 指标为包括厂区周围绿化地带用地;
　　2. 当乡镇需水量小于0.5万m^3/d时,可考虑采用一体化净水装置,其用地可小于常规处理工艺所需的用地面积。

(4) 乡镇的水厂应不占或少占良田好地。

(5) 当乡镇配水系统需设置加压泵站时，其位置宜靠近用水集中的地区；泵站用地应按规划期给水规模确定，用地控制指标参考《城市给水工程项目建设标准》的规定，结合实际情况选定；泵站周围应设置不小于10m的绿化地带，并宜与乡镇绿化用地相结合。

7.2.1.6 乡镇给水管网布置

(1) 乡镇给水管网布置形式

给水管网系统应根据现状条件，相应选择树枝状、环状或混合式的布置形式。

(2) 乡镇给水管网布置原则

1) 给水干管布置的方向应与供水的主要流向一致，并以最短距离向用水大户送水。

2) 给水干管最不利点的最小服务水头，单层建筑物可按 10~15m 计算，建筑物每增加一层应增压 3m。

3) 管网应分布在整个给水区内，且能在水量和水压方面满足用户要求。乡镇中心区的配水管宜呈环状布置；周边地区近期宜布置成树枝状，远期应留有连接成环状管网的可能性。

4) 保证给水的安全可靠。当个别管线发生故障时，断水的范围应减少到最小程度。

5) 尽量少穿越铁路、公路；无法避免时，应选择经济合理的线路。宜沿现有或规划道路铺设，但应避开交通主干道。管线在道路中的埋设位置应符合现行的《城市工程管线综合规划规范》(GB 50289—98) 的规定。

6) 选择适当的水管材料。

7) 应结合乡镇建设的长远需要，为给水管网的分期发展留有余地。

8) 乡镇输水管原则上应有两条，其管径应满足规划期给水规模和近期建设要求。乡镇一般不设中途加压站。

7.2.1.7 乡镇给水工程设施防灾要求

（1）乡镇给水工程设施不应设置在容易发生滑坡、泥石流、塌陷等不良地质地区及洪水淹没和内涝低洼地区，工程设施的防洪及排涝等级不应低于乡镇防洪排涝所采用的等级。

（2）乡镇给水工程设施应按国家现行标准《室外给水排水和煤气热力工程抗震设计规范》(GB 50032—2003）及《室外给水排水工程设施抗震鉴定标准》(GBJ 43—82）进行抗震设防。

7.2.2 乡镇排水规划

7.2.2.1 乡镇排水量计算

（1）乡镇污水量计算

污水量应包括生活污水量和生产污水量。

1）生活污水量：可按生活用水量的75%~85%进行估算，或按表7.2.2-1、表7.2.2-2确定。农村居民点的生活污水量按当地用水定额的60%~80%计算。

乡镇生活污水量标准　　　　表7.2.2-1

供水情况	污水量标准 [L/(日·人)]	供水情况	污水量标准 [L/(日·人)]
集中龙头供水	10~25	室内设水冲厕所	45~85
几户合用龙头供水	20~35	室内设水冲厕所及淋浴设备	75~125
龙头供水到户	25~55		

乡镇生活污水量时变化系数　　　表7.2.2-2

污水平均流量（L/s）	5	15	40	70	100	200	500	1000	>1000
时变化系数（K）	2.3	2.0	1.8	1.7	1.6	1.5	1.4	1.3	1.2

2）生产污水量及其时变化系数：应按产品种类、生产工艺特点和用水量确定，也可按生产用水量的70%~90%计算。

（2）乡镇雨水量计算

根据《室外给排水设计规范》(GB 50013—2006)，雨水量

(Q) 用降雨强度（q）、径流系数（ψ）和汇水面积（F）等3个因素的乘积估算。其中，暴雨强度亦可按邻近城市的暴雨强度公式计算，各类面积径流系数可参考表 7.2.2-3。

乡镇综合径流系数　　　　　　　　　表 7.2.2-3

不透水覆盖面积情况	综合径流系数 ψ
建筑稠密的中心区（不透水覆盖面积>70%）	0.6~0.8
建筑较密的居住区（不透水覆盖面积50%~70%）	0.5~0.7
建筑较稀的居住区（不透水覆盖面积30%~20%）	0.4~0.6
建筑稀疏的地区（不透水覆盖面积<30%）	0.3~0.5

7.2.2.2　乡镇排水体制

（1）分流制

1）完全分流制：生活污水、生产污水和雨水分为3个系统或污水和雨水两个系统，用管渠分开排放。污水流至污水处理厂排放。雨水和一部分无污染生产污水就近排放水体。

2）不完全分流制：污水埋暗管，雨水为路面边沟（明沟）排水，这种分流制比完全分流制标准低，投资少，先解决污水排放系统，等日后再完善。

（2）合流制

条件不具备的乡镇可选择合流制，但在污水排入排水系统之前，应采用化粪池、生活污水净化沼气池等方法进行预处理。经济发展一般或欠发达地区的乡镇近期或远期可采用不完全分流制，有条件时宜过渡到完全分流制。

7.2.2.3　乡镇排水管渠布置

排水管渠的布置，可采用贯穿式、低边式或截流式。雨水应充分利用地面径流和沟渠排除，污水通过管道或暗渠排放；雨、污水均应尽量考虑自流排水。

（1）乡镇排水管渠管径

1）乡镇排水管渠的最小尺寸

① 建筑物出户管直径为 125mm，街坊内和单位大院内为

150mm，街道下为200mm。

② 排水渠道最小底宽不得小于0.3m。

2）乡镇排水管渠的最小坡度

当充满度为0.5时，排水管道应满足表7.2.2-4规定的最小坡度。

不同管径的最小坡度表　　表7.2.2-4

直径（mm）	最小坡度（‰）	直径（mm）	最小坡度（‰）
125	1	400	2.5
150	7	500	2
200	4	600	1.6
250	3.5	700	1.5
300	3	800	1.2

（2）乡镇排水管渠布置的原则

1）应布置在排水区域内地势较低，便于雨、污水汇集地带。

2）宜沿规划道路敷设，并与道路中心线平行。

3）在道路下的埋设位置应符合《城市工程管线综合规划规范》(GB 50289—98) 的规定。

4）穿越河流、铁路、高速公路、地下建（构）筑物或其他障碍物时，应选择经济合理路线。

5）截流式合流制的截流干管宜沿受纳水体岸边布置。

6）排水管渠的布置要顺直，水流不要绕弯。

7.2.2.4　乡镇污水排放

（1）污水排放应符合现行的国家标准《污水综合排放标准》(GB 8978—96) 的有关规定；污水用于农田灌溉时应符合现行的国家标准《农田灌溉水质标准》(GB 5084—1992) 的有关规定。

（2）污水排放系统布置要确定污水处理厂、出水口、泵站及主要管道的位置。雨水排放系统的布置要确定雨水管渠、排洪沟和出水口的位置，雨水应充分利用地面径流和沟渠排放。污水、雨水的管渠均应按重力流设计。

（3）排水泵站应单独设置，周边设置≥10m的绿化隔离带，其面积应按市政工程投资估算的相关指标计算。

7.2.2.5 乡镇污水处理

（1）分散式与合流制中的污水，宜采用净化沼气池、双层沉淀池或化粪池等进行处理；集中式生活污水宜采用活性污泥法、生物膜法等技术处理。生产污水的处理设施，应与生产设施建设同步进行。

（2）污水是采用集中处理时，污水处理厂的位置应选在乡镇的下游和盛行风向的下风位处，并靠近受纳水体或农田灌溉区，但与居住小区或公共建筑应有一定的卫生防护地带；卫生防护地带宽度一般为300m，处理污水用于农田灌溉时宜采用500~1000m。

（3）污水处理厂（站）不宜设置在不良地质地段和洪水淹没、内涝低洼地区；否则应采取可靠的防护措施，其设防标准不应低于所在乡镇的设防等级。

（4）污水处理厂的用地面积应按表7.2.2-5给定的范围、结合当地实际情况加以选取，并尽可能少占或不占农田。

乡镇污水处理厂用地估算面积（$m^2 \cdot d/m^3$） 表7.2.2-5

处理水量（万m^3/d）	一级处理	二级处理（一）	二级处理（二）
0.5~1	1.0~1.6	2.0~2.5	
1~2	0.6~1.4	1.0~2.0	4.0~6.0
2~5	0.6~1.0	1.0~1.5	2.5~4.0
5~10	0.5~0.8	0.8~1.2	1.0~2.5

注：1. 一级处理工艺流程大体为泵房、沉砂、沉淀及污泥浓缩、干化处理等；二级处理（一）工艺流程大体为泵房、沉砂、初次沉淀、曝气、二次沉淀及污泥浓缩、干化处理等；二级处理（二）工艺流程大体为泵房、沉砂、初次沉淀、曝气、二次沉淀、消毒及污泥提升、浓缩、消化、脱水及沼气利用等。

2. 该用地指标指生产运行所必须的土地面积，不包括厂区周围的绿化带。

(5) 污水处理厂（站）址宜选在无滑坡、无塌方，地下水位低，土壤承载力较好（一般要求在 15kg/cm² 以上）的地方。

7.2.2.6 乡镇排水泵站

排水泵站建设用地按泵站规模、性质确定，其用地指标可根据表 7.2.2-6 来确定。

乡镇排水泵站用地指标（m²·s/L）　　表 7.2.2-6

用地指标＼规模＼泵站性质	雨水流量（L/s）		污水流量（L/s）		
	1000～5000	5000～10000	100～300	300～600	600～1000
雨水泵站	0.8～1.1	0.6～0.8			
污水泵站			4.0～7.0	3.0～3.0	2.5～5.0

注：该用地指标指生产运行所必须的土地面积，不包括厂区周围的绿化带。

7.2.2.7 乡镇排水受纳体

（1）乡镇排水受纳体应包括江、河、湖、海和水库、运河等受纳水体，以及荒废地、劣质地、湿地、坑塘、洼地以及受纳农业灌溉用水的农田等受纳土地。

（2）污水受纳水体应满足其水域功能类别的环境保护要求，且有足够的环境容量；雨水受纳水体应有足够的排泄能力或容量。雨、污水受纳土地应具有足够的环境容量，且符合环境保护和农业生产的要求。

（3）雨水管道、合流管道出口有可能受纳水体高水位顶托时，应根据地区重要性和积水可能造成的后果考虑设置防潮门、闸门或排水泵站等设施。

7.2.2.8 乡镇中水利用

利用中水应符合现行国家标准《建筑中水设计规范》(GB 50336—2002)和《污水再生利用工程设计规范》(GB 50335—2002)的有关规定。

7.3 乡镇供电与通信规划

7.3.1 乡镇供电规划

乡镇供电规划主要应包括预测用电负荷、确定供电电源、电压等级、供电线路、供电设施。

7.3.1.1 乡镇用电负荷计算

（1）乡镇用电负荷计算

1）分项预测法

乡镇所辖地域范围用电负荷的计算，应包括生活用电、乡镇企业用电和农业用电的负荷，可按以下标准计算。

① 生活用电负荷为：1kW/户。

② 乡镇企业用电量为：重工业每万元产值用电量为3000～4000kWh；轻工业每万元产值用电量为1200～1600kWh。

③ 农业用电负荷为：每亩15kW。

2）人均指标预测法

当采用人均市政、生活用电指标法预测用电量时，应结合乡镇的地理位置、经济社会发展与乡镇建设水平、人口规模、居民经济收入、生活水平、能源消费构成、气候条件、生活习惯、节能措施等因素，对照表7.3.1-1的指标幅值选定。

乡镇规划人均市政和生活总用电指标[kW·h/(人·年)]　　表7.3.1-1

地　区	乡镇规模分级	近　期	远　期
经济发达地区	特大、大型	560～630	1960～2200
	中型	510～580	1760～2060
	小型	430～510	1510～1790
经济发展一般地区	特大、大型	440～480	1650～1880
	中型	420～480	1530～1740
	小型	340～420	1250～1530

续表

地 区	乡镇规模分级	近 期	远 期
经济欠发达地区	特大、大型	360~440	1400~1720
	中型	310~360	1230~1400
	小型	230~310	910~1230

3）负荷密度法

当采用负荷密度法进行乡镇用电负荷预测时，其居住建筑、公共建筑、工业建筑三大类建设用地的规划单位建设用地负荷指标的选取，应根据其具体构成分类及负荷特征，结合现状水平和不同乡镇的实际情况，按表 7.3.1-2 经分析、比较而选定。

乡镇规划单位建设用地负荷指标　　　　表 7.3.1-2

建设用地分类	居住用地	公共设施用地	工业用地
单位建设用地负荷指标（kW/hm^2）	80~280	300~500	200~500

注：表外其他类建设用地的规划单位建设用地负荷指标的选取，可根据乡镇的实际情况，经调查分析后确定。

4）单位建筑面积用电负荷指标法

当采用单位建筑面积用电负荷指标法进行乡镇详细规划用电负荷预测时，其居住建筑、公共建筑、工业建筑的规划单位建筑面积负荷指标的选取，应根据三大类建筑的具体构成分类及其用电设备配置，结合当地各类建筑单位建筑面积负荷的现状水平，按表 7.3.1-3 经分析、比较后选定。

乡镇规划单位建筑面积用地负荷指标　　　表 7.3.1-3

建设用地分类	居住用地	公共建筑	工业建筑
单位建筑面积负荷指标（W/m^2）	15~40（每户 1~4kW）	30~80	20~80

注：表外其他类建筑的规划单位建设用地负荷指标的选取，可根据乡镇的实际情况，经调查分析后确定。

(2) 农业用电负荷计算

1) 需用系数法

$$P_{max} = K_x \sum P_n$$
$$A = P_{max} \cdot T_{max}$$

式中　P_{max}——为最大用电负荷（kW）；

　　　K_x——需用系数；

　　　$\sum P_n$——各类设备额定容量总和（kW）；

　　　A——年用电量（kW·h）；

　　　T_{max}——最大负荷利用小时（h）。

有关农业用电的需用系数和最大负荷利用小时数见表7.3.1-4。

农村用电需求系数 K_x 与最大负荷利用小时参考指标　　表 7.3.1-4

项　目	最大负荷利用小时数（h）	需用系数	
		一个变电站的规模	一个镇区的范围
灌溉用地	750~1000	0.5~0.75	0.5~0.6
水田	1000~1500	0.7~0.8	0.6~0.7
旱田及园艺作物	500~1000	0.5~0.7	0.4~0.5
排涝用电	300~500	0.8~0.9	0.7~0.8
农副加工用电	1000~1500	0.65~0.7	0.6~0.65
谷物脱粒用电	300~500	0.65~0.7	0.6~0.7
乡镇企业用电	1000~5000	0.6~0.8	0.5~0.7
农机修配用电	1500~3500	0.6~0.8	0.4~0.6
农村生活用电	1800~2000	0.8~0.9	0.75~0.85
其他用电	1500~3500	0.7~0.8	0.6~0.7
农村综合用电	2000~3500		0.2~0.45

2) 增长率法

在各种用电规划资料暂缺的情况下可采用增长率法。该法也适用于乡镇综合用电负荷计算和工业用电负荷计算，计算公式为：

$$A_n = A(1+K)^n$$

式中 A_n——规划地区几年后的用电量(kWh);

A——规划地区最后统计年度的用电量(kWh);

K——年平均增长率;

n——预测年数。

3)单耗法

指生产某一单位产品或单位效益所耗用的电量,称为用电单耗。

① 年用电量计算:

$$A = \sum_{i=1}^{n} A_i = \sum C_i D_i$$

式中 A——规划区全年总用电量;

A_i——第 i 类产品全年用电量(kW·h);

C_i——第 i 类产品计划年产量或效益总量(t,hm² 等);

D_i——第 i 类产品用电量单耗(kW·h/t,kW·h/hm²)。

② 最大负荷计算

$$P_{max} = \sum_{i=1}^{n} A_i / P_{imax}$$

式中 P_{max}——最大负荷(kW);

P_{imax}——第 i 类产品年最大负荷利用小时数(h)。

对于产品用电单耗,可以收集同类地区、同类产品的数值,进行综合分析,得出每种产品的单位耗电量。

7.3.1.2 乡镇电源规划

(1)乡镇的供电电源在条件许可时,应优先选择区域电力系统供电;对规划期内区域电力系统电能不能经济、合理地供应到的地区的乡镇,应因地制宜地建设适宜规模的发电厂(站)作为电源。乡镇内不宜设置区域变电站。

(2)供电电源和变电站站址的选择应以县(市)域供电规划为依据,并符合建站的建设条件,且线路进出方便和接近负荷中心，不占或少占农田。变压器的位置应设在负荷中心，尽量靠近负荷量大的地方；配电变压器的供电半径以控制在 500m 内为宜。

（3）变电站选址应交通方便，但与道路应有一定的间隔，且不受积水浸淹，避免干扰通信设施；其占地面积应考虑最终规模要求。

（4）应根据负荷预测（适当考虑备用容量）和现状电源变电所、发电厂的供电能力及供电方案，进行电力、电量平衡，测算规划期内电力、电量的余缺，提出规划期内需增加的电源变电所和发电厂的装机总容量。

（5）乡镇 220kV 电网的变电容载比一般为 1.6~1.9，35~110kV 电网的变电容载比为 1.8~2.1。

7.3.1.3　乡镇电压等级与电网规划

（1）乡镇电压等级宜为国家标称电压 220kV、110kV、66kV、35kV、10kV 和 380/220V 中的 3~4 级，3 个变压层次，并结合所在地区规定的电压标准选定。限制发展非标称电压。

（2）乡镇电网中的最高一级电压，应根据其电网远期规划的负荷量和其电网与地区电力系统的连接方式确定。

（3）乡镇电网各电压层、网容量之间，应按一定的变电容载比配置，容载比应符合《城市电力网规划设计导则》及其他有关规定。

（4）乡镇电网规划应贯彻分层分区原则，各分层分区应有明确的供电范围，避免重叠、交错。

（5）乡镇电网的过电压水平应不超过允许值，不超过允许的短路电流水平。

7.3.1.4　乡镇供电线路输送容量及距离

各级电压、供电线路输送容量和输送距离应符合表 7.3.1-5 的规定。

乡镇不同电压的输送容量和输送距离　　表 7.3.1-5

电压（kV）	输送功率（kW）	输送距离（km）
0.22	100 以下	0.2 以下
0.38	100 以下	0.6 以下
6	200~1200	4~5
10	200~2000	6~20
35	1000~10000	20~70
110	10000~50000	50~150

7.3.1.5　乡镇主要供电设施

（1）乡镇 35kV、110kV 变电所

一般宜采用布置紧凑、占地较少的全户外或半户外式结构，其选址应符合接近负荷中心、不占或少占农田、地质条件好、交通运输方便、不受积水淹浸、便于各级电力线路的引入与引出等有关要求；乡镇 35~110kV 变电所应按其最终规模预留用地，并应结合所在乡镇的实际用地条件，按表 7.3.1-6 经分析比较选定相应指标。220kV 区域变电所用地按《城市电力规划规范》（GB 50293—99）的有关规定预留，详见表 7.3.1-7。

乡镇 35~110kV 变电所规划用地面积控制指标　　表 7.3.1-6

变压等级(kV) 一次电压/二次电压	主变压器容量 [MVA/台(组)]	变电所结构形式及用地面积（m²）	
		户外式用地面积	半户内式用地面积
110（66/10）	20~63/2-3	3500~5500	1500~3000
35/10	5.6~31.5/2-3	2000~3500	1000~2000

乡镇 220kV 变电所规划用地面积控制指标　　表 7.3.1-7

变压等级（kV）	主变压器容量 [MVA/台(组)]	变电所结构形式	用地面积（m²）
220/110（66，35）及 220/10	90~180/2-3	户外式	1200~3000
220/10（66，35）	90~180/2-3	户外式	8000~20000
220/110（66，35）	90~180/2-3	半户外式	5000~8000
220/110（66，35）	90~180/2-3	户内式	2000~4500

（2）乡镇变电所主变压器安装台（组）数宜为2~3台（组），单台（组）的主变压器容量应标准化、系列化；35~220kV主变压器单台（组）的容量选择应符合国家有关规定，220kV主变压器容量不大于180MVA、110kV主变容量不大于63MVA、35kV主变容量不大于20MVA。

（3）乡镇公用配电所的位置应接近负荷中心，其配电变压器的安装台数宜为两台；居住区单台容量一般可选630kVA以下，工业区单台容量不宜超过1000kVA。

（4）乡镇变电所供电半径见表7.3.1-8。

乡镇变电所供电半径　　　　　　　　　表7.3.1-8

变电所电压等级（kV）	变电所二次侧电压（kV）	合理供电半径（km）
35	6, 10	5~10
110	35, 6, 10	15~20
220	110, 6, 10	50~100

7.3.1.6　乡镇供电线路布置

供电线路的布置应符合以下规定：

（1）架空电力线路应根据地形、地貌特点和网络规划，沿道路、河渠和绿化带架设；路径宜短捷、顺直，并应减少同道路、河流、铁路的交叉；

（2）设置35kV及以上高压架空电力线路应规划专用线路走廊（表7.3.1-9），并不得穿越镇区中心、文物保护区、风景名胜区和危险品仓库等地段；

电力线路的输送功率、输送距离及线路走廊宽度　　表7.3.1-9

线路电压（kV）	线路结构	输送功率（kW）	输送距离（km）	线路走廊宽度（m）
0.22	架空线	50以下	0.15以下	—
	电缆线	100以下	0.20以下	—
0.38	架空线	100以下	0.50以下	—
	电缆线	175以下	0.60以下	—

续表

线路电压（kV）	线路结构	输送功率（kW）	输送距离（km）	线路走廊宽度（m）
10	架空线	3000以下	8~15	—
	电缆线	50000以下	10以下	—
35	架空线	2000~10000	20~40	12~20
66、110	架空线	10000~50000	50~150	15~25

（3）镇区的中、低压架空电力线路应同杆架设，镇区繁华地段和旅游景区宜采用埋地敷设电缆；

（4）电力线路之间应减少交叉、跨越，并不得对弱电产生干扰；

（5）变电站出线宜将工业线路和农业线路分开设置。

7.3.1.7　乡镇供电变压器容量选择

供电变压器的容量选择应根据生活用电、乡镇企业用电和农业用电的负荷确定。

（1）生活用电负荷的估算标准按每户1~4kW进行估算。

（2）乡镇企业用电负荷应根据乡镇工业性质及规模进行估算。

（3）农业用电负荷估算标准为每亩10~15W。

（4）乡镇重要公用设施、医疗单位或用电大户应单独设置变压设备或供电电源。

7.3.1.8　乡镇电力线路的各种距离标准

按表7.3.1-10确定。

电力线路的各种距离标准　　表7.3.1-10

距离标准(m) 项目	电力线路类别	配电线路		送电线路			附加条件
		1kV以下	1~10kV	35~110kV	154~220kV	330kV	
与地面最小距离	居民区	6	6.5	7	7.5	8.5	送电线路应架在上方
	非居民区	5	5.5	6	6.5	7.5	
	交通困难区	4	4.5	5	5.5	6.5	

续表

距离标准(m) \ 项目	电力线路类别	配电线路		送电线路			附加条件
		1kV以下	1~10kV	35~110kV	154~220kV	330kV	
与山坡峭壁最小距离	步行可到达的山坡	3	4.5	5	5.5	6.5	
	步行不能到达的山坡	1	1.5	5	4	5	
与建筑物	最小垂直距离	2.5	3	4~5	6	7	
	最小距离	1	1.5	3~4	5	6	
与甲类易燃厂房、仓库距离				不小于杆高的1.5倍,且需大于30m			
与行道树	最小垂直距离	1	1.5	3	3.5	4.5	
	最小水平距离	1	2	3.5	4	5	
与铁路	至轨顶最小垂直距离	7.5（窄轨6.0）		7.5(7.5)	8.5(7.5)	9.5(8.5)	送电线路应架在上方
	杆塔外沿至轨道中心最小水平距离	交叉5.0m 平行杆加3m		交叉时5.0m,平行时杆加3m			
与道路	至路面最小垂直距离	6	7	7	8	9	
	杆柱距路基边缘最小水平距离	0.5		与公路交叉时8.0m,与公路平行时用最高杆高			
与通航河道	至50年一遇洪水位最小垂直距离	6	6	6	7	8	
	边导线至斜坡上缘最小水平距离	最高杆高		最高杆高			
与弱电线路	一级弱电线路	大于45		大于45			
	二级弱电线路	大于30		大于30			
	三级弱电线路	不限		不限			
	至被跨越级最小垂直距离	1	2	3	4	5	
	与边导线间最小水平距离	1	2	最高杆高路径受限制时按6			
电力线路之间	1kV以下	1	2	3	4	5	电压高的线路一般在上方
	1~10kV	2	2	3	4	5	
	平行时最小水平距离	2.5	2.5				

7.3.1.9 乡镇电力线路导线截面选择

（1）乡镇各级电压送电线路选用导线截面。
（2）乡镇高、低压配电线路选用导线截面。
（3）乡镇各种电压选用电缆截面。

7.3.2 乡镇电信工程规划

7.3.2.1 乡镇电信用户预测

（1）乡镇有线电话用户预测

乡镇电信规划用户预测，在总体规划阶段以宏观预测为主，宜采用时间序列法、相关分析法、增长率法、普及率法、分类普及率法等方法进行预测；在详细规划阶段以小区预测、微观预测为主，宜采用分类建筑面积用户指标、分类单位用户指标预测，也可采用计算机辅助预测。电信规划用户预测应以两种以上方法预测，其中以一种方法为主，另一种方法作为校验。

1）电话普及率法

① 电话普及率常采用综合普及率，宜采用局号普及率，并应用"局线/百人"表示。

② 当采用普及率法作预测和预测校验时，采用的普及率应结合乡镇的规模、性质、地位作用、经济社会发展水平、平均家庭生活水平及其收入增长规律、第三产业和新部门增长发展规律，进行综合分析，并按表7.3.2-1给定的指标范围进行比较选定，或作适当调整。

乡镇电话普及率预测水平（线/百人） 表7.3.2-1

地　区	乡镇规模分级	近　期	远　期
经济发达地区	特大、大型	38~43	70~78
	中型	32~38	64~75
	小型	27~34	50~68
经济发展一般地区	特大、大型	30~36	60~70
	中型	27~32	54~64
	小型	20~28	54~64

续表

地区	乡镇规模分级	近期	远期
经济欠发达地区	特大、大型	20~28	45~56
	中型	20~25	45~55
	小型	15~20	35~45

2）单位建筑面积分类用户指标法

当采用单位建筑面积分类用户指标进行用户预测时，其指标选取可结合乡镇的规模、性质、地位作用、经济社会发展水平、居民平均生活水平及其收入增长规律、公共设施建设水平和第三产业发展水平等因素，进行综合分析，并按表7.3.2-2给定的指标范围选取。

按单位面积测算乡镇电话需求用户指标（线/m^2） 表7.3.2-2

建筑用户地区分类	经济发达地区	经济发展一般地区	经济欠发达地区
写字楼、办公楼	1/25~35	1/30~40	1/35~45
商店	1/25~50	0.7~0.9/25~50	0.5~0.7/25~50
商场	1/70~120	0.8~0.9/70~120	0.5~0.7/70~120
旅馆	1/30~35	0.7~0.9/30~35	0.5~0.7/30~35
宾馆	1/20~25	1/25~35	1/30~40
医院	1/100~140	0.8~0.9/100~140	0.7~0.8/100~140
工业厂房	1/100~180	0.7~0.8/100~140	1/150~250
住宅楼房	1	0.8~0.9	0.5~0.7
别墅、高级住宅	1.2~2/200~300		
中学	4~8线/校	3~5线/校	2~3线/校
小学	3~4线/校	2~3线/校	1~2线/校

（2）乡镇交换机容量预测

按电话用户数的1.2~1.5倍估算。

7.3.2.2 乡镇电信局所与移动通信规划

（1）局所规划

1）乡镇电话网，近期多数应属所在中等城市或地区（所属地级市或地区）或直辖市本地电话网，少数宜属所在县（市）本地电话网；但发展趋势应属所在中等城市或地区本地电话网。

2）属中等城市本地网的乡镇局所规划，其中县驻地镇规划C4一级端局，其他镇规划C5一级端局（或模块局）；中、远期从接入网规划考虑，应以光纤终端设备OLT（局端设备）或光纤网络单元ONU（接入设备）代替模块局。

3）属所在中等城市本地网的乡镇长途通信规划在所属中等城市本地网的长途通信规划中统一规划。

4）属县（市）本地电话网的乡镇局所规划应以县（市）总体规划的电信规划为依据；其县（市）驻地镇的局所规划，可以长话、市话、农话合设或分设。

5）乡镇电信局所规划选址应遵循环境安全、服务方便、技术合理和经济实用的原则，宜靠近上一级电信局来线一侧，并接近计算的线路网中心，营业区域通常不大于5km；避开靠近110kV以上变电站和线路地点，火车站、汽车停车场及有害气体、有粉尘、多烟雾及较强噪声的工业企业，以及地质、防灾、环保不利的地段。局所预留用地可结合当地实际情况，考虑发展余地，按表7.3.2-3给定的指标经分析、比较加以选定，注意节约用地、不占或少占农田。

乡镇电信局所预留用地　　　　表7.3.2-3

局所规模（门）	≤2000	3000~5000	5000~10000	30000	60000	100000
预留用地面积（m^2）	1000~2000		2000~3000	4500~5000	6000~6500	8000~9000

注：1. 用地面积同时考虑兼营业点用地。
　　2. 当局所为电信枢纽局（长途交换局、市话汇接局）时，2~3万路端用地为15000~17000m^2。
　　3. 表中所列规模之间的局所预留用地，可经比较后酌情预留。

（2）乡镇移动通信规划

乡镇移动通信规划应主要预测移动通信用户需求，并具体规划落实移动通信涉及的移动交换局（端局）、基站等设施；有关的移动通信网规划一般宜在省、市区域范围内统一规划。

（3）乡镇中远期应考虑电信新技术、新业务的发展，电信网规划应考虑向综合业务数字网 ISDN 的逐步过渡和信息网的统筹规划。

7.3.2.3 乡镇通信线路与管道规划

（1）通信线路敷设方式

应符合表 7.3.2-4 要求。

乡镇通信线路敷设方式　　　　表 7.3.2-4

敷设方式	经济发达地区						经济发展一般地区						经济欠发达地区					
	一		二		三		一		二		三		一		二		三	
	近期	远期	近期	远期	近期	远期	近期	远期	近期	远期	近期	远期	近期	远期	近期	远期	近期	远期
架空电缆											○		○		○		○	
埋地管道电缆	△	●	△	●	部分△	●	部分●	●	部分△	●	●		△	●	△		△	部分△

注：表中 ○—可设；△—宜设；●—应设。

（2）通信管道规划

应按 30~50 年考虑，规划管孔数应同时考虑计算机互联网、数据通信、非话业务、电缆电视及备用等需要。

（3）通信线路布置

1）应避开易受洪水淹没、河岸塌陷、土坡塌方、流砂、翻浆以及有杂散电流（电蚀）或化学腐蚀或严重污染的地区，不应敷设在预留用地或规划未定的场所或穿过建筑物，也尽量不要占用良田耕地。

2）应便于线路及设施的敷设、巡察和抢修，尽量减少与其他管线等障碍物的交叉跨越。

3）宜敷设在电力线走向的道路的另一侧，且尽可能布置在人行道上（下）；如受条件限制，可规划在慢车道下。

4）通信管道的中心线原则上应平行于道路中心线或建筑红线，应尽量短直。

5）架空通信线路的隔距标准按表7.3.2-5确定。

6）架空通信线路与其他电气设备距离按表7.3.2-6确定。

乡镇通信线路的隔距标准　　　表7.3.2-5

隔距标准		最小距离（m）	隔距标准	最小隔距（m）
线路离地面最小距离	一般地区	3	跨越公路、乡村大路、村镇道路时导线与路面距离	5.5
	村镇（人行道上）	4.5	跨越村镇胡同（小巷道）、土路	5
	在高产作物地区	3.5	两个电信线路交越，上面与下面导线最小隔距	0.6
线路经过树林时导线离树距离	在村镇水平距离	1.25	电信线穿越电力线路时应在电力线下方通过，两线间最小距离。当电力线压为：	1～10kV　2（4）
	在村镇垂直距离	1.5		20～110kV　3（5）
	在野外	2		154～220kV　4（6）
导线跨越房屋时，导线距离房顶的高度		1.5	电杆位于铁路旁与轨道隔距	13杆高
跨越铁路时导线与轨面距离		7.5		

注：表内带括号数字系在电力线路无防雷保护装置时的最小距离。

乡镇架空通信线路与其他电气设备距离　　表7.3.2-6

电气设备名称	垂直距离或最小间距（m）	备注
供电线路接户线	0.6	
霓虹灯及其铁架	1.6	
有轨电车及无轨电车滑接线及其吊线	1.25	通信线到滑接线或吊线之间距
电气铁道馈电线	2.0	

7.3.2.4 乡镇邮政、广播、电视规划

（1）乡镇广播、电视规划

1）乡镇的广播、电视线路路由宜与电信线路路由统筹规划，并可同杆、同管道敷设，但电视电缆、广播电缆不宜与通信电缆共管孔敷设。有线电视台和有线广播站址应尽量设在用户负荷中心，远离产生强磁场、强电场的地方。

2）县（城）总体规划的通信规划应在县驻地镇设电视发射台（转播台）和广播、电视微波站，其选址应符合相关技术要求。无线电台台址中心距离重要军事设施、机场、大型桥梁不小于5km，天线场地边缘距主干线铁路不小于1km。

（2）乡镇邮政局所规划

1）县（城）总体规划的通信规划，其邮政局所规划主要是邮政局和邮政通信枢纽局（邮件处理中心）规划，其他镇邮政局所规划主要是邮政支局（或邮电支局）和邮件转运站规划。

2）县（城）邮政通信枢纽局址除应符合通信局所一般原则外，在邮件主要依靠铁路运输情况下，应优先在客运火车站附近选址，并应符合有关技术要求；在主要靠公路和水路运输时，可在长途汽车站或港口码头附近选址。其预留用地面积应按设计要求或类似比较来确定。

3）一般集镇设1处邮政处理中心；规模较大的乡镇最少设2处，一处设在乡镇中心，另一处设置在对外交通设施附近。

4）邮政局所设置应按方便居民用邮和服务人口数、服务半径、业务收入来确定。

5）乡镇邮电支局的预留用地面积应结合当地实际情况，按表7.3.2-7经分析、比较选定。

乡镇邮电支局预留用地面积（m²）　　　表7.3.2-7

支局级别\支局名称\用地面积	一等局（业务收入1000万元以上）	二等局（业务收入500~1000万元）	三等局（业务收入100~500万元）
邮电支局	3700~4500	2800~3300	2170~2500
邮电营业所	2800~3300	2170~2500	1700~2000

6）乡镇邮政服务网点设置参考表7.3.2-8。

乡镇邮政服务网点设置参考值　　　表7.3.2-8

乡镇人口密度（万人/km²）	服务半径（km）	乡镇人口密度（万人/km²）	服务半径（km）
>2.5	0.5	0.5	0.81~1.0
2	0.51~0.6	0.1	1.01~2.0
1.5	0.61~0.7	0.05	2.01~3.0
1	0.71~0.8		

（3）乡镇微波通信规划

1）微波中继途中不允许有高大建筑物、雷达站、调频广播电台和其他干扰源。

2）微波站的土建结构要有屏蔽性能。

3）距微波站10km以内，建筑于两微波站通信方位上的房屋和其他建筑物，应低于天线高度的20~30m。

（4）乡镇卫星通信地球站规划

1）与地面通信系统的互相干扰要小到技术要求的范围内。

2）选择强风袭击可能性小、人为噪声及航线影响小的地段。

3）尽可能在乡镇的收信区范围内，且划分保护区。

7.4 乡镇燃气与供热工程规划

7.4.1 乡镇燃气工程规划

7.4.1.1 乡镇燃气负荷预测

(1) 乡镇燃气总用量计算

1) 分项相加法:

$$Q = Q_1 + Q_2 + Q_3 + Q_4$$

式中　Q_1——居民生活用气量;

Q_2——公共建筑用气量;

Q_3——工业企业生产用气量;

Q_4——未预见用气量。

其中，Q_1、Q_2 应分别按表 7.4.1-1、7.4.1-2 中提供的指标进行计算；工业企业用气量按民用气的 2/3 计算，亦可与当地有关部门共同调查和协商后确定；未预见用气量按总用气量的 5% 计算。

乡镇居民生活用气量指标

$\{MJ/(人 \cdot a)、[1.0 \times 10^4 kcal/(人 \cdot a)]\}$　表 7.4.1-1

乡镇所属地区	有集中采暖的用户	无集中采暖的用户
东北地区	2303~2721 (55~65)	1884~2303 (45~55)
华东、中南地区		2093~2305 (50~55)
华北地区	2721~3140 (65~75)	2512~2931 (60~70)
西南地区		2512~2931 (60~70)

注：1. 本表指一户装有一个燃气表的居民用户在住宅内做饭和热水的用气量，不适用于瓶装液化石油气居民用户。
　　2. "采暖"系指非燃气采暖。
　　3. 燃气热值按低热值计算。

乡镇公共建筑用气量指标　　　　表 7.4.1-2

类　别		单　位	用气量指标
职工食堂		$1.0 \times 10^4 \text{kcal}/(\text{kg 粮食})$	0.2~0.25
幼儿园、托儿所	全托	$1.0 \times 10^4 \text{kcal}/(\text{座位·年})$	40~50
	半托	$1.0 \times 10^4 \text{kcal}/(\text{人·年})$	15~25
医院		$1.0 \times 10^4 \text{kcal}/(\text{床位·年})$	65~85
旅馆（无餐厅）		$1.0 \times 10^4 \text{kcal}/(\text{座位·年})$	16~20
理发店		$1.0 \times 10^4 \text{kcal}/(\text{人·次})$	0.08~0.1
饮食业		$1.0 \times 10^4 \text{kcal}/(\text{座位·年})$	190~220

注：1. 职工食堂的用气量指标包括做副食和热水在内。
　　2. 燃气热值按低热值计算。

2）比例估算法：通过预测未来居民生活与公建用气在总量中所含比例得出乡镇总的用气负荷。

$$Q = Q_s / p$$

式中　Q——总用气量；
　　　Q_s——居民生活与公建用气量；
　　　p——居民生活与公建用气量占总用气量的比例。

（2）乡镇燃气的计算月平均日用气量计算

$$Q = \frac{Q_a K_m}{365} + \frac{Q_a (1/p - 1)}{365}$$

式中　Q——计算月平均日用气量（m^3 或 kg）；
　　　Q_a——居民生活年用气量（m^3 或 kg）；
　　　p——居民生活用气量占总用气量比例（%）；
　　　K_m——月高峰系数（1.1~1.3）。

由 Q 可以确定乡镇燃气的总供应规模（即乡镇燃气的总负荷）。

（3）乡镇燃气的高峰小时用气量

$$Q' = \frac{Q}{24} k_d \cdot k_h$$

式中　Q'——燃气高峰小时最大用气量（m^3）；
　　　Q——燃气计算月平均日用气量（m^3）；

k_d——日高峰系数（1.05~1.2）；

k_h——小时高峰系数（2.2~3.2）。

Q'——可用于计算乡镇燃气输配管网的管径。

7.4.1.2 乡镇供气气源选择

(1) 乡镇燃气气源类型

1) 天然气：分为气田气、油田伴生气、凝析气田气、矿井气等4种。

2) 人工气：主要有煤制气（煤气）和油制气等。

3) 液化石油气。

(2) 乡镇气源选择原则

1) 遵照国家的能源政策和本地燃料的资源状况，按照技术上可靠、经济上合理的原则，慎重地选择乡镇燃气的气源。

2) 合理利用本地现有气源，做到物尽其用，如充分利用附近钢铁厂、炼油厂、化工厂等的可燃气体副产品。目前发展液化石油气一般比发展油制气或煤制气经济。

3) 乡镇自建气源要有足够的制气原料供应和化工产品的销路。

4) 在确定基本气源时，应考虑机动气源和供高峰时调节用的调峰气源。

(3) 当确定自建气源时，其厂址选择要求：

1) 在满足环境保护和安全防火要求的前提下，气源厂应尽量靠近制气原料中心。

2) 厂址应位于乡镇的下风向，做好环境评价，尽量避免烟尘、废气、废水的污染，并应与镇区留出必要的卫生防护地带。

3) 厂址选择除了满足用地地质、水文等工程方面的要求外，同时应满足供电、供水和供气管道出厂条件等要求，要有便捷的交通（铁路、公路）条件。

4) 厂址应符合建筑防火规范的相关规定。

(4) 乡镇供气规模论证

1) 根据需要与可能、综合平衡、环境保护、投资能力和技术经济比较来确定乡镇燃气供应规模。

2) 乡镇燃气首先应考虑居民生活用气,其次是满足公共福利事业用气,在可能的条件下才满足那些工业上需要、用量不大又靠近燃气管网的工业企业用气。

7.4.1.3 乡镇燃气输配管网形制选择

(1) 乡镇燃气输配管网压力级别

乡镇燃气输配管网系统压力级别一般分为单级系统、两级系统、三级系统和多级系统。其压力分级为:低压 $\leqslant 0.005 \mathrm{MPa}$,中压 $0.005\mathrm{MPa} < p \leqslant 0.15\mathrm{MPa}$,次高压 $0.15\mathrm{MPa} < p \leqslant 0.3\mathrm{MPa}$,高压 $0.3\mathrm{MPa} < p \leqslant 0.8\mathrm{MPa}$。

(2) 乡镇燃气输配管网系统选择可采用中、低压的两级系统。

(3) 乡镇燃气输配管网布置

1) 干管靠近大用户,主干线逐步连成环状。

2) 尽量避开主要交通干线和繁华街道,禁止在建筑物下、堆场、高压电力线走廊、电缆沟道、易燃易爆和腐蚀性液体堆场下及与其他管道平行重叠敷设。

3) 沿街道设管道时,可单侧布置,也可双侧布置。低压干管宜在小区内部道路下敷设。

4) 穿越河流或大型渠道时,可随桥(木桥除外)架设,或用倒虹吸管由河底通过,也可架设管桥。

5) 管道应尽量少穿公路、铁路、沟道和其他大型构筑物,并应有一定的防护措施。

(4) 乡镇郊外输气干线布置

1) 结合乡镇总体规划,避开规划的建筑物。

2) 少占良田,尽量靠近现有公路或沿规划的公路敷设。

3) 尽量避免穿越大型河流、湖泊、水库和水网地区。

4) 与工矿企业、高压输电线路保持一定的距离。

(5) 乡镇燃气管道、输气主干线的安全距离

1) 乡镇燃气管道与建(构)筑物基础及相邻管之间的水平净距按表 7.4.1-3 执行。

乡镇地下燃气管道与建（构）筑物基础及相邻管道间的水平净距　　表 7.4.1-3

序号	项目	水平净距 (m)	
		$p \leqslant 0.005 \mathrm{MPa}$	$0.005 \mathrm{MPa} < p < 0.2 \mathrm{MPa}$
1	建（构）筑物基础	0.7	1.5
2	给水管	0.5	0.5
3	排水管	1.0	1.2
4	电力、电缆	0.5	0.5
5	通讯电（在导管内）	1.0，0.4	1.0，0.4
6	其他燃气管 $D \leqslant 300$mm，$D > 300$mm	0.5，1.0	0.5，1.0
7	通讯、照明电杆	1.2	1.2
8	行道树（至树中心）	5.0	5.0
9	铁路钢轨	1.0	1.0
10	输电杆（塔）基础（≤33kV）（>33kV）	5.0	5.0

2）输气干线与架空高压输电线（或电气线）平行敷设时的安全、防火距离参考表 7.4.1-4。

乡镇输气干线与架空高压输电线（或电信线）平行敷设时的安全、防火距离　　表 7.4.1-4

架空高压输电线或电信线名称	与输气管最小间距 (m)
≥110kV 电力线	100
≥35kV 电力线	50
≥10kV 电力线	15
Ⅰ、Ⅱ级电信线	25

7.4.1.4　乡镇燃气输配设施规划

（1）燃气储配站

应符合防火规范要求，具有较好的交通、供电、供水和供热条件，应布置在镇区边缘。

(2) 调压站

1) 一般设置在单独的建筑物内,中低压燃气管道当条件受限时可设置在地下。

2) 尽量布置在负荷中心或接近大用户。

3) 尽可能避开繁华地段,可设在居民区的街坊内、广场和公园等地。

4) 调压站为二级防火建筑,应保证其防火安全距离,更应躲开明火。

5) 其供气半径以 0.5~1km 为宜。

(3) 液化石油气瓶装供应站

1) 一般设在居民区内,服务半径为 0.5km,供应 5000~7000 户,居民耗气量可取 13~15kg/(户·月)。

2) 应有便于运瓶汽车出入口的道路。

3) 其气瓶库与站外建筑物或道路之间的防火距离不应小于表 7.4.1-5、表 7.4.1-6 的规定。

设有总容积不大于 $10m^3$ 的贮罐的独立建筑物的外墙与相邻厂房外墙之间的防火间距(m)　　表 7.4.1-5

相邻厂房的耐火等级	一、二级	三级	四级
防火间距	10	12	14

液化石油气储罐与铁路、公路的防火间距(m)　　表 7.4.1-6

项目	厂外铁路线(中心线)	厂内铁路线(中心线)	厂外道路(路边)	厂内道路间距	
				主要	次要
液化石油气储罐	45	35	25	15	10

注:液化石油气储罐与架空电力线的防火间距,不应小于电杆高度的一倍半。

4) 供应站的瓶库与站外建、构筑物的防火间距不小于表 7.4.1-7 的规定。

乡镇瓶装供应站的瓶库与站外建、构筑物的防火间距（m） 表7.4.1-7

防火间距	总存瓶容积（m³）	≤10	>10
	明火、散发火花地点	30	35
	民用建筑	10	15
	重要公用建筑	20	25
	主要道路	10	10
	次要道路	5	5

7.4.2 乡镇供热工程规划

7.4.2.1 乡镇热负荷计算

（1）计算法

1) 采暖热负荷计算

$$Q = q \cdot A \cdot 10^{-3}$$

式中 Q——采暖热负荷（MW）；
q——采暖热指标（W/m²；取60~67W/m²）；
A——采暖建筑面积（m²）。

2) 通风热负荷计算

$$Q_T = KQ_n$$

式中 Q_T——通风热负荷（MW）；
K——加热系数（一般取0.3~0.5）；
Q_n——采暖热负荷（MW）。

3) 生活热水热负荷计算

$$Q_W = Kq_w F$$

式中 Q_W——生活热水热负荷（W）；
K——小时变化系数；
q_w——平均热水热负荷指标（W/m²）；
F——总用地面积（m²）。当住宅无热水供应、仅向公建供应热水时，q_w取2.5~3W/m²；当住宅供应洗浴用热水时，q_w取15~20W/m²。

4) 空调冷负荷计算

$$Q_c = \beta q_c A 10^{-3}$$

式中　Q_c——空调冷负荷（MW）；

　　　β——修正系数；

　　　q_c——冷负荷指标（一般为 70~90W/m²）；

　　　A——建筑面积（m²）。

对不同建筑而言，β 的值不同，详见表 7.4.2-1。

乡镇建筑冷负荷指标　　表 7.4.2-1

建筑类型	旅馆	住宅	办公楼	商店	体育馆	影剧院	医院
冷负荷指标 βq_c	$1.0 q_c$	$1.0 q_c$	$1.2 q_c$	$0.5 q_c$	$1.5 q_c$	$(1.2~1.6) q_c$	$(0.8~1.0) q_c$

注：当建筑面积 <5000m² 时，取上限；建筑面积 >10000m² 时，取下限。

5) 生产工艺热负荷计算

对规划的工厂可采用设计热负荷资料或根据相同企业的实际热负荷资料进行估算。该项热负荷通常应由工艺设计人员提供。

6) 供热总负荷计算

将上述各类负荷的计算结果相加，进行适当的校核处理后即得供热总负荷，但总负荷中的采暖、通风热负荷与空调冷负荷实际上是同一类负荷，在相加时应取两者中较大的一个进行计算。

(2) 概算指标法

对民用热负荷，亦可采用综合热指标进行概算。

1) 民用建筑供热面积热指标概算值详见表 7.4.2-2。

乡镇民用建筑供暖面积热指标概算值　　表 7.4.2-2

建筑物类型	单位面积热指标（W/m²）	建筑物类型	单位面积热指标（W/m²）
住宅	58~64	商店	64~87
办公楼、学校	58~87	单层住宅	81~105

续表

建筑物类型	单位面积热指标（W/m²）	建筑物类型	单位面积热指标（W/m²）
医院、幼儿园	64~81	食堂餐厅	116~140
旅馆	58~70	影剧院	93~116
图书馆	47~76	大礼堂、体育馆	116~163

注：1. 总建筑面积大，外围护结构热工性能好，离户面积小，可采用表中较小的数值；反之，则采用表中较大的数值。
2. 上表推荐值中，已包括了热网损失在内（约6%）。

2）对居住小区而言，包括住宅与公建在内，其采暖热指标建议取值为 60~67W/m²。

7.4.2.2　乡镇集中供热热源选择

（1）热源种类选择

1）一般情况下，乡镇应以区域锅炉房作为其供热主热源。

2）在有一定的常年工业热负荷而电力供应紧张的乡镇地区亦可建设热电厂。

（2）热源规模选择

乡镇主热源的规模应能基本满足供暖平均负荷的需要。我国黄河以北的乡镇供暖平均负荷可按供暖设计计算负荷的60%~70%计。

7.4.2.3　乡镇集中供热热源选址

（1）乡镇热电厂选址原则

1）应符合乡镇总体规划要求，并征得规划部门和电力、环保、水利、消防等有关部门的同意。

2）应尽量靠近热负荷中心，热电厂蒸汽的输送距离一般为3~4km。

3）要有方便的水陆交通条件。

4）要有良好的供水条件和保证率。

5）要有妥善解决排灰的条件。

6）要有方便的出线条件。

7）要有一定的防护距离。

8）应尽量占用荒地、次地和低产田，不占或少占良田。

9）应避开滑坡、溶洞、塌方、断裂带、淤泥等不良地质地段。

10）应同时考虑职工居住和上下班等因素。

11）小型热电厂的占地面积可根据表7.4.2-3计算。

小型热电厂占地参考值　　　表7.4.2-3

规模（kW）	2×1500	2×3000	2×6000	2×12000
厂区占地面积（hm²）	21.5	2.0~2.8	3.5~4.5	5.5~7

（2）乡镇热水锅炉选址原则

1）靠近热负荷较集中的地区。

2）便于引出管道，并使室外管道的布置在技术、经济上合理。

3）便于燃料贮运和灰渣排除，并宜使人流和煤、灰、车流分开。

4）有利于自然通风。

5）位于地质条件较好的地区。

6）有利于减少烟尘和有害气体对居住区和主要环境保护区的影响。全年运行的锅炉房宜位于居住小区和主要环境保护区的全年最小频率风向的上风侧；季节性运行的锅炉房宜位于该季节盛行风向的下风侧。

7）应根据远期规划在锅炉房扩建端留有余地，不同规模热水锅炉的用地面积可参考表7.4.2-4进行计算。

热水锅炉房参考用地面积　　　表7.4.2-4

锅炉房总容量 （MW）（Mkcal/h）	用地面积 （hm²）	锅炉房总容量 （MW）（Mkcal/h）	用地面积 （hm²）
5.8~11.6（5~10）	0.3~0.5	58.0~11.6（50.1~100）	1.6~2.5
11~35（10.1~30）	0.6~1.0	116.1~232（100.1~200）	2.6~3.5
35.1~58（30.1~50）	1.1~1.5	232.1~350（200.1~300）	4~5

7.4.2.4 乡镇供热管网形制选择

（1）热水热力网宜采用闭式双管制。

（2）以热电厂为热源的热水热力网，同时有生产工艺、采暖、通风、空调、生活热水多种热负荷，在生产工艺热负荷与采暖热负荷所需供热介质参数相差较大，或季节性热负荷占总热负荷比例较大，且技术经济合理时，可采用闭式多管制。

（3）热水热力网满足下列条件，且技术经济合理时，可采用开式热力网。

1）具有水处理费用较低的补给水源。

2）具有与生活热水热负荷相适应的廉价低位能热源。

（4）蒸汽热力网的蒸汽管道，宜采用单管制。

当符合下列情况时可采用双管制或多管制。

1）当多用户所需蒸汽参数相差较大或季节性热负荷占总热负荷比例较大，且技术经济合理时，可采用双管或多管制。

2）当用户按规划分期建设时可采用双管或多管制，随热负荷发展分期建设。

7.4.2.5 乡镇供热管网布置

（1）乡镇供热管网平面布置原则

1）其主要干管应力求短直并靠近大用户和热负荷集中的地段，避免长距离穿越没有热负荷的地段。

2）尽量避开主要交通干道和繁华街道。

3）宜平行于道路中心线，通常敷设在道路的一边，或者敷设在人行道下面。尽量少敷设横穿街道的引入管，尽可能使相邻的建筑物的供热管道相互连接。如果道路是有很厚的混凝土层的现代新式路网，则采用在街坊内敷设管线的方法。

4）当供热管道穿越河流或大型渠道时，可随桥架设或单独设置管桥，也可采用虹吸管由河底（或渠道）通过。具体采用何种方式，应与城市规划等部门协商并根据市容要求、经济能力进行统一考虑后确定。

5）和其他管线并行敷设或交叉时，为保证各种管道均能方便地敷设、运行和维修，热网和其他管线之间应有必要的距离。

6）技术上应安全可靠，避开土质松软地区和地震断裂带、滑坡及地下水位高的地区。

(2) 乡镇供热管网的竖向布置

1）一般地沟管线敷设深度最好浅一些，以减少土方工程量。为避免地沟盖受汽车等动荷重的直接压力，地沟的埋深自地面到沟盖顶面不小于 0.5~1.0m；特殊情况下，如地下水位高或其他地下管线相交情况极其复杂时，允许采用较小的埋深，但不小于 0.3m。

2）热力管道埋设在绿化地带时，其埋深应大于 0.3m。热力管道土建结构顶面至铁路轨基底间最小净距应大于 1.0m；与电车路基底的最小净距应大于为 0.75m；与公路路面基础为 0.7m；跨越有永久路面的公路时，热力管道应敷设在通行或半通行的地沟中。

3）热力管道与其他地下设备交叉时，应在不同的水平面上互相通过。

4）地上热力管道与街道或铁路交叉时，管道与地面之间应保留足够的距离；此距离应根据不同运输类型所需高度尺寸来确定：路面为汽车时管道与地面之间的距离应为 3.5m，路面为电车时管道与地面之间的距离为 4.5m，路面为火车时管道与地面之间的距离为 6.0m。

5）热力管道地下敷设时，其沟底标高应高于近 30 年以来最高地下水位 0.2m，在没有准确地下水位资料时应高于已知最高地下水位 0.5m 以上；否则，地沟要进行防水处理。

6）热力管道和电缆之间的最小净距为 0.5m。如电缆地带和土壤受热的附加温度在任何季节都不大于 10℃，且热力管道有专门的保温层，则可减小此净距。

7）热力管道横过河流时，目前广泛采用悬吊式人行桥梁和河底管沟方式。

7.4.2.6 乡镇热力站与制冷站的设置

(1) 乡镇热力站的设置原则

1) 应位于小区热负荷中心；但工业热力站应尽量利用原有锅炉房的用地。

2) 单独设置的热力站，其尺寸视供热规模、设备种类和二次热网类型而定。二次热网为开式热网的热力站，其最小尺寸为长 4.0m、宽 2.0m 和高 2.5m；二次热网为闭式热网的热力站，其最小尺寸为长 7.0m、宽 4.0m 和高 2.8m。

3) 一座供热面积 10 万 m^2 的热力站，其建筑面积约为 $300m^2$，若同时供应生活热水，则建筑面积要增加 $50m^2$ 左右。对居住小区而言，一个小区一般设一个热力站。

(2) 乡镇制冷站的设置原则

1) 小容量制冷机用于建筑空调，位于建筑内部；大容量制冷机可用于区域供冷或供暖，设于冷暖站内。

2) 冷暖站的供热（冷）面积宜在 10 万 m^2 范围之内。

7.5 乡镇工程管线综合规划

工程管线综合规划的任务是分析各类现状及规划工程管线，解决各种工程管线平面、竖向布置时管线之间以及与道路、铁路、构筑物存在的矛盾，做出综合规划设计，用以指导各类工程管线的工程设计。

乡镇工程管线综合规划的主要内容包括：确定乡镇工程管线在地下敷设时的排列顺序和工程管线的水平净距、垂直净距；确定乡镇工程管线在地下敷设时的覆土深度；确定乡镇工程管线在架空敷设时管线及杆线的平面位置及周围建筑物、相邻工程管线间的距离。

乡镇工程管线综合规划应与乡镇道路、乡镇居住区、乡镇环境、给水工程、排水工程、热力工程、电力工程、燃气工程、电信工程、防洪工程、人防工程等专业规划协调，应符合现行有关标准、规范的规定。

7.5.1 工程管线综合规划的一般技术规定

根据《城市工程管线综合规划规范》（GB 50289—98），工程管线采用地下敷设方式时，工程管线的最小覆土深度，应符合表7.5.1-1；工程管线交叉时的最小垂直净距，应符合表7.5.1-2的规定；工程管线之间及其与建（构）筑物的最小水平净距，应符合表7.5.1-3的规定。

工程管线的最小覆土深度　　　　表7.5.1-1

序号		1		2		3		4	5	6	7
管线名称		电力管线		电信管线		热力管线		燃气管线	给水管线	雨水排水管线	污水排水管线
		直埋	管沟	直埋	管沟	直埋	管沟				
最小覆土深度(m)	人行道下	0.50	0.40	0.70	0.40	0.50	0.20	0.60	0.60	0.60	0.60
	车行道下	0.70	0.50	0.80	0.70	0.70	0.20	0.80	0.70	0.70	0.70

注：10kV以上直埋电力电缆管线的覆土深度不应小于1.0m。

工程管线交叉时的最小垂直净距（m）　　　　表7.5.1-2

序号	管线名称		1	2	3	4	5		6	
			给水管线	污、雨水排水管线	热力管线	燃气管线	电信管线		电力管线	
							直埋	管块	直埋	管沟
1	给水管线		0.15							
2	污、雨水排水管线		0.40	0.15						
3	热力管线		0.15	0.15	0.15					
4	燃气管线		0.15	0.15	0.15	0.15				
5	电信管线	直埋	0.50	0.50	0.15	0.50	0.25	0.25		
		管块	0.15	0.15	0.15	0.15	0.25	0.25		
6	电力管线	直埋	0.15	0.50	0.50	0.50	0.50	0.50	0.50	0.50
		管沟	0.50	0.50	0.50	0.50	0.50	0.50	0.50	0.50

续表

序号	管线名称	1 给水管线	2 污、雨水排水管线	3 热力管线	4 燃气管线	5 电信管线 直埋	5 电信管线 管块	6 电力管线 直埋	6 电力管线 管沟
7	沟渠（基础底）	0.50	0.50	0.50	0.50	0.50	0.50	0.50	0.50
8	涵洞（基础底）	0.15	0.15	0.15	0.15	0.20	0.25	0.50	0.50
9	电车（轨底）	1.00	1.00	1.00	1.00	1.00	1.00	1.00	1.00
10	铁路（轨底）	1.00	1.20	1.20	1.20	1.00	1.00	1.00	1.00

注：大于35kV直埋电力电缆与热力管线最小垂直净距应为1.00m。

在工程管线采用架空敷设方式时，架空管线与建（构）筑物的最小水平净距，应符合表7.5.1-3的规定；架空管线交叉时的最小垂直净距，应符合表7.5.1-4的规定。

架空管线与建（构）筑物的最小水平净距（m） 表7.5.1-3

名称		建筑物（凸出部分）	道路（路缘石）	铁路（轨道中心）	热力管线
电力	10kV边导线	2.0	0.5	杆高加3.0	2.0
电力	35kV边导线	3.0	0.5	杆高加3.0	4.0
电力	110kV边导线	4.0	0.5	杆高加3.0	4.0
电信杆线		2.0	0.5	4/3杆高	1.5
热力管线		1.0	1.5	3.0	—

架空管线之间及其与建（构）筑物交叉时的最小垂直净距（m） 表7.5.1-4

名称		建筑物（顶端）	道路（地面）	铁路（轨顶）	电信线 电力线有防雷装置	电信线 电力线无防雷装置	热力管线
电力管线	10kV以下	3.0	7.0	7.5	2.0	4.0	2.0
电力管线	35~110kV	4.0	7.0	7.5	3.0	5.0	3.0
电信线		1.5	4.5	7.0	0.6	0.6	1.0
热力管线		0.6	4.5	6.0	1.0	1.0	0.25

注：横跨道路或与无轨电车馈电线平行的架空电力线距地面应大于9m。

7.5.2 工程管线综合的专业技术规定

7.5.2.1 给水管道

《室外给水设计规范》(GBJ 13—86)(1997 年版)对给水管道的技术规定基本与《城市工程管线综合规划规范》(GB 50289—98)相同,乡镇给水管道与其他地下管线(构筑物)的最小水平净距和最小垂直净距可参照《城市工程管线综合规划规范》(GB 50289—98)。

7.5.2.2 排水管道

乡镇排水管道与其他地下管线(构筑物)的最小水平净距和最小垂直净距,基本参照《城市工程管线综合规划规范》(GB 50289—98),同时符合《室外排水设计规范》(GBJ 14—86)(1997 年版)的规定,如表 7.5.2-1。

排水管道与其他地下管线(构筑物)的
最小水平净距和最小垂直净距　　表 7.5.2-1

名 称		水平净距 (m)	垂直净距 (m)
建筑物		见注 3.	
给水管	$d \leqslant 200$mm	1.0	0.4
	$d > 200$mm	1.5	
排水管 ≥			0.15
再生水管		0.5	0.4
燃气管	低压 $P \leqslant 0.05$MPa	1.0	0.15
	中压 0.05MPa $< P \leqslant 0.4$MPa	1.2	0.15
	高压 0.4MPa $< P \leqslant 0.8$MPa	1.5	0.15
	0.8MPa $< P \leqslant 1.6$MPa	2.0	0.15
热力管线		1.5	0.15
电力管线		0.5	0.5
电信管线		1.0	直埋 0.5
			管块 0.15

续表

名　称		水平净距（m）	垂直净距（m）
乔木		1.5	
地上柱杆	通讯照明及<10kV	0.5	
	高压铁塔基础边	1.5	
道路侧石边缘		1.5	
铁路钢轨（或坡脚）		5.0	轨底1.2
电车（轨底）		2.0	1.0
架空管架基础		2.0	
油管		1.5	0.25
压缩空气管		1.5	0.15
氧气管		1.5	0.25
乙炔管		1.5	0.25
电车电缆			0.5
明渠渠底			0.5
涵洞基础底			0.15

注：1. 表列数字除注明者外，水平净距均指外壁净距，垂直净距系指下面管道的外顶与上面管道基础底间净距。
2. 采取充分措施（如结构措施）后，表列数字可以减小。
3. 与建筑物水平净距，管道埋深浅于建筑物基础时，一般不小于2.5m，管道埋深深于建筑物基础时，按计算确定，但不小于3.0m。

7.5.2.3　电力电缆

电缆与电缆或管道、道路、构筑物等相互间允许最小距离，基本参照《城市工程管线综合规划规范》（GB 50289—98），同时符合《电力工程电缆设计规范》（GB 50217—94）的规定，见表7.5.2-2。

电缆与电缆或管道、道路、构筑物等相互间允许最小距离（m）　　表 7.5.2-2

电缆直埋敷设时的配置情况		平行	交叉
控制电缆之间		—	0.5*
电力电缆之间或与控制电缆之间	10kV 及以下动力电缆	0.1	0.5*
	10kV 以上动力电缆	0.25**	0.5*
不同部门使用的电缆		0.5**	0.5*
电缆与地下管沟	热力管沟	2***	0.5*
	油管或易燃气管道	1	0.5*
	其他管道	0.5	0.5*
电缆与铁路	非直流电气化铁路路轨	3	1.0
	直流电气化铁路路轨	10	1.0
电缆与建筑物基础		0.6***	—
电缆与公路边		1.0***	—
电缆与排水沟		1.0***	—
电缆与树木的主干		0.7	—
电缆与 1kV 以下架空线电杆		1.0***	—
电缆与 1kV 以上线塔基础		4.0***	—

注：* 用隔板分隔或电缆穿管时可为 0.25m；** 用隔板分隔或电缆穿管时可为 0.1m；*** 特殊情况可酌减且最多减少一半值。

直埋电力电缆之间及直埋电力电缆与控制电缆、通信电缆、地下管沟之间的安全距离可参照《城市电力规划规范》（GB 50293—99），见表 7.5.2-3。

直埋电力电缆与其他管线、管沟、构筑物之间的安全距离　　表 7.5.2-3

项目	安全距离（m）	
	平行	交叉
建筑物、构筑物基础	0.50	—
电杆基础	0.60	—
乔木树主干	1.50	—

续表

项　目	安全距离（m）	
	平　行	交　叉
灌木丛	0.50	—
10kV 以上电力电缆之间，以及 10kV 及以下电力电缆与控制电缆之间	0.25（0.10）	0.50（0.25）
通信电缆	0.50（0.10）	0.50（0.25）
热力管沟	2.00	(0.50)
水管、压缩空气管	1.00（0.25）	0.50（0.25）
可燃气体及易燃液体管道	1.00	0.50（0.25）
铁路（平行时与轨道、交叉时与轨底、电气化铁路除外）	3.00	1.00
道路（平行时与侧石，交叉时与路面）	1.50	1.00
排水明沟（平行时与沟边，交叉时与沟底）	1.00	0.50

注：1. 表中所列安全距离，应自各种设施（包括防护外层）的外缘算起；
　　2. 路灯电缆与道路灌木丛平行距离不限；
　　3. 表中括号内数字，是指局部地段电缆穿管，加隔板保护或加隔热层保护后允许的最小安全距离；
　　4. 电缆与水管、压缩空气管平行、电缆与管道标高差不大于 0.5m 时，平行安全距离可减小至 0.5m。

7.5.2.4　电信电缆

通信管道与其他地下管线及建筑物间的最小净距，基本参照《城市工程管线综合规划规范》(GB 50289—98)，并符合《通信管道与通信工程设计规范》(GB 50373—2006) 的规定，见表 7.5.2-4。

通信管道与其他地下管线及建筑物间的最小净距　　表 7.5.2-4

其他地下管线及建筑物名称		平行净距（m）	交叉净距（m）
其他通信管道		0.5	0.15
房屋建筑红线或基础		1.5	
给水管	$d \leq 300mm$	0.5	0.15
	$300mm < d \leq 500mm$	1.0	
	$d > 500mm$	1.5	

续表

其他地下管线及建筑物名称		平行净距（m）	交叉净距（m）
污水、排水管		1.0 注1	0.15 注2
热力管		1.0	0.25
燃气管	压力≤300kPa （压力≤3kg/cm²）	1.0	0.3 注3
	300kPa＜压力≤800kPa （3kg/cm²＜压力≤8kg/cm²）	2.0	
电力电缆	35kV 以下	0.5	0.5 注4
	35kV 以上	2.0	
高压铁塔基础边	＞35kV	2.50	
通信电缆（或通信管道）		0.5	0.25
绿化	乔木	1.5	
	灌木	1.0	
水井、坟墓		2.0	
粪坑、积肥池、沼气池、		2.0	
地上杆柱		0.5-1.0	
马路边石边缘		1.0	
铁路钢轨（或坡脚）		2.0	
沟渠（基础底）			0.5
涵洞（基础底）			0.25
电车轨底			1.0
铁路轨底			1.0

注：1. 主干排水管后敷设时，其施工沟边与管道间的水平净距不宜小于 1.5m。
    2. 当管道在排水管下部穿越时，净距不宜小于 0.4m，通信管道应作包封。
    3. 在交越处 2m 范围内，煤气管不应做接合装置和附属设备；如上述情况不能避免时，通信管道应作包封。
    4. 如电力电缆加保护管时，净距可减至 0.15m。

7.5.2.5 燃气管道

地下燃气管道与建筑物、构筑物基础或相邻管道之间的水平距离，基本参照《城市工程管线综合规划规范》(GB 50289—98)，垂直净距可参照表7.5.2-5。

地下燃气管道与构筑物或相邻管道之间的垂直距离（m）　　表7.5.2-5

项　　　目		地下燃气管道（当有套管时，以套管计）
给水管、排水管或其他燃气管道		0.15
热力管的管沟底（或顶）		0.15
电缆	直埋	0.50
	在导管内	0.15
铁路轨底		1.20
有轨电车轨底		1.00

注：如受地形限制布置有困难，而又确无法解决时，经与有关部门协商，采取行之有效的防护措施后，规定的净距可适当缩小。

7.5.2.6　热力管道

地下敷设热力网管道与建筑物（构筑物）及其他管线的最小水平净距，基本参照《城市工程管线综合规划规范》(GB 50289—98)，并符合《城市热力网设计规范》(CJJ 34—2002) 的规定，见表7.5.2-6。

地下敷设热力网管道与构筑物及其他管线的最小距离　　表7.5.2-6

建筑物、构筑物或管线名称		与热力网管道最小水平净距（m）	与热力网管道最小垂直净距（m）
地下敷设热力网管道2.5			
建筑物基础：对于管沟敷设热力网管道		0.5	—
对于直埋敷设闭式热力网管道	DN≤250	2.5	
	DN≥300	3.0	
对于直埋敷设闭式热力网管道		5.0	
铁道钢轨		钢轨外侧3.0	轨底1.2
电车钢轨		钢轨外侧2.0	轨底1.0
铁路、公路路基边坡底脚或边沟的边缘		1.0	—

续表

建筑物、构筑物或管线名称		与热力网管道最小水平净距（m）	与热力网管道最小垂直净距（m）
通讯，照明或10kV以下电力线路的电杆		1.0	—
桥墩（高架桥，栈桥）边缘		2.0	—
架空管道支架基础边缘		1.5	—
高压输电线铁塔基础边缘 35~60kV		2.0	—
110~220kV		3.0	—
通讯电缆管块		1.0	0.15
通讯电缆（直埋）		1.0	0.15
电力电缆和控制电缆 35kV以下		2.0	0.5
110kV		2.0	1.0
燃气管道			
对于管沟敷设热力网管道	压力<150kPa	1.0	
	压力150~300kPa	1.5	0.15
	压力300~800kPa	2.0	0.15
	压力>800kPa	4.0	0.15
对于直埋敷设热力网管道	压力<300kPa	1.0	0.15
	压力<800kPa	1.5	0.15
	压力>800kPa	2.0	0.15
给水管道		1.5	0.15
排水管道		1.5	0.15
地铁		5.0	0.8
电气铁路接触网电杆基础		3.0	—
乔木（中心）		1.5	—
灌木（中心）		1.5	—
道路路面		—	0.7

续表

建筑物、构筑物或管线名称	与热力网管道最小水平净距（m）	与热力网管道最小垂直净距（m）
地上敷设热力网管道		
铁路钢轨	轨外侧3.0	轨顶一般5.5，电气铁路6.55
电车钢轨	轨外侧2.0	—
公路路面边缘或边沟边缘	轨外侧0.5	—
架空输电线路1kV以下	导线最大风偏时1.5	热力网管道在下面交叉通过导线最大垂度时1.0
1～10kV	导线最大风偏时2.0	热力网管道在下面交叉通过导线最大垂度时2.0
35～110kV	导线最大风偏时4.0	热力网管道在下面交叉通过导线最大垂度时2.0
220kV	导线最大风偏时5.0	热力网管道在下面交叉通过导线最大垂度时5.0
330kV	导线最大风偏时6.0	热力网管道在下面交叉通过导线最大垂度时6.0
500kV	导线最大风偏时6.5	热力网管道在下面交叉通过导线最大垂度时6.5
树冠	0.5（到树中不小于0.2）	—
公路路面	—	4.5

注：1. 当热力网管道的埋设深度大于建（构）筑物基础深度时，最小水平净距应按土壤内摩擦角计算确定；
  2. 热力网管道与电缆平行敷设时，电缆处的土壤温度与月平均土壤自然温度比较，全年任何时候对于电压10kV的电缆不高出5°C时，可减小表中所列距离；
  3. 在不同深度并列敷设各种管道时，各种管道间的水平净距不应小于其深度差；
  4. 热力网管道检查室，"门"型补偿器壁龛与燃气管道最小水平净距不应小于其深度差；
  5. 在条件不允许时，经有关单位同意，可以减小表中规定的距离。河底敷设管道必须远离浅滩，锚地，选择在较深的稳定河段。对于一至五级航道河流，管道（管沟）应敷设在航道底标高2m以下，对于其他河流，管道（管沟）应敷设在河底标高1m以下。

7.6 乡镇竖向规划设计

乡镇的建设与发展，必须进行规划设计。除了对乡镇用地的各种建筑物、构筑物、道路交通等其他各项工程设施进行平面布置外，对于用地的地面高度也要进行合理考虑，使改造的地形能适应于布置和建造各类建筑物和构筑物；同时，有利于排除地面水，满足乡镇居民正常的生活、生产、交通运输以及敷设地下管线的要求。通常凡属这一类的设计，称为竖向设计，或称为垂直设计、竖向布置。

各类乡镇用地的竖向设计是乡镇各种总平面规划与建设的组成部分，对山区和丘陵地的乡镇，尤其要着重考虑。有时山区和丘陵地的乡镇在构思乡镇的初步平面规划时，因着眼于用地的布局，或者为了形成某种形式的构图，以平坦的乡镇用地来进行规划与设计，往往对实际地形的起伏变化注意不够，而发生开山填沟、大挖大填的现象，这样既破坏了原有的自然景观，又耗费了大量的土石方工程费用。

在对各单项工程规划和设计时，也可能由于分别进行，相互配合不够，结果使各部分设计标高不统一，差异很大，互不衔接，造成一些场地的地面水无出路、道路交通运输不畅，以及使得各项用地之间、各个院落之间、建筑组团之间不能有机联系，带来诸多不便。要避免或者补救上述规划方案的缺陷，就需要在构思规划平面方案的基础上，按总体规划阶段不同的工作深度要求，通过竖向规划对平面规划方案加以调整和修正。

7.6.1 竖向规划的主要任务及其基本要求

乡镇各项用地竖向规划设计的主要任务是利用和改造建设用地的自然地形，选择合理的设计标高，使之满足乡镇生产和生活的使用功能要求，同时达到土方工程量少、投资省、建设速度快、综合效益佳的效果；尽可能减少对原来自然环境的破坏，建造出

合乎人们居住和生产的优美环境。由此,竖向规划的基本内容为:

(1) 乡镇选址时就要分析乡镇各项用地高程所构成的地形特点及其利弊,据此确定竖向规划的基本原则。

(2) 综合考虑乡镇各项用地、各工程设施的控制标高,并使之达到:

1) 选择乡镇竖向布置方式,合理确定标高,使得建筑物、构筑物、室外场地、道路、排水沟、地下管网等的设计标高以及与铁路、公路和码头等之间的标高相互衔接,相互协调。尽量保持自然地形,在大的自然地形上创造布置小地形。

2) 确定场地土方平整方案,选择弃土或取土场地。计算土石方工程量,挖方和填方力求做到就地、近距离平衡。

3) 满足乡镇道路交通运输的纵坡要求以及各种不同性质道路间的相互衔接。

4) 有利于排除地面雨雪水,有利于排水管道及各项工程管线的铺设。在有洪水威胁的地区,应能够确保乡镇不受洪水的影响和危害,避免土壤受到冲刷。

(3) 利用地形,组织好乡镇的通风、日照,创造良好的乡镇环境。

(4) 利用地形巧于布置,为乡镇的良好的景观创造条件。尤其是在风景区,以及对于名胜古迹和革命历史遗址的保护、利用和开发,更应当注意这一点。

7.6.2 竖向规划设计的方法

7.6.2.1 竖向规划设计的形式

在乡镇规划设计时,必然要将建设用地的自然地面加以适当改造,以满足乡镇生产和生活的使用功能要求,这一改造以后的地面称之为设计地面或设计地形。根据设计地面的不同形式,可分为以下3种:

(1) 连续式

用于建筑密度大、地下管线多、有密集道路的地区。连续式又分为平坡式和台阶式两种。

平坡式就是把乡镇用地处理成1个或几个坡向的整平面。它适用于自然地面坡度不大于2%的平缓地区和虽有3%~4%坡度但占用地段面积不大的情况。平坡式布置有3种形式，如图7.6.2-1所示。

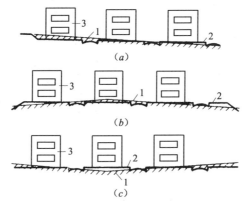

图 7.6.2-1 平坡式设计地面
(a) 单向坡面；(b) 由中间坡向两边的双向坡面；
(c) 由两边坡向中间的双向坡面
1—自然地面；2—设计地面；3—建筑物
资料来源：《村镇规划》第2版，2005

台阶式由几个标高差较大的不同整平面连接而成。它适用于自然地面坡度不小于4%、用地宽度小、建筑物之间的高差在1.5m以上的地段。在台阶连接处一般设置挡土墙或护坡等构筑物。台阶式布置有3种形式，如图7.6.2-2所示。

(2) 重点式

在建筑密度不大、自然地面坡度不大于5%、地面水能顺利排除的地段，只是重点（局部）地在建筑物附近进行场地平整，其他部分都保留自然地形地貌不变。这种形式适用于独立的单幢建筑或成组建筑用地（组与组之间距离较远时的情况）。重点式布置见图7.6.2-3重点式设计地面所示。

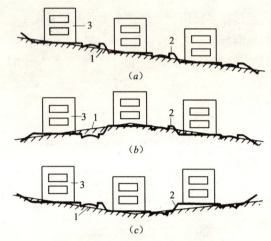

图 7.6.2-2 台阶式设计地面
(a) 单向降低的台阶；(b) 由中间坡向两边降低的台阶；(c) 由两边坡向中间降低的台阶
1—自然地面；2—设计地面；3—建筑物
资料来源：《村镇规划》第 2 版，2005

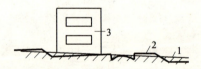

图 7.6.2-3 重点式设计地面
1—自然地面；2—设计地面；3—建筑物
资料来源：《村镇规划》第 2 版，2005

(3) 混合式

建筑用地的主要部分是连续式，其余部分用重点式。由于乡镇用地具体地形的复杂性，往往单纯一种规划形式很难真正做到科学、合理，往往是因地制宜地交替运用多种形式进行规划设计，因此，混合式是一种灵活处理的手法。

7.6.2.2 竖向设计前所需要的资料

在进行竖向设计前，需具备下列资料，才能顺利进行规划设计。

（1）地形测量图，比例1∶500或1∶1000，图上有0.25~1.00m高程的地势等高线及每100m间距的纵横坐标及地形地貌如河流、水塘、沼池、高丘、峭壁等情况。

（2）建设场地的自然条件、气候情况、地质构造和地下水情况。

（3）建筑物和构筑物的平面布置图。

（4）规划中的街道中心标高、坡度、距离，最好是纵断面和横断面图。

（5）各种工程管线的平面布置图。

（6）地表面雨雪水的排除流向，如流向低洼地、雨水管、渠道等。还必须了解洪水或高地雨水冲向基地，而影响某地的情况。

（7）弄清取土的土源、弃土的场地。

以上各种资料，应尽可能地与有关单位协调取得，也可根据设计阶段的要求陆续取得。

7.6.2.3 竖向设计的步骤

乡镇用地竖向规划设计的一般步骤如下：

（1）了解和熟悉所取得的各种资料，并进行检查，如有疑问，应及时向有关部门查询。

（2）深入现场，勘察地形，了解地形现状情况，并将地形测量图与现状比较，使之统一起来。

（3）根据地形图，绘出乡镇的纵横断面图，标出典型的地面坡度。根据地形条件，确定建设用地整平方式、排水方向并划分分水岭和排水区域，定出地面排水的组织计划，找出排水的最低点及其高程，由此推算出全乡镇其他控制点的标高。

（4）确定建筑物、构筑物、室外场地、道路、排水沟、地下管网等的设计标高，以及与铁路、公路和码头等的设计标高，相互衔接,相互协调。

(5)确定建筑物的室内地坪标高,其值等于室外地坪标高加上室内外高差。室内外高差的最小值应根据建筑物的使用性质确定,一般规定如下:

1)住宅、宿舍为 150~450mm。
2)办公楼、学校、卫生院为 300~600mm。
3)影剧院、图书馆为 450~900mm。
4)一般工厂车间、仓库为 150~300mm。
5)有汽车站台的仓库为 900~1200mm。
6)电石仓库为 300mm。
7)有纪念性的建筑物根据建筑师的要求而定。

建筑标高要与道路标高相适应,建筑物室外标高一般应至少等于道路的中心标高。

(6)绘制土石方的工程图,计算土石方工程量。一般应力求做到挖方和填方平衡,填挖方之差应不大于5%~10%,最好是挖方大于填方。若土方工程量太大,超过技术经济指标时,应修改设计,使土方接近平衡。

(7)根据地形整平方式,设置必需的挡土墙、护坡和排水构筑物等。如在地形过陡处,高地有雨水冲向建筑物或道路的情况下,应设置截水明沟(见图 7.6.2-4)。

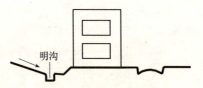

图 7.6.2-4 在地形过陡处设置明沟
资料来源:《村镇规划》第 2 版,2005

7.7 乡镇防灾规划

7.7.1 乡镇洪涝灾害防治规划

7.7.1.1 乡镇防洪规划依据与原则

(1)乡镇防洪工程规划必须以乡镇总体规划和所在江河流

域防洪规划为依据。

（2）编制乡镇防洪工程规划除应向水利部门调查分析相关的基础资料外，还应结合乡镇现状与规划，了解与分析设计洪水位、设计潮位的计算和历史洪水和暴雨的调查考证。

（3）乡镇防洪工程规划应遵循统筹兼顾、全面规划、综合治理、因地制宜、因害设防、防治结合、以防为主的原则。

（4）乡镇防洪工程规划应结合其处于不同水体位置的防洪特点，制定防洪工程规划方案和防洪措施。

7.7.1.2 乡镇防洪、排涝标准

（1）乡镇防洪标准

1）乡镇防洪标准应按照表 7.7.1-1 与现行国标《城市防洪工程设计规范》（CJJ 80—92）相关规定的范围，综合考虑乡镇的人口规模、经济社会发展、受灾后造成的影响、经济损失、抢险难易，以及投资的可能性，因地制宜地合理选定。乡镇设计洪水位频率采用 2%～5%，相应的洪水位重现期为 20～50 年，经充分论证和上级有关部门批准可以提高一级。对经济发展前景较好的重要乡镇，可分别提出近、远期防洪标准。

乡镇防洪标准　　　　表 7.7.1-1

	河（江）洪、海潮	山洪
防洪规划（重现期/年）	20～50	5～10

2）沿江河湖泊乡镇的防洪标准，应不低于其所处江河流域的防洪标准。

3）邻近大型工矿企业、交通运输设施、文物古迹和风景区等防护对象的乡镇防洪规划，当不能分别进行防护时，应按就高不就低的原则，执行其中高的防洪标准。

4）涉及江河流域、工矿企业、交通运输设施、文物古迹和风景区等的防洪标准，应根据国标《防洪标准》（GB 50201—94）等相关规定进行确定。

（2）乡镇排涝标准

乡镇排涝设计标准一般应以镇区发生一定重现期的暴雨时不受涝为前提，一般采用 $P = 1 \sim 2$ 年。

7.7.1.3 乡镇防洪方案选择

（1）位于江河湖泊沿岸乡镇的防洪规划，上游应以蓄水分洪为主，中游应加固堤防以防为主，下游应增强河道的排泄能力，以排为主。

（2）位于河网地区的乡镇防洪规划，根据镇区被河网分割的情况，防洪工程宜采取分片封闭形式，镇区与外部江河湖泊相通的主河道应设防洪闸控制水位。

（3）位于山洪区的乡镇防洪规划，宜按水流形态和沟槽发育规划对山洪沟进行分段治理；山洪沟上游的集水坡地治理应以水土保持措施为主，中流沟应以小型拦蓄工程为主。

（4）沿海乡镇防洪规划，应以堤防防洪为主，同时规划应作出风暴潮、海啸及海浪的防治对策。

（5）同时位于以上两种或三种水体位置情况的乡镇，要考虑在河、海高水位时山洪的排出问题及可能产生的内涝治理问题；位于河口的沿海乡镇要分析研究河洪水位、天文潮位及风暴潮增高水位的最不利组合问题。

（6）沿江滨湖洪水重灾区乡镇一般应按国家"平垸行洪、退田还湖、移民建镇"的防洪抗灾指导原则和根治水患相结合的灾后重建规划来考虑防洪规划。

（7）地震区的乡镇防洪规划要充分估计地震对防洪工程的影响。

7.7.1.4 乡镇防洪、排涝设施与措施

（1）乡镇防洪、防涝设施应主要由蓄洪滞洪水库、堤防、排洪沟渠、防洪闸和排涝设施组成。

（2）乡镇防洪规划应注意避免或减少对水流流态、泥沙运动、河岸、海岸产生不利影响；防洪设施选线应适应防洪现状和天然岸线走向，与乡镇总体规划的岸线规划相协调，以合理利用岸线。

(3)乡镇防洪措施应包括工程防洪措施和非工程防洪措施。

(4)位于蓄滞洪区的乡镇,当根据防洪规划需要修建围村埝(保庄圩)、安全庄台、避水台等就地避洪安全设施时,其位置应避开分洪口、主流顶冲和深水区,其安全超高应符合表7.7.1-2 的规定。

乡镇就地避洪安全措施的安全超高　　表 7.7.1-2

安全设施	安置人口(人)	安全超高(m)
围村埝 (保庄圩)	地位重要、防护面大、人口≥10000 的密集区	>2.0
	≥10000	2.0~1.5
	≥1000 但 <10000	1.5~1.0
	<1000	1.0
安全庄台、 避水台	≥1000	1.5~1.0
	<1000	1.0~1.5

注:安全超高是指在蓄、滞洪时的最高洪水以上,考虑水面浪高等因素,避洪安全设施需要增加的富余高度。

(5)堤线布置必须统筹兼顾上下游和左右岸,沿地势较高、房屋拆迁工作量较少的地方布置,并结合排涝工程、排污工程、交通闸、港口码头统一考虑,还应注意路堤结合、防汛抢险交通及城镇绿化美化的需要。堤线与岸边的距离以堤防工程外坡脚的距岸边不小于 10m 为宜,且要求顺直。

(6)对河道中阻碍行洪的障碍物应提出清障对策和措施。

(7)因地制宜地采取排、截、抽等排涝工程措施,正确处理排与截、自排与抽排等关系,合理确定各项排涝工程的作用与任务。乡镇的排涝泵站可与雨水泵站相结合,以排放自流排放困难地区的雨水。

7.7.2　乡镇消防规划

7.7.2.1　乡镇消防用水量

乡镇消防用水量可按同一时间内只发生一次火灾,一次灭火用水量为 10L/s,灭火时间不小于 3h 来确定。室外消防用水量按表 7.7.2-1 来确定。

乡镇室外消防用水量　　　　表 7.7.2-1

人口数（万人）	同一时间发生火灾次数	一次灭火用水量（L/s）	
		全部为一、二层建筑	一、二层或二层以上建筑
1 以下	1	10	10
1.0~2.5	1	10	15
2.5~5.0	2	20	25
5.0~10.0	2	25	35

7.7.2.2 乡镇消防站布置

（1）乡镇消防站设置数量可按表 7.7.2-2 确定。

乡镇消防站设置数　　　　表 7.7.2-2

人口规模	消防站数量（个）
常住人口不到 1.5 万人，物资集中或水路交通枢纽	1
常住人口 4.5~5.0 万人	1
常住人口 5 万人以上，工厂企业较多	1~2

（2）消防站址应选择在责任区的适中位置，交通方便，利于消防车迅速出动；其边界距液化石油气罐区、煤气站、氧气站不宜小于 200m。

（3）乡镇消防站规模通常为三级，配备 3 辆消防车，设火警专用电话。

7.7.2.3 乡镇消防水源

（1）在进行乡镇规划时，应安排可靠的消防水源，合理布置消防取水点，在重要的建筑物、厂站、仓库区应设置消防用水设施。

（2）在规模较小、管道供水不足的乡镇增设消防水池。有消防车的乡镇，消防水池的保护半径宜为 100~150m；只配备有手抬机动消防泵的乡镇，其保护半径不宜超过 100m。

7.7.2.4 乡镇消防栓布置

（1）沿街道、道路设置室外消防栓，消防栓服务半径不宜超过120~150m，尽量靠近十字路口。

（2）消防栓距车行道不应大于2m，距建筑物外墙不应小于5m（地上式消防栓应大于1.5m）。

（3）消防栓的供水管径不得小于75mm。

7.7.2.5 乡镇消防通道设置

乡镇建筑布置必须按现行的《村镇建筑设计防火规范》（GBJ 39—90）的有关规定，设置必要的消防通道，以保证消防车辆能靠近建筑物。

7.7.2.6 乡镇消防安全布局

（1）乡镇新建区、扩建区的建筑物，应按不同性质和用途分别布置，旧区改造时应将易发生火灾的建筑物和场、站调整至乡镇边缘布置。

（2）乡镇的易燃、易爆厂房、仓库、谷场和燃料场的选址应遵守现行的《村镇建筑设计防火规范》（GBJ 39—90）的有关规定。

7.7.3 乡镇抗震防灾规划

7.7.3.1 乡镇抗震防灾规划的内容

乡镇防震减灾规划主要包括建设用地评估、工程抗震、生命线工程和重要设施、防止地震次生灾害以及避震疏散，建立地震时的防灾救灾体系，明确地震时各级组织的职责，提高地震应急响应和救灾能力等。

（1）建设用地评估

处于抗震设防区的乡镇进行规划时，应选择对抗震有利的地段，避开不利地段；当无法避开时，必须采取有效的抗震措施，并应符合国家现行的标准《建筑抗震设计规范》（GB 50011—2001）和《中国地震动参数区划图》（GB 18306—2001）的有关规定。严禁在危险地段规划居住建筑和其他人口密集的建设项目。

在乡镇规划中，应控制土地开发强度，将建筑物和人口密度控制在一定范围内；居住用地、公建用地、工业用地以及生命线工程、公用基础设施等应避开活动构造、抗震不利区域和危险区域；将抗震不利地段规划为道路用地、绿化用地、仓库用地、对外交通用地等对场地条件要求不是很高的土地使用类型，同时作为震时避震疏散场地；抗震危险地段可规划为绿化用地。对乡镇老镇区中人口和建筑物密度过大的区域，应减少密度，向抗震有利地段迁移发展。

（2）工程抗震

重大工程、可能发生严重次生灾害的建设工程必须进行地震安全性评价，并依据评价结果确定抗震设防要求，进行抗震设防；对于一般建设工程，有条件的地区应当严格按照强制性国家标准《中国地震动参数区划图》或者地震小区划结果确定的抗震设防要求进行抗震设防，在经济欠发达地区，至少基础设施和公共建筑应当按照国家标准进行抗震设防，其他建设工程也应当因地制宜地采取一定的抗震措施。各种建（构）筑物和工程设施，只有按照相应的抗震设防要求和抗震设计规范进行严格的抗震设计和施工，才能具备一定的抗御地震的能力。

对现有的建筑物、构筑物和工程设施应按国家和地方现行的有关标准进行鉴定，提出抗震加固、改建、翻建和拆除、迁移的意见。

（3）生命线工程和重要设施规划

生命线工程和重要抗震设施（包含交通、通信、供水、供电、能源等生命线工程以及消防、医疗和食品供应等重要设施）应进行统筹规划，除按国家现行的标准进行抗震设防外，还应符合下列规定：

1）道路、供水、供电等工程采用环网布置方式。

2）镇区人口密集的地段应设置不同方向的四个出入口。

3）抗震防灾指挥机构设置备用电源。

（4）次生灾害规划

对生产和贮存具有发生地震次生灾害可能的物质的地震次生灾害源，包括产生火灾、爆炸和溢出剧毒、细菌、放射物外泄等次生灾害的单位，应采取下列措施：

1）对次生灾害严重的，应迁出镇区和村庄。

2）对次生灾害不严重的，应采取防止灾害蔓延的措施。

3）在镇中心区和人口密集活动区，不得有形成次生灾害源的工程。

（5）疏散场地规划

避震疏散场地应根据疏散人口的数量规划，疏散场地应与广场、绿地等综合考虑，并应符合下列规定：

1）应避开次生灾害严重的地段，并具有明显的标志和良好的交通条件。

2）每一疏散场地不宜小于 $4000m^2$。

3）人均疏散场地不宜小于 $3m^2$。

4）疏散人群至疏散场地的距离不宜大于 500m。

5）主要疏散场地应具备临时供电、供水和卫生条件。

（6）制定地震应急预案

地震应急是防震减灾的四个工作环节之一，包括临震应急和震后应急。制定破坏性地震应急预案和落实预案的各项实施条件是最根本的应急准备。破坏性地震应急预案是政府和社会在破坏性地震即将发生前采取的紧急防御措施和地震发生后采取的应急抢救救灾行动的计划。从各地、各部门制定与实施破坏性地震应急预案的实践经验来看，应急预案应当包括6个方面的内容：应急机构的组成和职责；应急通信保障；抢险救援人员的组织和资金、物资的准备；应急、救助装备的准备；灾害评估准备；应急行动方案。

7.7.3.2 防震减灾设施布局

从乡镇规划的角度来看，学校操场、公园、广场、绿地等均可作为临时避震场所。除满足其自身基本功能的需要和有关法律规范要求外，在防震减灾方面，这些设施布局与选址主要有以下一些规定与要求：

（1）中小学校：学校宜设在无污染的地段，学校与污染源的距离应符合国家有关防护距离的规定，宜选在阳光充足、空气畅通、场地干燥、排水通畅、地势较高的地段，校内应有布置运动场的场地，具备设置给排水及供电设施的条件，校区内不得有架空高压输电线穿过。学校主要教学用房的外墙面与铁路的距离不应小于300m；与机动车流量超过每小时270辆的道路同侧路边的距离不应小于80m，当小于80m时，应采取隔声措施；中学服务半径不宜大于1000m，小学服务半径不宜大于500m。有学生宿舍的学校，不受此限制。走读学生不应跨过城镇干道、公路及铁路。

（2）公园：公园的用地范围和性质，应以批准的乡镇总体规划和绿地系统规划为依据。公园的范围线应与道路红线重合，条件不允许时，设通道使主要出入口与道路衔接；高压输配电架空线通道内的用地不应按公园设计。公园用地与高压输配电架空线通道相邻处，应有明显界限；高压输配电架空线以外的其他架空线和市政管线不宜通过公园，特殊情况必须过境时应符合《公园设计规范》（CJJ 48—92）的有关规定。

（3）广场

广场一般分为公共活动广场、集散广场、交通广场、纪念广场、商业广场等五类，有些广场兼有多种功能。

公共活动广场：有集会功能时，应按人数计算需用场地，并对在场人流迅速集散的交通组织，以及与其相适应的各类车辆停放场地进行合理布置和设计。

集散广场：应根据高峰时间人流和车辆多少、公共建筑物主要出入口的位置，结合地形合理布置车辆与人群的进出通道、停车场地、步行活动地带等。

港口码头、铁路车站、长途汽车站的站前广场应与交通站点的布置统一规划，组织交通，使人流、客货运车流的通路分开，行人活动区与车辆通行区分开，离站、到站的车流分开。

交通广场：包括桥头广场、环形交通广场等，应处理好广场与所衔接道路的交通，合理确定交通组织方式和广场平面布置，减少不同流向的人与车的相互干扰。

纪念广场：应以纪念性建筑为主体，并结合地形布置绿化与供瞻仰、游览活动的铺装场地。为保持环境安静，应另辟停车场地，避免导入车流。

商业广场：应以人行活动为主，合理布置商业贸易建筑和人流活动区。广场的人流进出口应与周围公共交通站相协调，合理解决人流与车流的干扰。

（4）绿地

城市绿地对防震抗灾有重要意义。绿地，特别是分布在居住区内的绿地，可供临震前安全疏散之用。

1）居住区内绿地，包括公共绿地、宅旁绿地、配套公建所属绿地和道路绿地等。

2）居住区内绿地应符合下列规定：一切可绿化的用地均应绿化，并发展垂直绿化；宅间绿地应精心规划与设计；新区建设绿地率不应低于30%，旧区改造绿地率不宜低于25%。

3）居住区内的绿地规划，应根据居住区的规划组织结构类型、不同的布局方式、环境特点及用地的具体条件，采用集中与分散相结合，点、线、面相结合的绿地系统，并宜保留和利用规划或改造范围内的已有树木和绿地。

4）居住区内的公共绿地，应根据居住区不同的规划组织结构类型，设置相应的中心公共绿地，包括居住区公园（居住区级）、小游园（小区级）和组团绿地（组团级），以及儿童游戏场和其他的块状、带状公共绿地等，并要符合表7.7.3-1中的规定。

各级中心公共绿地设置规定　　　　　表7.7.3-1

中心绿地名称	设置内容 （视具体条件选用）	要　求	最小规模（hm²）
居住区公园	花木草坪、花坛水面、凉亭雕塑、小卖部、茶座、老幼设施、停车场地和铺装地面等	园内布局应有明确的功能划分	1.0

续表

中心绿地名称	设置内容 （视具体条件选用）	要 求	最小规模（hm^2）
小游园	花木草坪、花坛、水面、雕塑、儿童设施和铺装地面等	园内布局应有明确的功能划分	0.4
组团绿地	花木草坪、桌椅、简易儿童设施等	灵活布局	0.04

7.7.3.3 乡镇抗震防灾措施

（1）在地震设防区进行乡镇规划时，应根据国家和省有关地震设防规定和工程地质的有关资料，对乡镇建设用地做出综合评价。

（2）在地震设防区确定乡镇建设用地和布置建筑物时，应选择对抗震有利的场地和地基，严禁在断裂、滑坡等危险地带或由于地震可能引起水灾、火灾、泥石流等次生灾害的地区选址，宜避开有软弱黏性土、液化土、新近填土或严重不均匀土层的地段。

（3）位于地震设防区的乡镇规划应充分考虑震灾发生时避难、疏散和救援的需要，应安排多路口出入道路；主要道路应保持灾后不小于3.5m以上的路面通行宽度，并设置疏散避难的小型广场和绿地。

（4）位于地震设防区的乡镇规划应采取措施，确保交通、通信、供水、供电、消防、医疗和重要企业、物资仓库的安全，为震后生产、生活的迅速恢复提供条件。

（5）乡镇建筑物的体型、尺寸、间距应有利于抗震，按现行的《建筑抗震设计规范》（GB 50011—2001）的规定执行。

7.7.4 乡镇地质灾害防治规划

（1）位于易发生滑坡地段的乡镇建设用地的选址，应根据气象、水文和地质等条件，对规划范围内的山体及其斜坡的稳定性进行分析、评价，并作出用地说明。

（2）在斜坡地带布置建筑物时，应避开可能产生滑坡、崩塌、泥石流的地段，并充分利用自然排水系统，妥善处理建筑物、工程设施及其场地的排水，并做好隐患地段滑崩流的防治。

（3）对位于规划区内的滑坡崩塌地段，应避免改变其地形、地貌和自然排水系统，不得布置建筑物和工程设施。

7.7.5 乡镇防风减灾规划

（1）易形成风灾地区的镇区选址应避开与风向一致的谷口、山口等易形成风灾的地段。

（2）易形成风灾地区的镇区规划，其建筑物的规划设计除应符合现行国家标准《建筑结构荷载规范》(GB 50009—2001)的有关规定外，尚应符合下列规定：

1) 建筑物宜成组成片布置；
2) 迎风地段宜布置刚度大的建筑物，体型力求简洁规整，建筑物的长边应同风向平行布置；
3) 不宜孤立布置高耸建筑物。

（3）易形成风灾地区的镇区应在迎风方向的边缘选种密集型的防护林带。

（4）易形成台风灾害地区的镇区规划应符合下列规定：

1) 滨海地区、岛屿应修建抵御风暴潮冲击的堤坝；
2) 确保风后暴雨及时排除，应按国家和省、自治区、直辖市气象部门提供的年登陆台风最大降水量和日最大降水量，统一规划建设排水体系；
3) 应建立台风预报信息网，配备医疗和救援设施。

（5）宜充分利用风力资源，因地制宜地利用风能建设能源转换和能源储存设施。

7.8 社会设施发展规划

7.8.1 科技教育设施发展规划

乡镇的科技教育事业发展规划主要体现在中小学的规划布局方面。

中小学规划布局原则上按乡镇各片区规划确定的居住用地、居住人口，测算中小学学生数，再根据现状学校用地和建筑质量情况，适当考虑扩大优质教育资源，通过保、扩、撤、新建等措施，对各片区内的中小学校进行调整。

7.8.2 文化体育设施发展规划

乡镇的文化设施规划可分为三级：镇级、乡级和村级。

镇级和乡级文化设施包括综合图书馆、文化馆、文化宫等，可在现有基础上改造、完善、建设，尚未设置的需在规划期内设置，并达到相应的标准。

村级配套一处不少于 1500m² 的文化设施用地。

乡镇的体育设施规划也分为三级：镇级、乡级和村级。

镇级组建具有地方特色的镇级体育场馆至少一处。

乡级规划落实配套体育设施用地至少一处，且不小于 1hm² 用地。

村级配建至少 1 处全民健身工程，且不小于 1000m² 用地。

7.8.3 医疗卫生设施发展规划

医疗服务机构按镇级、乡级及村级三级分布。

镇级医疗机构设施规划设置综合医院一所，中心卫生院至少一所，并设置社区卫生指导中心。乡级设立一所中心卫生院，社区医院若干。村级设置村卫生站或卫生服务中心。

第8章　乡镇生态与环境保护规划

8.1　乡镇生态规划

8.1.1　乡镇生态环境特征

"环境",实际上是人们生活周围的境况。包括两方面:一是自然环境,它是在人类社会出现以前就客观存在的,由围绕在我们周围的自然因素综合而成,即由大气圈、水圈、岩石圈等几个自然圈所组成(统称生物圈);二是人为环境(社会环境),即人类社会为了不断提高自己的物质和文化生活而创造的环境,如工业、交通、娱乐场所、文化古迹及风景游览区等,都是人类社会的经济活动和文化活动创造的环境。

(1)我国国土面积大,但耕地面积少,人均耕地只有1亩多,远远低于世界人均水平,是世界人均耕地面积比较少的国家之一,并且呈人口逐年增多、耕地逐年减少的趋势。

(2)我国耕地质量呈下降趋势。

(3)我国目前的森林覆盖率仅为13.4%,远远低于31.4%的世界平均水平,位居世界后列。

(4)我国草地资源丰富,然而存在着风蚀沙化威胁,草地植被破坏,超载放牧,不合理开垦以及草原工作中的低收入、轻管理问题,致使草地退化严重,鼠害增加,优良牧草不断减少,产草量降低,草地质量变差。

(5)农田受到工业"废水"的污染。

(6)滥用农药现象已十分普遍。

(7) 乡镇企业污染严重。

乡镇发展过程中如不注意生态环境保护,盲目发展,将会造成严重的后果。乡镇的污染物就地排放,本身无能力分解,造成乡镇生态环境的恶化。

8.1.2　乡镇生态规划

生态规划是乡镇可持续发展的首要条件。20世纪80年代以来,可持续发展理念被重视的程度日益增加,无论是大城市还是乡镇的发展都必须以此为出发点,这是长期以来,城市与乡镇发展过程中得出的结论与经验教训。乡镇得以可持续发展的首要前提便是要树立环境资源观,将乡镇看作一个有机的生态系统。因此要使得乡镇的可持续发展成为可能,真正起到促进地方经济的发展,仅有经济发展规划是不够的,还必须要做好生态规划。乡镇生态规划的理论和实践就是在生态规划研究全面发展的基础上建立和发展起来的。

8.1.2.1　乡镇生态规划的基本目标

乡镇生态规划不同于传统的环境规划只考虑乡镇环境各组成要素及其关系,也不仅仅局限于将生态学原理应用于乡镇环境规划中,而是涉及乡镇规划的方方面面,致力于将生态学思想和原理渗透于乡镇规划的各个方面和部分,并使乡镇规划"生态化"。此外,乡镇生态规划不仅重视乡镇现今的生态关系和生态质量,还关注乡镇未来的生态关系和生态质量,关注乡镇生态系统的持续发展。

乡镇生态规划目标主要包括:

(1) 致力于人类与自然环境的和谐共处,建立人类与环境的协调有序结构

主要内容有:1) 人口的增长要与社会经济和自然环境相适应,抑制过猛的人口再增长,以减轻环境负荷。2) 土地利用类型与利用强度要与区域环境条件相适应并符合生态法则。3) 乡镇人工化环境结构内部比例要协调。

(2) 致力于乡镇与区域发展的同步化

乡镇发展离不开一定的区域背景，乡镇的活动有赖于区域的支持。从生态角度看，乡镇生态系统更与区域生态系统息息相关，密不可分。这是因为：1) 乡镇生态环境问题的发生和发展都离不开一定的区域。2) 调节乡镇生态系统活性，增强乡镇系统的稳定性，也离不开一定区域。3) 人工化环境建设与自然环境的和谐结构的建立也需要一定的区域回旋空间。

(3) 致力于乡镇经济、社会、生态的可持续发展

乡镇生态规划的目的并不仅仅是为人们提供一个良好的生活、工作环境，而且要通过这一过程，使乡镇的经济、社会系统在环境承载力允许的范围之内，在一定的可接受的人类生存环境质量的前提下得到不断发展；并通过乡镇经济、社会系统的发展，为乡镇生态系统质量的提高和进步提供源源不断的经济和社会推力，最终促进乡镇整体意义上的可持续发展。乡镇生态规划不能理解为限制、妨碍了乡镇经济、社会系统的发展，而应将三者看成是相辅相成、缺一不可的整体。

8.1.2.2 乡镇生态规划的内容

乡镇生态规划的重点是针对乡镇的整个地域，其目的是利用乡镇的各种自然环境信息、人口与社会文化经济信息，根据乡镇土地利用生态适宜度的原则，为乡镇土地利用决策提供可供选择的方案，并对乡镇地域内应该保护的生态空间进行相应的管制。

乡镇生态规划的内容包括：乡镇人口适宜容量规划；乡镇土地利用适宜度规划；乡镇环境综合整治规划；乡镇生物保护与绿化规划（如绿地系统规划）；乡镇资源（尤其是水资源）利用与保护规划；乡镇区域生态规划；乡镇生态建设与可持续发展规划等。

乡镇生态空间管制规划也是乡镇生态规划的一部分，其核心问题是研究和探索一条能解决乡镇和区域空间持续发展和保护之间的矛盾，促进乡镇和区域空间持续和良性发展的科学途径与对策。

8.1.2.3 乡镇生态规划原则

乡镇生态规划由于其自身发展起点和目标的缘故,有着其特定的原则。乡镇生态规划应遵循如下的基本原则:

(1) 以生态理论为指导,与镇(乡)域总体规划同步制订。乡镇生态系统是一个复合生态系统,包括农业、乡镇企业以及小城镇。而乡镇生态系统又往往与城市生态系统紧密相连。所以,乡镇生态规划必须以生态理论为指导,与总体规划同步制订。

(2) 生活区和工业区布局相协调。乡镇作为基层行政区域,其生活区尽管不大,工业结构不是十分复杂,但生活区与工业布局之间依然存在着一定的矛盾,要使整个乡镇的建设用地布局合理,实现可持续发展,生活区和工业区布局之间的协调决不可忽视。

(3) 控制乡镇建设用地的规模、结构、布局。这一原则的主要目的在于使乡镇生态系统有利于生态管理;有利于保护土地资源、水资源及文物古迹。这一原则应符合可持续发展理论对于利用环境与资源的要求。

8.1.2.4 乡镇生态规划步骤

目前,国内外乡镇生态规划还没有统一的编制方法和工作规范,但不少专家学者对此已作过不同层次的研究。

美国宾夕法尼亚大学的 Ian Mchnarg 提出了如下地区生态规划的步骤:

(1) 制定规划研究的目标——确定所提出的问题。

(2) 区域资料的生态细目与生态分析——确定系统的各个部分,指明它们之间的相互关系。

(3) 区域的适宜度分析——确定对各种土地利用的适宜度。例如:住房、农业、林业、娱乐、工商业发展和交通。

(4) 方案选择——在适宜度分析的基础上建立不同的环境组织,研究不同的计划,以便实现理想的方案。

(5) 方案的实施——应用各种战略、策略和选定的步骤去实现理想的方案。

（6）执行——执行规划。

（7）评价——经过一段时间，评价规划执行的结果，然后做出必要的调整。

美国华盛顿大学的 Sreiner（1981）曾提出资源管理生态规划的 7 个步骤：确定规划目标；资源数据清单和分析；区域的适宜度分析；方案选择；方案实施；规划执行；方案评价。

我国学者王如松等认为，乡镇生态规划可采取如下步骤：

（1）明确规划范围及规划目标。如果只是笼统地提出乡镇可持续发展作为规划目标，显然太空泛了，可操作性差。因此，要求将这个总目标分解成具体任务——往往是相互联系的子目标。如乡镇人口发展规划、土地利用规划、产业发展规划以及交通发展规划等。

（2）根据规划目标与任务，收集乡镇及所处区域的自然资源与环境、人口、经济、产业结构等方面的资料与数据。资料与数据的收集不仅仅要重视现状、历史的资料及遥感资料，还要重视实地考察取得的第一手资料。

（3）乡镇及所处区域自然环境及资源的生态分析与生态评价。在这个阶段，主要运用乡镇生态学、生态经济学及其他相关学科的知识，对乡镇发展与规划目标有关的自然环境与资源的性能、生态过程、生态敏感性及乡镇生态潜力与限制因素进行综合分析与评价。如果规划的区域范围及生态过程有分异特征，则将区域划分为生态功能不同的地区，为制定区域发展策略提供生态学基础。

（4）乡镇社会经济特征分析。主要目的是运用经济学及生态经济学分析和评价乡镇工业、商业及其他部门的结构、资源利用、投入-产出效益和经济发展的地区特征，寻找乡镇社会经济发展的潜力及社会经济问题的症结。

（5）按乡镇建设与发展及资源开发的要求，分析评价各相关资源的生态适宜性；综合各单项资源的适宜性分析结果，分析乡镇发展及所处区域资源开发利用的综合生态适宜性空间分布因素。

（6）根据乡镇建设和发展目标，以综合适宜性评价结果为基础，制订乡镇建设与发展及资源利用的规划方案。

（7）运用乡镇生态学与经济学的知识，对规划方案及其对乡镇生态系统的影响以及生态环境的不可逆变化进行综合评价。

8.1.2.5　生态规划的实施

（1）要以镇（乡）域总体规划为基础，根据乡镇生态规划，合理布局，认真实施，尤其要协调好工业区及生活区的布局。工业按污染划分类型（兼顾行业特点），将污染型工业安排在生态适宜度大的地区，形成规模适当的工业区，工业区的结构要合理组合，资源、能源利用率高，经济密度大，污染负荷小；劳动密集的无污染工业与商业集中区统一安排，便于就近劳动，又不干扰日常生活；商业集中区与集中的居民点规模不可过小，也不可过大，便于集中进行给排水、道路等基础设施建设，生活活动所排放的废气、废水、垃圾又能就地消纳净化；生活区与工业区要能成功地结合到自然环境中去。

（2）要确保小城镇绿化系统规划的实施。小城镇绿化系统可以和农业生态系统、城市绿化系统组成较为完善的绿化系统，增加小城镇的自我调节能力和城市生态系统的调节能力。值得注意的是，在小城镇绿化系统的建设中不应一味地模仿大城市，兴建过大面积的草坪，这不但导致绿化系统管理的不经济性，还会由于小城镇规模较小而使草坪不能充分发挥其功能。对于小城镇绿化系统建设，应结合小城镇的经济基础，一般应优选乡土树种，以多种群的立体种植群落为基本目标，并借鉴我国古典园林思想，结合当地实际，建造成具有一定内涵和特色的绿化系统。

（3）要研究并进行商业集中区及居民区的生态设计，分步实施。商业区和居民区是小城镇生态系统的重要组成部分，其生态系统建设的合理与否，直接关系到整个小城镇生态系统质量与层次的高低。

（4）要制订规划，分步实施，建立目标责任制。综合各项措施，制订实施性规划，并将乡镇生态规划的年度目标要求纳入乡镇环境目标责任制，定期考核，以确保生态规划的实施。

8.2 乡镇环境保护规划与环境卫生规划

8.2.1 乡镇环境保护规划

8.2.1.1 乡镇水体环境保护

（1）乡镇水源地保护

1）从保护水资源的角度来安排城镇用地布局，特别是污染工业的用地布局。

2）在确定乡镇的产业结构时应充分考虑水资源条件。

（2）乡镇污水处理

1）应按不同经济发展地区、不同规模、不同发展阶段的乡镇，确定相应的污水管网普及率和污水处理率。

2）乡镇污水管网系统的建设应优先于污水处理设施的建设，即规划建设和完善污水管网收集系统，避免污水随意排放而造成水体多点污染以及"有厂无水"现象。

3）乡镇污水处理方式应根据污水水量和水质、当地自然条件、受纳水体功能、环境容量、城镇经济社会条件和环境要求等要素综合选择。规模较小的城镇不宜单独采用基建投资大、处理成本较高的常规生物活性污泥法，而应选择工艺简单、成本较低、运行管理方便的污水处理技术。在自然条件和土地条件许可的情况下，优先选择投资省、运行费用低、净化效果高的自然生物处理法。

4）乡镇的污水处理应分期分级进行。对近期采用简单处理工艺的城镇，远期要为污水处理工艺的升级留有余地。

5）在规划建设乡镇污水管网和处理设施时，应突出工程设施的共享，避免重复建设。在城镇化程度较高、乡镇分布密集、经济发展和城镇建设同步性强的地区，可在大的区域内统一进行污水工程规划，统筹安排、合理配置污水工程设施，通过建造区域性污水收集系统和集中处理设施来控制城镇群的污染问题。

6）提高节水意识，减少污水排放量，并积极推广污水回用技术和措施，特别是在农业方面的回用。

8.2.1.2 乡镇大气环境保护

（1）乡镇大气环境质量控制指标

1）乡镇大气环境质量主要控制指标为 SO_2、总悬浮颗粒物（TSP）和氮氧化物；以建材业为主导产业的城镇还应把氟化物作为主要控制指标。

2）乡镇大气环境质量的控制标准整体上应高于大中型城市。大部分乡镇的空气质量应达到国家大气环境空气质量一级标准，有些乡镇应满足大气环境质量的二级标准。

（2）乡镇大气环境保护措施

1）优化调整乡镇企业的工业结构，积极引进和发展低能耗、低污染、资源节约型的产业，严格控制主要大气污染源，如电厂、水泥厂、化肥厂、造纸厂等项目的建设，并加快对现有重点大气污染源的治理，对大气环境敏感地区划定烟尘控制区。

2）根据当地的能源结构、大气环境质量和居民的消费能力等因素，选择适宜的居民燃料。城镇居民的炊事和供热除鼓励使用（固硫）型煤外，有条件的城镇应推广燃气供气、电能或其他清洁燃料。

3）应采取有效措施提高汽车尾气达标率。控制汽车尾气排放量，积极推广使用高质量的油品和清洁燃料，如液化石油气、无铅汽油和低含硫量的柴油等。

4）应充分发挥自然植物和城镇绿地的净化功能，根据当地条件和大气污染物的排放特点，合理选择植物种类，通过植物来净化空气、吸滞粉尘，防止扬尘污染。

8.2.1.3 乡镇噪声环境规划

（1）乡镇的主要噪声源为交通噪声、工业噪声、建筑施工噪声、社会生活噪声等；乡镇的主要噪声规划控制指标为区域环境噪声和交通干线噪声。

（2）为避免噪声对居民的日常生活造成不利影响，在进行乡镇规划时应合理安排乡镇用地布局，解决工业用地与居住用地混杂现象，把噪声污染严重的工厂与居民住宅、文教区分隔开；在非工业区内一般不得新建、扩建工厂企业。工厂与居民区之间采用公共建筑或植被作为噪声缓冲带，也可利用天然地形，如山冈、土坡等来阻断或屏蔽噪声的传播。

（3）严格控制生产经营活动噪声和建筑施工噪声，减轻噪声扰民现象。施工作业时间应避开居民的正常休息时间；在居民稠密区施工作业时，应尽可能使用噪声低的施工机械和作业方式。

（4）乡镇不宜沿国道、省道与交通性主干道两侧发展，把过境公路逐步从镇区中迁出，减少过境车辆对镇区的噪声污染，同时避免或减轻乡镇对交通干线的干扰。对经过居民文教区的道路，采取限速、禁止鸣笛及限制行车时间等措施来降低噪声；高噪声车辆不得在镇区内行驶。

8.2.1.4 乡镇固体废弃物规划

（1）应重视乡镇环境卫生公共设施和环卫工程设施的规划建设，加大对环卫设施的投入，对城镇产生的垃圾及时清运。

（2）应根据乡镇的实际情况来确定垃圾处理方式，应突出垃圾的最大资源化；在对垃圾进行处理时，应充分考虑垃圾处理设施的共享，避免重复建设。

8.2.1.5 乡镇建设与环境保护

（1）大力发展乡镇，使人口和乡镇企业向乡镇有序集中，减轻水土流失区现有耕地的压力，达到还田于林、还田于植被的目的。

（2）保护和合理利用水资源、矿产资源、生物资源和旅游资源,尽量多保留一些天然水体、森林、草地、湿地等,为城镇发展提供充足的环境容量。

(3)在确定人口规模和城镇发展方向时,要充分考虑环境容量、资源能源等自然条件,从而保证城镇建设在满足经济目标的同时满足环境保护的目标。

(4)在工业项目引进中,乡镇企业要更多地依靠技术进步求得发展,避免高污染行业向乡镇转移,特别是在环境容量已很小的地区应更多地考虑无污染和低污染、节地、节水和节能型产业。

8.2.2 乡镇环境卫生设施规划

8.2.2.1 乡镇生活垃圾量、固体废物量预测

(1)乡镇固体废物应包括生活垃圾、建筑垃圾、工业固体废物、危险固体废物。

(2)乡镇生活垃圾量预测主要采用人均指标法和增长率法;工业固体废物量预测主要采用增长率法和工业万元产值法。

(3)当采用人均指标法预测乡镇生活垃圾量时,生活垃圾规划预测人均指标可按 $0.9 \sim 1.4 kg/(人·日)$,并结合当地燃料结构、居民生活水平、消费习惯和消费结构及其变化、经济发展水平、季节和地域情况进行分析、比较后选定。

(4)当采用增长率法预测乡镇生活垃圾量时,应根据垃圾量增长的规律和相关调查、分析,按不同时间段确定不同的增长率。

8.2.2.2 乡镇垃圾收运、处理与综合利用

(1)乡镇应逐步实现生活垃圾清运容器化、密闭化、机械化和处理无害化的环境卫生目标。

(2)乡镇垃圾在主要采用垃圾收集容器和垃圾车收集的同时,采用袋装收集方式,并符合日产日清的要求;其垃圾收集方式应分非分类收集和分类收集,宜按表 8.2.2-1,结合乡镇相关条件和实际情况分析、比较后选定。

乡镇垃圾收集方式选择　　表 8.2.2-1

垃圾收集方式	经济发达地区				经济发展一般地区				经济欠发达地区			
	乡镇规模分级											
	特大、大型		中型	小型	特大、大型		中型	小型	特大、大型		中型	小型
	近期	远期	近期/远期	近期/远期	近期	远期	近期/远期	近期/远期	近期	远期	近期/远期	近期/远期
非分类收集			● ●	● ●			● ●	● ●			● ●	● ●
分类收集	△	●	△ ●	●		●	△	●		△	△	

注：表中 △—宜设；●—应设。

（3）乡镇生活垃圾处理应主要采用卫生填埋方法处理，有条件的乡镇经可行性论证也可因地制宜、采用堆肥方法处理；乡镇工业固体废物应根据不同类型特点来考虑处理方法，尽可能地综合利用，其中有害废物应采用安全土地填埋，并不得进入垃圾填埋场；危险废物应根据有关部门要求，采用焚烧、深埋等特殊处理方法。

（4）乡镇垃圾污染控制和环境卫生评估指标可按表 8.2.2-2 确定，并结合乡镇实际情况制定。

乡镇垃圾污染控制和环境卫生评估指标　　表 8.2.2-2

评估指标	经济发达地区						经济发展一般地区						经济欠发达地区					
	乡镇规模分级																	
	特大、大型		中型		小型		特大、大型		中型		小型		特大、大型		中型		小型	
	近期	远期	近期	远期	近期	远期	近期	远期	近期	远期	近期	远期	近期	远期	近期	远期	近期	远期
固体垃圾有效收集率（%）	65~70	≥98	60~65	≥	55~60	95	60	95	55~60	≥90	45~55	85	45~50	≥90	40~45	85	30~40	80
垃圾无害化处理率（%）	≥40	≥90	35~40	85~90	25~35	75~85	≥35	≥85	30~35	80~85	20~30	70~80	≥30	≥75	25~30	70~75	15~25	60~70

续表

评估指标	经济发达地区						经济发展一般地区						经济欠发达地区					
	特大、大型		中型		小型		特大、大型		中型		小型		特大、大型		中型		小型	
	近期	远期	近期	远期	近期	远期	近期	远期	近期	远期	近期	远期	近期	远期	近期	远期	近期	远期
资源回收利用率（%）	30	50	25~30	45~50	20~25	35~45	25	40~50	20~25	40~45	15~20	30~40	20	40~45	15~20	35~40	10~15	25~35

8.2.2.3 乡镇环境卫生设施规划

（1）乡镇环境卫生设施规划应对公共厕所、化粪池、粪便蓄运站、废物箱、垃圾容器（垃圾压缩站）、垃圾转运站（垃圾码头）、卫生填埋场（堆肥厂）、环境卫生专用车辆配置及其车辆通道和环境卫生基地建设的布局、建设和管理提出要求。

（2）乡镇环境卫生设施规划应符合统筹规划、合理布局、美化环境、方便使用、整洁卫生、有利排运的原则。

（3）乡镇公共厕所设置的一般要求：镇区主要繁华街道公共厕所之间距离宜为 400~500m，一般街道宜为 800~1000m，新建的居民小区宜为 450~550m，并宜建在商业网点附近；旱厕应逐步改造为水厕。没有卫生设施的住宅街道内，按服务半径 70~150m 设置 1 座。

（4）乡镇废物箱应根据人流密度合理设置，镇区繁华街道设置距离宜为 35~50m，交通干道每 50~80m 设置 1 个，一般道路为 80~100m；在采用垃圾袋固定收集堆放的地区，生活垃圾收集点服务半径一般不应超过 70m，居住小区多层住宅一般每 4 幢设一个垃圾收集点。

（5）乡镇宜考虑小型垃圾转运站，其选址应在靠近服务区域中心、交通便利、不影响镇容的地方，并按 0.7~1.0km² 的标准设置 1 座，与周围建筑间距不小于 5m，规划用地面积宜为 100~1000m²/座。临水的乡镇可考虑设垃圾粪便码头，规划专用岸线及陆上作业用地,其岸线长度参照《城市环境卫生设施设置标准》(CJJ 27—89)。

(6)乡镇卫生填埋场的选址应最大限度地减少对环境和城镇布局的影响,减少投资费用,并符合其他有关要求;宜规划在城市弃置地上,并规划卫生防护区。卫生填埋最终处理场应选择在地质条件较好的远郊。填埋场的合理使用年限应在10年以上,特殊情况下不应低于8年,且宜根据填埋场建设的条件考虑分期建设。

(7)乡镇环境卫生车辆和环境卫生管理机构等应按有关规定配置完善。乡镇环卫专用机动车数量可按乡镇人口每万人2辆配备;环卫职工人数可按乡镇人口的1.5‰~2.5‰配备。环卫车专用车道宽不小于4m,通往工作点倒车距离不大于20m,回车场12m×12m。

(8)乡镇洒水车供水器可设在街道两旁的给水管上,每隔600~1500m设置1个。

(9)乡镇居住小区的道路规划应考虑环境卫生车辆通道的要求,新建小区和旧镇区改建时的相关道路应满足5t载重车通行。

8.2.2.4 乡镇环卫设施面积指标

(1)乡镇公厕建筑面积指标

乡镇公共厕所建筑面积指标可按表8.2.2-3执行。

乡镇公共厕所建筑面积指标 表8.2.2-3

分 类	建筑面积指标(m^2/千人)
居住小区	6~10
车站、码头、体育场(馆)	15~25
广场、街道	2~4
商业大街、购物中心	10~20

(2)乡镇垃圾粪便无害化处理场用地指标

乡镇垃圾粪便无害化处理场用地指标按表8.2.2-4确定。

乡镇垃圾粪便无害化处理场用地指标　　表 8.2.2-4

垃圾处理方式	用地指标（m²/t）	粪便处理方式	用地指标（m²/t）
静态堆肥	200～330	高温厌氧	20
动态堆肥	150～200	厌氧-好氧	12
焚烧	90～120	稀释-好氧	25

(3) 乡镇基层环卫机构用地指标

乡镇基层环卫机构用地指标按表 8.2.2-5 确定。

乡镇基层环卫机构用地指标　　表 8.2.2-5

基层机构设置 （个/万人）	用地指标（m²/万人）		
	用地规模	建设面积	修理工棚面积
1/(1～5)	310～470	160～240	120～170

(4) 乡镇环卫工人作息点规划指标

乡镇环卫工人作息点规划指标按表 8.2.2-6 确定。

乡镇环卫工人作息点规划指标　　表 8.2.2-6

作息场所设置数量 （个/万人）	环卫清扫、保洁工人平均占有 建筑面积（m²/人）	每处空地面积 （m²/个）
1/(0.8～1.2)	3～4	20～30

第9章 乡镇历史文化资源保护规划

乡镇作为联系城市和乡村的纽带，通常发挥着经济中心地和商业聚落的作用。随着经济的发展，乡镇已逐步成为人文汇聚之地，呈现出丰盛的人文景观。乡镇又是都市文化的追随者，农村社会文化教育的前沿和先导，在当今经济发展的浪潮中，其文化个性已越来越重要和突显。因此，乡镇历史文化资源保护的地位越来越重要。然而，现在某些乡镇进行房地产开发和土地置换，造就了不少仿古建筑，卖给有钱人居住，而把古乡镇上原有居民大量迁出，使原生的人居环境发生了质的变化。因此，历史文化名镇、名村保护的责任更重，要真正做好乡镇历史文化资源保护规划，确立管理者和经营者的保护意识是当务之急、重中之重。

9.1 乡镇历史文化资源

9.1.1 乡镇历史文化资源的内容

乡镇历史文化资源包含了历史街区、历史建筑群、建筑遗产、民族文化、民俗风情特色等内容。历史文化名镇、名村应该是具有上述历史文化资源的乡镇，其范围主要为县城以下的历史文化古镇、古村及民族村寨。

历史文化街区是指，一些古迹比较集中或能较为完整体现出某一历史时期的传统风貌和民族地方特色的街区、建筑群、小镇、村寨等，应根据它们的历史、科学、艺术价值，核定公布为当地各级"历史文化保护区"，予以保护。

9.1.2 乡镇历史文化资源的基本特征

(1) 传统特征

众多的乡镇历史文化资源历经千百年，历史悠久，有深厚的文化内涵，充分反映了乡镇的发展脉络和风貌，这是一般乡镇历史文化资源的共性。

(2) 民族特征

中国共有 56 个民族，大部分少数民族聚居在乡镇，生活、生产方式等多方面仍继承了少数民族的传统习俗，使这类的乡镇历史文化资源具有浓郁的民族风情。

(3) 地域特征

乡镇分布地域广阔，不同的地理纬度、海拔高度、地域类型、自然环境都赋予乡镇产生和发展的不同条件，从而产生不同的地方风情习俗，形成不同的地方风貌特征。

(4) 景观特征

大多数乡镇历史文化资源有着丰富的文物古迹、优美的自然景观、大量的传统建筑和独特的整体格局；自然景观和人工环境的和谐、统一构成了乡镇历史文化资源的景观特征。

(5) 功能特征

乡镇历史文化资源在历史上都具有较为明显和突出的功能作用，在一定的历史时期内发挥着重大作用并具有广泛影响，在文化、政治、军事、商贸、交通等方面有着重要的价值特色。

9.1.3 乡镇历史文化资源的传统特色要素与构成

乡镇历史文化资源的传统特色要素与构成　　表 9.1.3-1

类别	要 素 与 构 成
自然环境	山脉——高山、群山、丘陵、植被、树林 水体——江河、湖泊、海洋 气候——日照、雨量、风向、气候特征 物产——农作物、果树、山珍、水产、特产

续表

类别	要素与构成
人工环境	历史遗构——庙宇、亭、台、楼、阁、祠、宫、堂、塔、门、城墙、古桥等 文化古迹——古井、石刻、墓、碑、坊等 民居街巷——街、巷、府、院、祠、园、街区、广场 城镇格局——结构、尺度、布局
人文环境	历史人物——著名历史人物、政治家、军事家、文学家、科学家、教育家、宗教人士等 民间工艺——陶艺、美术、雕刻、纺织、酿酒、建筑艺术 民俗节庆——集会、仪式、活动、展示、婚娶等 民俗文化——方言、音乐、戏曲、舞台、祭祀、烹饪、茶、酒等

9.1.4 历史文化名镇、名村具备的条件

（1）保存文物特别丰富；

（2）历史建筑集中成片；

（3）保留着传统格局和历史风貌；

（4）历史上曾经作为政治、经济、文化、交通中心或者军事要地，或者发生过重要历史事件，或者其传统产业、历史上建设的重大工程对本地区的发展产生过重要影响，或者能够集中反映本地区建筑的文化特色、民族特色。

9.2 乡镇历史文化资源保护规划

9.2.1 乡镇历史文化资源综合利用

（1）整体性利用

乡镇历史文化资源综合利用最重要的是保护历史文化资源的整体风貌和文化环境，而不只是单一的历史遗迹和个体建筑。

（2）协调性利用

乡镇历史文化资源的保护不同于文物和历史遗迹的保护，必须兼顾其居民的现代生活、生产的发展需求，协调好保护与发展

的关系。

(3) 展示性利用

在充分尊重历史环境、保护历史文化遗迹的前提下，采取保护与开发相结合的原则，使历史文化名镇、名村整体及其历史遗迹的历史价值、艺术价值、科学价值、文化教育价值不断得到新的升华，并获得显著的经济效益和社会效益。

9.2.2　乡镇历史文化资源保护规划内容

9.2.2.1　乡镇历史文化资源保护的内容

(1) 整体风貌格局

包括整体景观、乡镇布局、街区及传统建筑风格。

(2) 历史街区（地段）

集中体现乡镇历史文化资源的历史和文化传统，保存较完整的空间形态。

(3) 街道及空间节点

最能体现历史文化传统特征的空间环境、传统古街巷、广场、滨水地带、山村梯道，及空间节点中的重要景物，如牌坊、古桥、戏台等。

(4) 文物古迹、建筑遗产、古典园林

各个历史时代乡镇历史文化资源遗留下来的、至今保存完好的历史遗迹的精华。

(5) 民居建筑群风貌

是乡镇历史文化资源的主体，最具有生活气息和体现民风民俗的部分。

9.2.2.2　乡镇历史文化资源保护规划

(1) 乡镇历史文化资源保护规划内容

乡镇历史文化资源保护规划包括以下一些基本内容：

1) 确立乡镇历史文化资源保护级别、作用、效果及保护规划框架。

2) 明确乡镇历史文化资源的保护定位。

3）根据现状环境、历史沿革、要素分析明确划分乡镇历史文化资源的保护范围、细分保护区等级。

4）与乡镇建设规划相衔接和调整。

5）提出保护系统的构成，即区、线、点的系统保护，并确定系统的重点。

6）对保护区内建筑更新的风格、色彩、高度的控制。

7）在调查分析、研究的基础上确定乡镇保护区建筑的保护与更新的方式，通常为保护、改善、保留、整治、更新等方法。

8）对乡镇整体景观、空间系列、传统民居群、空间节点和标志等方面的规划。

9）完善交通系统，确定步行区，组织旅游线路。

10）对与乡镇历史文化资源环境不协调的地段、河流、建筑、场所进行整治，并进行市政设施配套、绿化系统规划和环境卫生的整治。

（2）历史文化名镇、名村保护规划

历史文化名镇、名村批准公布后，所在地县级人民政府应当组织编制历史文化名镇、名村保护规划。历史文化名镇保护规划的规划期限应当与镇总体规划的规划期限相一致；历史文化名村保护规划的规划期限应当与村庄规划的规划期限相一致。

保护规划应当包括下列内容：

1）保护原则、保护内容和保护范围；

2）保护措施、开发强度和建设控制要求；

3）传统格局和历史风貌保护要求；

4）历史文化街区、名镇、名村的核心保护范围和建设控制地带；

5）保护规划分期实施方案。

9.2.2.3 乡镇历史文化资源保护措施

（1）应当整体保护，保持传统格局、历史风貌和空间尺度，不得改变与其相互依存的自然景观和环境。

（2）所在地县级以上地方人民政府应当根据当地经济社会发

展水平,按照保护规划,控制历史文化名镇、名村的人口数量,改善历史文化名镇、名村的基础设施、公共服务设施和居住环境。

(3) 在保护范围内从事建设活动,应当符合保护规划的要求,不得损害历史文化遗产的真实性和完整性,不得对其传统格局和历史风貌构成破坏性影响。

(4) 在保护范围内禁止进行下列活动:

1) 开山、采石、开矿等破坏传统格局和历史风貌的活动;

2) 占用保护规划确定保留的园林绿地、河湖水系、道路等;

3) 修建生产、储存爆炸性、易燃性、放射性、毒害性、腐蚀性物品的工厂、仓库等;

4) 在历史建筑上刻划、涂污。

(5) 在保护范围内进行下列活动,应当保护其传统格局、历史风貌和历史建筑;制订保护方案,经县人民政府城乡规划主管部门会同同级文物主管部门批准,并依照有关法律、法规的规定办理相关手续:

1) 改变园林绿地、河湖水系等自然状态的活动;

2) 在核心保护范围内进行影视摄制、举办大型群众性活动;

3) 其他影响传统格局、历史风貌或者历史建筑的活动。

(6) 历史文化街区、名镇、名村建设控制地带内的新建建筑物、构筑物,应当符合保护规划确定的建设控制要求。

(7) 对历史文化街区、名镇、名村核心保护范围内的建筑物、构筑物,应当区分不同情况,采取相应措施,实行分类保护。

历史文化街区、名镇、名村核心保护范围内的历史建筑,应当保持原有的高度、体量、外观形象及色彩等。

(8) 在历史文化街区、名镇、名村核心保护范围内,不得进行新建、扩建活动。但是,新建、扩建必要的基础设施和公共服务设施除外。

在历史文化街区、名镇、名村核心保护范围内,新建、扩建必要的基础设施和公共服务设施的,县人民政府城乡规划主管部门核发建设工程规划许可证、乡村建设规划许可证前,应当征求同级文物主管部门的意见。

在历史文化街区、名镇、名村核心保护范围内,拆除历史建筑以外的建筑物、构筑物或者其他设施的,应当经县人民政府城乡规划主管部门会同同级文物主管部门批准。

(9)历史文化街区、名镇、名村核心保护范围内的消防设施、消防通道,应当按照有关的消防技术标准和规范设置。确因历史文化街区、名镇、名村的保护需要,无法按照标准和规范设置的,由县人民政府公安机关消防机构会同同级城乡规划主管部门制订相应的防火安全保障方案。

9.2.3 乡镇历史文化资源保护规划案例——威信县"扎西会议"历史街区保护规划

9.2.3.1 概况

威信县位于云南省东北角,地处云贵高原北缘和四川盆地南缘过渡地带,县城扎西镇居于县境中部偏南。本规划区范围内的主要历史文化遗址包括扎西会议的重要纪念场所、烈士陵园以及体现扎西人文风貌的老街地区,是反映扎西历史文化价值的主要场所,该范围基本涵盖了扎西镇老镇区的大部分范围。

规划范围包括三个层次的保护概念,分为绝对保护区、严格控制区和风貌协调区。其中三处主要的历史文化遗迹,被划定为绝对保护区,分别为烈士陵园绝对保护区,面积为 $1.88hm^2$;扎西陈列馆绝对保护区,面积为 $1.32hm^2$;扎西会议会址绝对保护区,面积为 $2.06hm^2$。绝对保护区的面积共为 $5.26hm^2$,绝对保护区内不允许进行日常维护之外的任何修建活动。严格控制区范围在绝对保护区之外,允许进行建设,但应严格控制其建(构)筑物的性质、体量、高度、色彩及形式。严格控制区主要为北部和西部到长征街,南部至爱民路和老街边缘地带,东部至盐井街的范围内，面积共为 32.85hm²。风貌协调区是在绝对保护区和严格控制区之外划定的以保护城镇自然风貌与控制城镇人文景观，使其不与城镇历史保护街区风貌发生冲突为主要内容的区域。本规划划定的风貌协调区主要为北部和西部到长征街，南部最远至扎西街，东部至盐井街的范围内，面积为 46.13hm²，威信县"扎西会议"历史街区现状用地见图 9.2.3-1，用地规划见图 9.2.3-2。

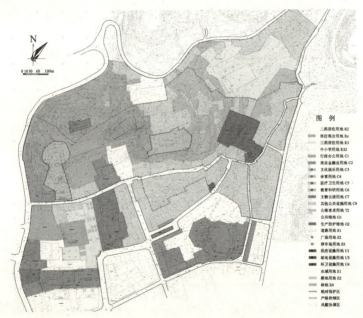

图 9.2.3-1　威信县"扎西会议"历史街区现状用地图

9.2.3.2　用地调整规划

（1）更新升级居住用地，提升居民居住质量

现状历史街区内主要以居住用地为主，虽然较多居住建筑尚具有原生性的地方风貌和特色，但总体而言，建筑质量较差，部分建筑已经不能正常使用，因此有必要在未来对街区内的居住用地加以更新升级。

9.2 乡镇历史文化资源保护规划

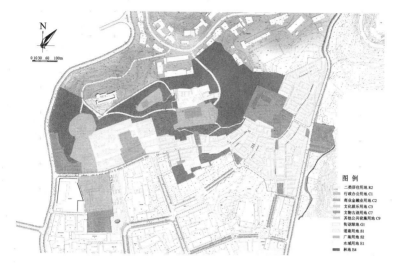

图 9.2.3-2 威信县"扎西会议"历史街区用地规划图

首先是更新居住形态，将原有的地方居住建筑通过规划转变为适应现代生活的新型地方特色居住形态，提高内部功能的便捷性和外部景观的可视性。其次，结合建筑形态的改造，整理和构筑街区整体的居住用地空间格局。规划以每个街坊为一个单元，通过内部道路的疏通，有效地沟通内外部交通联系，并适当地增加社区服务设施和商业设施，形成一个功能完善、形态整合的现代居住街区。最终，规划致力于将现有的居住用地有效地加以更新，以达到现代城镇居住社区的服务水平和居住水平。

（2）理清公共设施用地布局，适当增加商业和社区服务设施

除了三处绝对保护区所代表的文化用地和文物保护用地以外，规划区内还存有一定的行政设施用地、教育科研用地、交通用地以及少量的商业设施用地。现状各主要功能用地之间较为清晰，但建筑风貌不一，较为杂乱。

规划保留了区域内主要的行政用地，原有的党校文化教育用地调整作为绿化休闲用地。

规划重新整理了街区内的商业用地。在规划中，将旅游商业用地较为集中地布局在老街的两侧，重点在老街东部的出入口处，结合扎西会议会址的入口，形成旅游商业服务的节点。

另外在居住用地的规划中，增加社区服务设施和一些为地方居民服务的社区商业设施，完善街区的服务功能。

(3) 增加绿化和开敞空间用地，提高街区内景观的可视性和易用性

规划增加了街区内的广场空间和绿化空间。

1）城镇中心广场：规划的城镇中心广场在现有人民路与龙泉路交口处的城镇广场基础上加以扩大和整修，在其北侧新建政府礼堂一座，广场结合礼堂入口与东侧步道的设计北向延伸，扩大广场的使用空间，并通过统一的广场空间布局和绿化设计，使礼堂和广场形成统一的城镇公共空间。

2）街区东部入口广场：街区东侧入口为进入街区的主要入口，规划在盐井路东侧结合山体布局入口广场，规划作为入口人流集散用地和爱国主义教育的基地，同时布局停车场，以解决进入街区的停车问题。

3）滨水绿化用地：街区东部的水渠是街区内仅有的水体景观，规划建设完善其周边绿化建设，并结合周边的建筑布局，建设一定的商业服务设施，使得沿水渠空间成为更富吸引力的绿化和活动空间。

4）街区内的节点广场：在街区内主要游览路线上设置一些节点广场。例如在扎西陈列馆下方爱民路一侧设置游览线路上的休憩广场，并成为陈列馆下方对景的开放空间；在"扎西会议"会址下方道路交叉口一侧设置节点广场，以及在会址入口处的入口广场等。这些广场成为景区内游览路线上的主要开敞空间，丰富了游览线路的空间组织，同时通过这些广场节点，丰富街区内的游览活动和文化商业服务，成为同时为游客和街区居民服务的公共空间。

5）居住街坊内小绿地广场：位于各个居住街坊内部，利用

现有空地或拆除较差建筑形成，主要为居民提供便捷小巧的公共活动场所。

9.2.3.3 历史文化要素保护规划

扎西镇历史街区的保护，其保护的内容包括自然环境要素的保护，人工环境要素的保护，人文环境要素的保护。

（1）自然环境要素

自然环境是指有特征的地貌和自然景观，包括地理条件和气候、物候条件。

扎西镇历史街区地貌特征较为丰富。街区内具有较大的高差差别，形成了一定的山体景观；街区内东部的水渠也成为街区内独有的水体景观资源；另外街区内的植被保护也是十分重要的保护内容。

（2）人工环境要素

人工环境是指经由人们活动所产生的物质环境。

扎西镇"扎西会议"历史街区首先要保护的人工环境要素是与扎西会议会址相关的三个绝对保护区，分别是烈士陵园、扎西陈列馆和扎西会议会址。这三处保护场所是扎西镇"扎西会议"历史街区的保护重点和反映其历史文化的精髓所在。

同时街区东段保留有大量成片的能够反映地方特色和风貌的传统建筑，以"扎西会议"会址为中心还保留有数栋原汁原味的历史建筑，能够反映其整体的历史背景和文化传承。街区内还有反映传统风貌的一些特色构件，街巷体系总体上保存完整。

对人工环境要素的保护即指对扎西镇"扎西会议"历史街区以山体景观为主要背景，以传统街巷为骨架，以三处主要的历史文化遗迹为节点，以街巷为主要对外联系渠道，对反映扎西红色旅游文化的景观要素和扎西老街的传统建筑和街道风貌为主要内容的人工环境特征的保护。保护对象可分为三部分内容：扎西会议会址等三处绝对保护区、扎西老街、其他特色环境要素。

1）扎西会议会址、扎西陈列馆、扎西烈士陵园

这三处绝对保护区是扎西红色旅游的三大重点旅游景观，彼

此之间通过步行道路的连接,组合成一条完善的旅游线路。

扎西会议会址的保护重点在于修缮原有历史建筑,保障其历史风貌的展现,同时在建筑周边整体布局绿化空间,形成良好的景观风貌;拓宽会议会址的主入口,形成局部的入口广场,并布局一定的商业设施,完善会址区的历史展示、旅游服务等各项功能。

对于扎西会议会址,规划确立的保护要求包括:不能随意改变现状,不得施行日常维护外的任何修建、改造、新建工程及其他任何有损环境、观瞻的项目。在必须的情况下,对其外貌、内部结构体系、功能布局、内部装修、损坏部分的整修应严格依据原址原样修复,并严格遵守《中华人民共和国文物保护法》和其他有关法令、法规所要求的程序进行,同时保证满足消防要求。

扎西陈列馆的保护重点在于馆址的整修,以及其功能的整合利用;同时对于陈列馆周边的景观平台,给予一定的整理更新。首先是在主要出入口处局部拓展,形成小型出入口广场,通过浮雕等艺术形式延伸陈列馆的纪念功能;新辟陈列馆到爱民路的步行山道,并在景观平台下拓出线型的开敞空间,以加强陈列馆与其下爱民路之间的空间联系,并在此开敞空间周边布局一定的服务设施,从而成为从老街至爱民路步行路线上的一处服务节点。

扎西烈士陵园的保护重点在于对其环境的整治,通过对其山体的绿化整治,保留与改善其陵园景区的环境质量,同时结合参观景点的布局,与陈列馆、会议会址整合成整体的游览路线。在烈士陵园的入口处,作为整体游览路线的主要入口之一,对周边的建筑和广场空间加以整治,开辟一定的停车空间,完善商业和旅游服务功能。

2)街巷保护

对于老街地区的保护要求,规划确立为:该范围内各种修建性活动应在规划、文物等有关部门指导并同意下才能进行,其建筑内容应根据保护要求进行,以取得与保护对象之间合理的空间景观过渡。建筑形式以坡屋顶为主,体量宜小不宜大,色彩以黑、白、灰为主色调。对任何不符合上述要求的新旧建筑,除必须搬迁及拆除的之外,近期都应改造其外观形式和建筑色彩,以达到环境的统一,远期应搬迁和拆除。在此保护范围内的一切建设活动均应经规划部门、文物管理部门等严格批准、审核后才能进行。

3) 建筑保护与整治

针对现状建筑情况及保护要求,对历史街区内建(构)筑物保护与更新模式采取五种方式:修缮、改善、保留、整修、拆除。总体上历史街区内建筑拆除所占比例较大。

① 修缮——保持历史原状,以求如实反映历史遗存。对历史街区内文物点以及沿街传统风貌建筑带中建筑质量和建筑风貌都较好的建筑物与建筑群,采取保存的方式,对个别构件加以更换和修缮,修旧如旧,同时保证其内外部风貌都具有原真性。

② 改善——对建筑所进行的不改变外观特征,调整内部布局,完善内部设施的建设活动。主要指扎西陈列馆,以及老街的局部风貌较好但质量一般的建筑,通过改善其内部结构和布局,保留其外观面貌,并对其功能进行一定的更新。

③ 保留——对一些近年兴建的建筑,砖混结构,质量较好,同时如果与环境冲突不大,采取保留的态度,维持现状。并对其以后的粉刷和外立面装修提出要求。暂留作为一种过渡模式,远期采取拆除或者改造的办法加以利用。

④ 整修——对位于重点地段的少数新建的、质量较好、难以拆除的风貌较差、尺度较大、高度过高的建筑,采取外立面整饬、层数削减的措施,使其与传统风貌相协调。

⑤ 拆除——对位于需整治地段的一些对传统风貌影响较大或者建筑质量与风貌均较差的建筑采取拆除的措施,规划作为开放空间使用或重新设计,另外建造;对各种危棚简屋应拆除,不再进行新建筑的建设。威信县"扎西会议"历史街区建筑改造

策略图见图 9.2.3-3。

图 9.2.3-3 威信县"扎西会议"历史街区建筑改造策略图

对各类建筑确立的统一保护要求为：

① 建筑形式主要应为坡屋顶，体量宜小不宜大，色彩应以黑、白、青灰为主色调，高度以低层为主，功能应为居住或公共建筑。

② 沿街风貌带应保持原有的街道传统特色。所有该范围内的建筑应为坡屋顶，色彩为黑、白、灰色调，门、窗、墙体、屋顶等形式应符合风貌要求，小品如栏杆、休息座椅等应具有历史街区传统特色，绿化树种选择应符合历史环境。

③ 传统街巷应保持原有的空间尺度，门、窗、墙体、屋顶等形式应符合风貌要求，色彩控制为黑、白、青灰及原木色等。原有电线杆、有线电视天线等有碍观瞻之物应去掉，铺地应符合扎西地方特色，街道小品具有地方特色，不宜采用现代城市的做法。

④ 传统民居建筑群的空间格局与建筑形式是扎西历史上传统居住形态的主要体现。因此，传统民居区选择相对完整地段加

以维修恢复，保持原有空间形式及建筑风格。古井、树木及反映居民生活之特色庭院、特色空间应予以保留，不符合风貌要求的建筑应予以改造或拆除。

4）环境要素保护与整治

① 老街上需要对能够表现扎西传统建筑特色的建筑构件加以保护，同时新建建筑要注重借鉴和反映传统建筑风貌，具有表现地方特色的建筑构件，使得整体的街区风貌能够统一。

② 历史街区内市政设施小品如路灯、果皮箱、垃圾收集箱、消火栓、公厕、公用电话、邮筒、指示标牌等的形式、色彩、风格应与历史街区风貌相统一，符合历史街区传统的建筑风格、色彩和尺度。

（3）人文环境要素

人文环境是指人们生活风貌的环境体现。

扎西悠久的历史孕育了内容丰富、形式多样的民间文化。对人文环境要素的保护即指对扎西镇"扎西会议"历史街区居民的社会生活、宗教信仰、风俗习惯、生活情趣、文化艺术等方面所反映的人文环境特征的保护。其保护具体内容有：

1）历史街区内各项建设、维修都应采用当地传统的方式，每个细节都应体现当地的特色，充分尊重地方文化，使历史街区成为体现当地文化的活化石。

2）在街区内提供一些开展民俗活动的开敞空间，如街区东部入口广场等，鼓励民俗活动。

3）在扎西陈列馆内部或历史街区内部开辟场所，不但反映扎西会议的历史回顾，而且适当展示当地的优秀传统文化，使传统文化通过旅游者得以传播，通过当地人得以传承与发扬。

9.2.3.4 旅游发展规划

（1）旅游路线

1）旅游入口

"扎西会议"历史街区有两处主要入口，西部的入口为从爱民路进入，以烈士陵园为旅游出发点，该区域结合周边的城市广场、礼堂和停车场的布局，形成整体公共空间，并在周边建设一定的旅游服务设施。

东部的入口从盐井路一侧集散广场出发，以老街为首先的游览对象。该广场规划建设成为爱国主义教育的活动基地，结合周边山体形成优良景观，并配置一定的停车及公共服务设施。

2）旅游路线

街区的主要旅游线路为：街区西部入口—烈士陵园—扎西陈列馆—"扎西会议"会址—老街—街区东部入口，其他路线为次要旅游路线。

（2）旅游内容

1）革命历史景区

该内容是街区旅游的重点，是扎西作为红色旅游城市的内涵所在，包括烈士陵园、扎西陈列馆和"扎西会议"会址。规划在现有基础上，完善革命历史内涵展示与教育功能的设置，能够更好地反映扎西历史街区的历史地位和文化价值。

2）地方文化景区

以老街为代表的扎西历史街区是反映扎西当地历史风貌和悠久文化底蕴的特色区域，规划对现有老街的风貌进行整治和更新后，能够更好地体现和代表扎西的历史和文化价值。街区内主要以民居的展示和功能开发为主导，结合为革命历史景区服务的各项公共服务设施的建设，对老街的居住功能进行更好的开发和利用。

（3）旅游服务设施

1）综合服务：位于东部广场处，设置旅游信息中心、部分旅游餐饮、居住及娱乐服务。

2）餐饮：主要集中在老街沿线。

3）住宿：在传统住区允许经营少量有特色的民居旅馆，集中性大型宾馆规划在严格控制区以外建设。

4）购物：主要集中在老街沿线，形成具有一定地方特色的旅游购物场所。

5)大型餐饮区、宾馆区、购物区分布于街区外围。

9.2.3.5 各功能片区城市设计导引

为了便于对历史街区的总体城市设计控制，规划中按照空间布局将历史街区分为 8 个较小的片区，针对每个街区进行详尽的现状分析，并采取有针对性的规划措施，从而更好地指导规划的实施与管理。为了节省篇幅，本书中仅选择一号街区作为这部分内容的代表，予以详述（图 9.2.3-4）。

图 9.2.3-4　一号街区现状平面与景观

（1）现状分析导则

用地功能：一号街区位于整体历史街区的东北部，也是保存和反映扎西镇历史风貌的主要代表地段，街区功能以居住为主，夹杂少量社区商业功能。

交通组织：街区东邻盐井路，是街区周边唯一的车行道路，未来也是历史街区开发建设所依托的重要干道。街区内部以老街贯穿，建筑对老街开放，其内部空间以宅间小道联系。

公共设施：街区除少量社区商业设施外，缺乏必要的居住、商业等服务设施。

绿化景观：街区内部绿化严重匮乏，背景山体和邻盐井路沟渠的绿化没有得到良好的利用。

建筑风貌：街区风貌以传统的穿斗式民居为主，但建筑质量和风貌没有得到良好的维护；其间夹杂有少量砖混多层建筑，与街区整体历史风貌有严重冲突。

街道空间：老街作为街区内最主要的街道空间，历史风貌尚存，但建设维护较差，同时街区由于居住与基础设施的滞后，呈现一定败落迹象，街道空间内人气不足。

规划建设重点：1）邻盐井路沟渠水体的整合开发；2）老街街道空间的保护和建设；3）街区建筑的整饬和更新。

（2）规划设计导则

用地规划

街区用地规划以居住功能为主，夹杂部分商业零售、餐饮服务等公共服务用地，成为一个复合型旅游商住区。用地性质在此范围内符合兼容性要求，不宜转化为其他性质使用，一号街区规划布局见图9.2.3-5。

设施配置

公共厕所按照服务半径配置，本街区内共配置三处；垃圾收集点配置有两处；公用电话亭配置有两处；在街区局部开敞地带配置非机动车停车位；同时设立社区中心一所，兼有社区管理服务以及医疗服务等基本功能。此外，在适宜地段设立商业零售、餐饮与住宿设施。

街区布局

将本街区由原有单一轴线结构改造为具有完善内部体系的空间格局，在道路等级结构的基础上，建筑以行列式与围合式为主，沿道路布局，并对绿地开放。

9.2 乡镇历史文化资源保护规划

图 9.2.3-5 一号街区规划布局

开敞空间

公共绿化：本街区东侧沿盐井路一侧建设滨水景观休闲带，成为街区主要的开敞空间；

街区广场：在街区北侧出入口处建筑后退形成入口广场；

集中绿化：在街区内部保证一定量的街区内部绿化开敞空间的形成。

交通组织

出入口设置：街区南北两侧沿盐井路出入口为街区主要的出入口空间。

机动车交通：本街区东侧盐井路为机动车道路，机动车停车宜在外部解决。

步行系统：街区内部为步行系统，老街为步行干道，其下包含次干道与宅间道路，在街区次干道周边开敞空间可设立一定的非机动车停车位。

绿化控制

带状绿化：沿盐井路滨水建设带状绿带，乔灌木混合配置，景观上应具有一定的次序感和开敞性。

公共绿化：属于街区内人流吸引较大的公共绿地，绿化率较高，有良好的景观性，并具有供休闲、交流和健身的简单配置。

广场绿化：街区入口广场应以硬质铺装为主，绿地率应大于30%。绿化可采用孤植、草坪、花坛、树池，可采用规则式的布局。树种应以球形树冠的乔木为主。外部停车场地应采用植草砖。

街道空间

空间围合：街道空间围合度应较高，尤其老街，建筑界面应完整连续，局部地段可对绿化与广场开放。

设施布局：沿街需配置电话亭、垃圾桶、消火栓等功能性设施；路口设置指示牌，结合绿化、广场设置座椅。

(3) 建筑控制

1) 建筑风格：建筑应采用川南民居的穿斗式建筑风格，符合地方传统特色。沿街建筑形象应符合多样统一的艺术原则，统一考虑四个立面，精心设计第五立面。

2) 建筑高度：建筑高度以 2~3 层为主，控制在 10m 以内。

3) 建筑界面：沿老街建筑界面强调连续性和序列感，寻求沿街建筑的统一协调与变化。沿盐井路建筑界面强调节奏感与序列感，与滨水绿化应有良好的交流。

4) 第五立面：建筑顶面采用川南民居穿斗式建筑式样，以青灰色砖瓦屋顶为主，在色调与式样的统一中寻求变化。

5) 色彩与材质：建筑物配色应根据功能需要并考虑与周围环境的协调变化，应充分利用材料的本色和表面效果。结合穿斗式民居风格，建筑以青灰色为主基调，在门窗等局部配件上可采用红色等较为鲜亮的色彩，总体上色彩应偏于清新淡雅。

建筑材质宜选用传统砖木结构或砖石结构，少量改造砖混建筑应在外立面改造中在材质质感和色调上与传统风格统一。

9.2.3.6 扎西老街街道整治规划

历史街区重点地段整治规划主要指老街立面整治规划。

（1）建筑细部评价与整治对策

为了保证整治规划的针对性和可操作性，对于沿扎西老街的每一完整的单体进行如下各个项目的现状评价和整治措施的细分，一号街区现状立面与景观见图9.2.3-6。

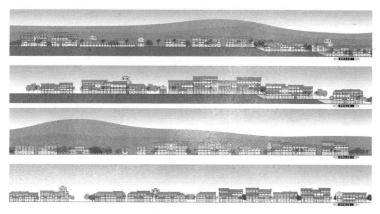

图9.2.3-6　一号街区现状立面与景观

1) 门

m_1：质量较好且符合风貌要求的——完全保存。

m_2：框架较好，表面有些破旧，色彩有些脱落，局部被破坏——保留框架，修缮破旧部分，补刷油漆。

m_3：破损严重，几乎不能利用，或大部分严重破坏风貌，其中包括色彩、材料（铝合金、大玻璃）形式等——按风貌要求重新设计。

2）窗

c_1：质量较好且符合风貌要求的——完全保存。

c_2：框架较好，表面有些破旧，色彩有些脱落，局部被破坏——保留框架，修缮破旧部分，补刷油漆。

c_3：破损严重，几乎不能利用，或大部分严重破坏风貌，其中包括色彩、材料（铝合金、大玻璃）、形式等——按风貌要求，重新设计改造。

3）墙体

q_1：墙体完好，保持有传统的特色——完全保存。

q_2：墙体较好，墙面色彩部分脱落，但基本风貌还在——表面修整。

q_3：墙体倾斜，部分被拆除，破坏严重，完全不符合风貌要求——拆除，按风貌要求重新设计。

4）屋顶

w_1：完好，符合风貌要求——完全保存。

w_2：尚好，少量瓦片松散，檐口、屋脊有少许破损，屋面渗漏——利用原有屋架，翻造传统屋面。

w_3：屋顶已经严重破坏，或被其他简易材料所替代，严重影响风貌——保留原形式，拆掉屋顶，换以黛瓦屋面，对平顶可增加檐口坡顶，按风貌要求局部改造。

（2）建筑风貌整体评价

通过以上对于建筑细部的质量与风貌的具体评价，可以对建筑物的总体风貌进行分类判断，从而更好地体现整治规划的重点和内容。对建筑物的风貌进行评价的分类如下。

第一类：风貌好的建筑。保存完好的古建筑和按风貌要求重新修复过的风貌建筑。

第二类：风貌一般建筑。原有建筑风貌基本保留，建筑结构完好，但门窗已经破损，墙体也有不同程度的破坏；外立面局部与原建筑风貌不符。

第三类：较差风貌建筑。原有建筑形式基本保留，但门窗已经严重破坏,建筑结构也有不同程度的破坏,风貌基本无存;或者是门窗被重新开设,失去了原有风貌特点;建筑质量较好但风貌欠佳的建筑;以及违章搭建的棚、严重障碍建筑等。

(3)建筑综合整治措施

依据以上对于建筑细部的分析评价,以及从中得出的建筑物风貌的整体评价,可以将老街沿街建筑划分为不同的整治类型,应用不同的整治措施,从而能更加科学与准确地保障老街风貌的延续与继承。

老街沿街建筑的整治分类基本分为三类,主要依据以上建筑细部的评价分类综合划分,由于老街沿线实际没有各部分风貌标准都达到一类标准,从而可完全保留不动的传统建筑,因此确立的基本划分原则如下。

第一类整治措施针对的建筑:门、窗、墙体、屋顶的风貌评价标准均在二类或二类以上。

第二类整治措施针对的建筑:门、窗、墙体、屋顶的风貌评价标准中至少有两项为二类标准,但没有达到第一类整治建筑的标准要求。

第三类整治措施针对的建筑:门、窗、墙体、屋顶中有三项达到第三类风貌评价标准。

针对以上的建筑风貌划分,相应确立的各类别具体整治措施如下。

第一类:原有建筑结构不动,局部修缮改造。此类建筑根据其修缮的程度可分为两小类:(A1)利用原有框架,修缮门、窗、屋顶、墙体。(A2)房屋结构不动,门、窗、屋顶、墙体等整修。

第二类:保持建筑形体结构,局部改造。此类建筑根据改造的程度,可分为两小类:(B1)对严重破坏的风貌建筑,恢复其原有格局,加固结构;(B2)对质量较好但风貌欠佳的建筑,按风貌要求重新设计其外形。

第三类:拆除,按原有风貌设计,如有质量和风貌尚可的部分细部，可拆除后另行整修利用。

9.2.3.7 建筑的保护与更新控制

(1) 建筑高度的设计控制

街区传统商业及民居建筑均为 1~2 层，大部分区域基本维持传统街区平缓、朴实的面貌。一层建筑檐高大多为 2.7~3.0m，二层檐高 5.0~5.5m。威信县"扎西会议"历史街区建筑高度分析见图 9.2.3-7。根据街区保护范围的划分，各保护区高度控制如下：

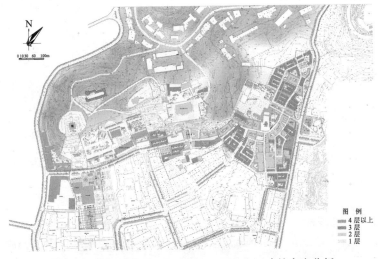

图 9.2.3-7 威信县"扎西会议"历史街区建筑高度分析

1) 绝对保护区建筑高度控制维持原有高度；不容许在保护范围及建设控制地带内有超过保护建筑的建、构筑物，现状存在的应坚决改造或拆除。

2) 严格控制区内建筑高度，控制主要为 1~2 层的坡屋顶传统建筑，局部允许 3 层建筑的存在，建筑一层檐口高度不超过 3.0m，二层檐口高度不超过 5.5m，三层檐口高度不超过 8.5m。

3) 对于现状超过 3 层，但近期难以拆除的建筑，规划近期保留，并尽力采取措施削减层数，以符合整个地区的风貌。

4）风貌协调区依照该地段实际情况进行控制：对于现状保留建筑中层数较高的建筑，近期内予以保留，远期如有可能，适当削减层数，以保障其与整体风貌的统一。新建建筑原则上不超过4层，避免影响整体空间感受。

（2）第五立面的设计控制

保护街区本身具有较大的地形高差，造成了街区内街道和建筑层次起落的坡地景观，同时也为街区内优良景观面貌的形成创造了条件。其中，建筑物屋面，又称第五立面的设计控制对于在地势较高处观景较为重要，第五立面的风格统一和完善是形成街区完整历史风貌和地方特色的重要方面。

扎西本地民居的特色以穿斗式民居形式为主，建筑以青灰色为主色调，屋顶多为青瓦坡顶。因此在规划中延续与发扬这一地方传统特色，保留与新建的低层商业与居住建筑尽量以坡顶形式出现，色调以青灰色为主。对于现状街区中一些难以拆除的砖混平顶住宅，规划建议在近期内将其顶面形式改造为坡顶，以统一整体风貌。

对于街区内少数体量较大的砖混公共建筑，如改建坡顶较为困难的，应保证其屋顶的整洁与色调统一，以避免对街区的整体风貌造成大的影响。

（3）住宅平面的设计更新

本处对住宅的设计更新包括两个层次的内容，首先是对住宅建筑内部房型的设计，其次是对住宅组团空间格局的规划布局，威信县"扎西会议"历史街区标准户型平面见图9.2.3-8。

首先，从住宅建筑本身而言，扎西本地川南民居的穿斗式建筑风格为扎西历史街区带来了独特的街区风貌和景观特征，但是传统川南民居的居住形态与现代生活方式存在着不相适应的地方，如建筑进深过大，影响了建筑内部的采光和空间利用；街坊内部场地大而空旷，许多内部空间没有很好地限定，多沦为脏乱污秽之地；建筑内部也有许多空间在功能上是空白，这些都不利于土地的合理利用。

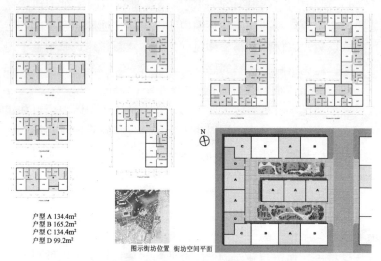

图 9.2.3-8 威信县"扎西会议"历史街区标准户型平面

本次规划尝试对扎西当地民居的更新进行一定的探索,试图在尊重当地传统文化的基础上,对居住平面的分隔与内部设施的布局进行一定的改造,在传统民居的风貌与特征下,引入现代生活方式中食宿分室、卫浴分离等一系列现代居住模式下的生活理念,从而产生较为适应现代生活方式的居住户型与模式。

规划尝试了四种居住户型,并在此基础上,作为功能模块,进行彼此之间的拼接构建,从而可以适应大多数情况下地形的限制与建筑布局的需求。

其次,在此基础上,结合户型的更新,规划对未来住宅组团的内部空间布局作出一定的示例,对历史街区的住宅组团中宅间道路、组团绿化以及组团内住宅的空间交流进行一定的探索,从而能够更加合理地引导实际的建设与管理,从而形成现代功能与传统风貌完美结合的生活街区。

9.2.3.8 规划评析

该规划以中国革命历史上著名的"扎西会议"为主题,结合地方人文风貌特色保护而开展。对该历史街区的保护划分为绝对保护区、严格控制区和风貌协调区等三个地域层次，进行具体的地域划定并确定不同的保护对策措施。其中，对绝对保护区内建筑物与构筑物进行绝对的保护，不允许进行日常维护之外的任何修建活动。在绝对保护区以外的其他地区则通过用地功能的适当调整、公共服务设施的完善和增加绿化与开敞空间用地等措施来实现整个街区完善其功能和提升环境质量的目的。对历史街区的保护则包含了对自然环境要素、人工环境要素和人文环境要素的保护内容。规划对各功能片区提出了具体的城市设计导引和对老街提出详细的街面要素整治对策，提高了保护规划实施的可操作性。

将街区历史保护与红色旅游相结合也是该规划的特色之一。

参考文献

[1] 白旭辉. 透视小城镇"城中村"改造 [J]. 小城镇建设, 2005 (7): 82-83.

[2] 陈静, 孟庆艳. 中国城镇化之路该如何走 [J]. 小城镇建设, 2005 (6): 94-96.

[3] 陈秀山, 孙久文. 中国区域经济问题研究. 北京: 商务印书馆, 2005.

[4] 陈友华, 赵民. 城市规划概论. 上海: 上海科学技术文献出版社, 2000.

[5] 陈元, 郑新立, 刘克崮. 中国农村城镇化问题研究. 北京: 中国财政经济出版社, 2004.

[6] 成受明, 程新良. 城乡统筹规划研究 [J]. 现代城市研究, 2005 (7): 50-52.

[7] 仇保兴. 我国城镇化的特征、动力与规划调控 [J]. 城市发展研究, 2003 (1): 4-10.

[8] 单德启. 小城镇公共建筑与住区设计. 北京: 中国建筑工业出版社, 2004.

[9] 方明, 邵爱云. 新农村建设村庄治理研究. 北京: 中国建筑工业出版社, 2006.

[10] 符礼建, 罗宏翔. 论我国小城镇发展的特点和趋势 [J]. 中国农村经济, 2002 (11): 65-70.

[11] 高鹏. 浅议城乡规划在"五个统筹"中的地位和作用 [J]. 小城镇建设, 2004 (11): 30-31.

[12] 高穗. 城乡高度混合型城镇"城中村"改造探索 [J]. 小城镇建设, 2005 (6): 34-37.

[13] 高文杰, 邢天河, 王海乾. 新世纪小城镇发展与规划. 北京: 中国建筑工业出版社, 2004.

[14] 构建社会主义和谐社会与城乡统筹发展 [J]. 经济研究参考, 2005 (21): 11-19.

[15] 国家统计局农村社会经济调查总队. 中国乡镇统计资料. 北京: 中国统计出版社, 2004.

[16] 华中科技大学建筑城规学院,四川省城乡规划设计研究院.城市规划资料集第3分册小城镇规划.北京:中国建筑工业出版社,2005.

[17] 江苏省建设厅.江苏省村庄建设规划导则(试行).2004.

[18] 姜爱林.21世纪初中国城镇化与工业化发展的战略思考[J].现代城市研究,2001(5):54-57.

[19] 姜爱林.中国城镇化绩效及当前存在的主要问题分析[J].现代城市研究,2002(4):15-19.

[20] 金兆森,张晖.村镇规划.南京:东南大学出版社,2005.

[21] 李兵弟.关于城乡统筹发展方面的认识与思考[J].城市规划,2004(6):9-19.

[22] 李兵弟.通过村庄整治改善农村人居环境[J].小城镇建设,2006(3):11-13.

[23] 李军.小城镇景观风貌特色与规划[A].中国城市规划学会小城镇规划学术委员会,广东省城市规划协会.2004年度全国小城镇学术年会论文集[C].2004年度全国小城镇学术年会,2004-11,广州.

[24] 刘文俭,刘效敬.城镇化与建设社会主义新农村[J].小城镇建设,2006(1):51-53.

[25] 陆嘉.我国经济发达地区城市化进程中农村居民点改造的策略研究[D].上海:同济大学,2006.

[26] 马裕祥.社会主义和谐社会与城乡规划[J].杭州科技,2006(2):50-52.

[27] 莫霞.农村可持续发展的人居环境建设研究[D].上海:同济大学,2006.

[28] 彭震伟,陈秉钊,李京生.中国小城镇发展与规划回顾[J].时代建筑,2002(4).

[29] 彭震伟.乡镇合并与小城镇工业用地整合[A].中国城市规划学会小城镇规划学术委员会,广东省城市规划协会.2004年度全国小城镇学术年会论文集[C].2004年度全国小城镇学术年会,2004-11,广州.

[30] 沈阳市城乡建设委员会.沈阳市村庄环境整治规划编制办法(试行).2006.

[31] 汤铭谭,刘亚臣.小城镇规划管理与政策法规.北京:中国建筑工业出版社,2004.

[32] 汤铭谭，宋劲松，刘仁根等. 小城镇发展与规划概论. 北京：中国建筑工业出版社，2004.
[33] 汤铭谭. 小城镇基础设施规划. 北京：中国建筑工业出版社，2007.
[34] 王宝刚. 县（市）域城镇体系网络布局优化研究 [J]. 小城镇建设，2005（7）：62-63.
[35] 王瑾. 城镇化建设对城乡统筹的促进机理研究 [J]. 生产力研究，2005（3）：38-39.
[36] 王如松. 城市生态调控方法 [M]. 北京：气象出版社，2000.
[37] 王士兰，陈行上，陈钢炎. 中国小城镇规划新视角. 北京：中国建筑工业出版社，2004.
[38] 王士兰，游宏滔. 小城镇城市设计. 北京：中国建筑工业出版社，2004.
[39] 王雨村，杨新海. 小城镇总体规划. 南京：东南大学出版社，2002.
[40] 武力. 1978-2000 年中国城市化进程研究 [J]. 中国经济史研究，2002（3）：73-82.
[41] 姚士谋，陈彩虹，解晓南等. 我国城乡统筹规划的几个关键问题 [J]. 现代城市研究，2005（5）：29-34.
[42] 叶耀先. 新中国的城镇化历程和经验教训 [J]. 小城镇建设，2005（7）：64-65.
[43] 袁中金，钱新强，李广斌等. 小城镇生态规划. 南京：东南大学出版社，2003.
[44] 袁中金，王勇. 小城镇发展规划. 南京：东南大学出版社，2001.
[45] 郑文含. 城镇体系规划中的区域空间管制 [J]. 规划师，2005（3）：72-77.
[46] 中国城市规划设计研究院等. 小城镇规划标准研究. 北京：中国建筑工业出版社，2002.
[47] 中国城市规划设计研究院等. 小城镇区域与镇域规划导则研究. "十五"国家科技攻关重大项目（2003BA808A07）. 北京：中国工人出版社，2007.

全国乡镇长培训教材

规划篇
建设篇
管理篇

责任编辑：胡明安　姚荣华　　封面设计：贺　伟

经销单位：各地新华书店、建筑书店
网络销售：本社网址 http://www.cabp.com.cn
　　　　　网上书店 http://www.china-building.com.cn
　　　　　博库书城 http://www.bookuu.com
图书销售分类：培训教材（Y）

ISBN 978-7-112-10842-8

(18087)定价：35.00元